소셜 웹 사용설명서

미래 비즈니스 키워드

소셜웹
사용설명서

윤상진 지음

　어느 순간 원했건 원하지 않았건, 우리는 웹에 접속하지 않고는 살아갈 수 없는 세상에 살게 되었다. 공부를 할 때도, 일을 할 때도, 심지어는 놀 때도 우리는 웹에 접속한다. 웹은 실시간 쌍방향 커뮤니케이션이 가능한 최초의 미디어로써 큰 의미를 갖고 있으며, 웹을 통하여 세상의 모든 지식과 정보가 거미줄처럼 연결되면서 누구나 쉽게 원하는 지식과 정보를 찾을 수 있게 되었다. 하지만 초기의 웹은 쌍방향이기보다는 기존의 대중매체처럼 단방향 커뮤니케이션에 그쳤다. 그러던 중 참여 · 공유 · 개방을 내세운 '웹 2.0'의 기본 철학이 확산되면서 웹은 한 번의 큰 변혁을 맞이하게 된다. 웹 2.0은 이용자가 중심이 되는 쌍방향, 멀티 커뮤니케이션이 가능한 웹을 만들었다.

　그리고 웹 2.0이 만들어놓은 참여 · 공유 · 개방의 토양 위에 사람과 사람의 소통을 중시하는 사회적인 웹인 '소셜 웹(Social Web)'이 새롭게 이슈가 되었다.

'싸이월드', '페이스북', '트위터'와 같은 소셜 네트워크 서비스는 사람과 사람 사이의 소통 패러다임을 바꾸고 있다. 여기에 더해 언제 어디서나 웹에 접속할 수 있는 스마트폰이 확산되면서 소셜 웹의 가치는 더욱 높아지고 있다. 그렇다면 소셜 웹은 왜 지금, 이 시대에 이슈가 되고 있을까? 그것은 바로 아이러니하게도 우리가 살고 있는 세상이 빠른 속도로 '디지털화'되고 있기 때문이다.

모든 것들이 디지털화되면서 사람의 개입이 최소화되고 있으며 사람이 도외시되고 있다. 세상은 점점 살기 좋아지는데 사람은 점점 살아가기 각박해지는 것이다. 사람의 편의를 위해 만들어졌지만 결국은 사람이 소외되는 세상! 이제 사람들은 다른 사람들과 자유롭게 소통할 수 있는 새로운 커뮤니케이션 채널을 찾게 되었고, 그것이 바로 '소셜 웹'이다. 소셜 웹이 촉발한 소통의 혁명은 정치, 경제, 사회, 문화 등 사람을 둘러싼 거의 모든 분야의 패러다임을 송두리째 바꾸어 놓고 있다. 거센 패러다임의 변화는 받아들일 것인지 말 것인지 선택의 문제가 아니다. 변화를 받아들이고 배우고 적응하지 않으면 시대에 도태되고 마는 치명적인 생존의 문제다.

이 책은 이론만 가득한 머리 아픈 경제 서적이 아니다. 소셜 웹 시대를 살아가며 알아야 할 웹 이야기를 쉽고 재미있게 풀어쓴 경제 서적이다. 이 책은 이론과 실용적인 측면 모두를 다루고 있고, 기업과 개인 모두가 활용 가능하도록 실질적이고 다양한 주제를 다루고 있기 때문에 관심 영역이 아닌 부분은 과감하게 건너 뛸 것을 권한다. 이 책 속에는 과거와 현재, 그리고 미래의 웹 이야기가 있다. 웹의 태생부터 현재까지 웹의 트렌드를 분석하고 소개함으로써 웹의 기본적인 발전 흐름과 정보를 제공하고자 했고, 앞으로 웹이 어떻게 발전할 것인지 비전을 제시하고자 했다. 물론 책을 읽는 독자들과 함께 고민하고 싶은 부분이기도 하다. 또한 소셜 웹 시대에 새롭게 대두되고 있는 경제현상과 기업의 소셜 웹 전략, 소셜 마케팅, 그리고 소셜 웹을 중심으로 일어나고 있는 개인들의 경제활동을 집중 조명했다. 이 책이 소셜 웹을 활용하고자 하는 기업과 개인 모두에게 훌륭한 지침서가 되었으면 한다.

나는 모든 이들이 자유롭게 참여·공유·개방·소통할 수 있는 웹을 꿈꾸는 블로그 '깜냥이의 웹2.0 이야기!(ggamnyang.com)'를 운영하고 있다. 이 책은 경제 서적을 쓴다는 거창한 사명감을 가지고 쓴 책이 아니다. 내 블로그에 하나하나 포스팅 한다는 마음으로 가볍게 써내려갔다. 블로그에서 글을 읽는다는 느낌으로 편하게 읽어주었으면 한다.

끝으로 이 책의 첫 독자가 되어주고 집필하는 데 많은 응원과 격려를 해준 아름다운 아내 손현주와 이 세상에서 가장 예쁜 딸 다현이에게 사랑한다는 말을 전하고 싶다. 그리고 책을 출간하는 데 아낌없이 도움을 주신 〈21세기북스〉 관계자 여러분께 진심으로 감사의 인사를 전한다.

2010년 8월
깜냥 윤상진(@ggamnyang)

차례

2부. 소셜 웹이 가져온 변화

3부. 소셜 웹 경제의 시대

4부. 소셜 웹의 미래

1부

웹 2.0과 소셜 웹

1장

웹이 걸어온 길

1

소셜,
세상을 뒤흔들다

나는 웹 2.0, 소셜 웹 등의 IT 트렌드에 대해 이야기하는 블로그인 '깜냥이의 웹2.0 이야기!' 이야기를 2006년부터 꾸준히 운영해오고 있는 '블로거'다. 블로그에 포스팅한 글은 RSS를 통해 많은 구독자와 블로그메타사이트에도 전달되지만 '페이스북'과 '트위터'와 같은 소셜 네트워크 서비스에도 실시간으로 업데이트된다. 페이스북의 친구들이 업데이트된 글을 보고 댓글을 남기면 내 이메일로 바로 전송되어 친구들의 댓글에 바로 답글을 달 수 있다. 트위터 친구들은 블로그 글을 보고 또 그들의 친구들에게 글을 전달한다. 그리고 트위터에 내가 남긴 글에 대해 많은 사람들의 의견을 들을 수 있다. 트위터의 RT(Re Tweet) 기능을 이용해 자신의 친구들에게 글을 소개하면서 짧은 코멘트를 달기 때문이다. 가끔 DM(Direct Message)을 통하여 직접 의견을 보내오기도 하고 설전이 벌어지기도 한다. 너무나 빠른 속도로 소셜 네트워크 서비스를 통해 글이 전파된다. 또한 블로그보다 트위터 같은 소셜 네트워크 서비스에서 더욱 활발하고 열띠게 커뮤니케이션 되는 모습을 보고 있자면 주객이 전도됐다는 느낌을 받기도 한다. 블로그에서 독자와 의견을 나눌 수 있는 소통 창구인 댓글, 트랙백 시스템 보다는 소셜 네트워크 서비스에서의 자유로운 대화가 어느 순간 오히려 더 친숙해진다.

페이스북과 트위터에서 시간 가는 줄 모르고 친구들과 수다 떨다 보면 몇 시간이 훌쩍 지나가기도 한다. 게다가 스마트폰의 대중화는 소셜 네트워크 서비스에 대한 의존도를 더욱 높이고 있다. 사람들은 스마트폰을 통해 언제, 어디서든 소셜 네트워크 서비스에 접속해 친구들과 대화하고 자신들이 무엇을 하고 있는지 알린다. 휴대폰 문자 메시지도 구세대 취급을 받고 있는 세상에 살고 있는지라 하루라도 소셜 네트워크 서비스에 접속하지 않고서는 버텨낼 재간이 없다.

제44대 미국 대통령 오바마가 유튜브, 트위터, 페이스북과 같은 소셜 미디어를 전략적으로 활용해서 대통령에 당선되었다는 이야기가 공공연히 회자되고, 선거운동에 트위터를 사용하도록 허용을 하네 마네 하는 이야기가 들려오고, 트위터 문화를 소개하는 특집 프로그램까지 방송할 정도이니 소셜 웹이 엄청난 이슈인 것만은 분명한 듯하다.

그렇다. 어느 순간 우리 생활 깊숙이 소셜 웹이 자리 잡게 되었다. 앞서 웹 2.0을 대표하는 블로그를 중심으로 소셜 웹을 대표하는 트위터와 페이스북을 설명했지만 단지 블로그가 우리에게 더 친숙한 존재이기 때문에 그렇게 소개했을 뿐이다. 소셜 네트워크 서비스 상의 커뮤니케이션은 블로그에 올라오는 글을 중심으로 이루어지기

보다는 소셜 네트워크 서비스 내에서 지인들 간에 자유롭게 행해지는 경우가 훨씬 많다. 블로그가 인기를 얻으면서 너나할 것 없이 블로그를 만들던 게 엊그제 같은데 이제는 소셜 네트워크 서비스의 폭발적인 성장세에 눌려 틈새시장을 개척해야 하는 신세가 되었다. 물론 블로그도 '소셜적'인 요소가 가미되어 소셜 미디어로 진화하고 있으며 소셜 네트워크 서비스와는 다른 독보적인 영역을 구축하고 있지만 과거의 영광에 비해 초라한 모습인 것은 분명하다. 기업들도 블로그를 활용한 바이럴 마케팅(Viral Marketing)에서 이제는 소셜 네트워크 서비스를 활용한 소셜 마케팅에 더욱 관심을 보이고 있다. 소셜 네트워크 서비스로 대표되는 소셜 웹이 개인뿐 아니라 기업, 더 나아가서는 사회와 문화까지도 바꿔놓고 있다. 한마디로 세상의 모든 권력이 소셜로 집중되면서 소셜이 세상을 뒤흔들고 있는 형국이다. 그렇다면 소셜이 무엇이기에 이토록 열광하는 것일까?

2
인류의 역사는
커뮤니케이션의 역사

    사람은 사회적인 존재다. 인류가 끊임없이 타인과 커뮤니케이션
하며 관계를 형성·유지·확대하기 위해 노력하는 것은 필연적이
다. 어찌 보면 사람과 사람이 눈을 마주치고 커뮤니케이션 하며 관
계를 맺는 행위에서 인류의 역사는 시작되었다고 볼 수 있다.

    '인人'이라는 한자는 사람과 사람이 서로 기대고 서있는 모습을

**플리커 메쉬업 서비스인
태그갤럭시의
'people' 검색 화면**

형상화한 상형문자다. 즉, 애초에 사람 자체가 혼자서는 살 수 없는 존재라는 뜻이다.

문자가 없던 시대에는 직접 만나서 이야기하는 대면 커뮤니케이션이 유일한 커뮤니케이션 수단이었다. 하지만 문자가 생겨나면서 인간은 기록과 함께 공간성의 제약에서 벗어난 커뮤니케이션을 발전시켰다. 산업혁명 이후 통신수단과 텔레비전, 라디오, 신문 등 대중매체의 발달로 다양한 형태의 커뮤니케이션이 가능해졌다. 이러한 대중매체의 등장은 정보화 시대의 기반이 되었고 우리 사회 거의 모든 분야에서 획기적인 변화와 영향을 끼쳤다. 하지만 대중매체의 기본적인 속성상 획일적인 단방향 커뮤니케이션이 대세를 이루면서 커뮤니케이션의 의미가 퇴색되기에 이른다. 커뮤니케이션은 인터렉티브하게 사람과 사람이 서로의 생각, 느낌 따위의 정보를 주고받는 일을 의미하는 것이지 수동적이고 일방적으로 받기만 하는 것은 엄밀히 이야기할 때 커뮤니케이션이라고 할 수 없다. 대중매체의 발달은 우리에게 많은 정보와 볼거리를 제공해주었지만 수동적으로 정보를 제공받는 수준에 머무르게 함으로써 창조적인 사고방식을 저해하는 요인이 되기도 했다. 한마디로 '가만히 있어도 전문가들이 만들어서 제공하는 정보와 콘텐츠가 넘쳐나는데 굳이 내가 만들 필요가 있을까?'라고 생각하게 된 것이다. 어쩌면 이런 생각을 할 필요성 조차도 느끼지 못했을 수 있다.

하지만 쌍방향 커뮤니케이션이 가능한 '월드와이드웹(World Wide Web)'이 등장하면서 사회·문화·정치·경제 등 전반적인 삶의 패러다임이 획기적으로 변화했다. 인터넷의 보편적 이용과 확산으로 '웹(Web)'이 사람들의 생활 속에 깊숙이 관여하게 되었다. 사람들은 웹을 통해 전 세계의 정보를 검색하고, 의견을 교환하며, 경제활동을 하고, 자신을 표현하고 있다. 단조로웠던 초기의 웹은 급격한 기술의 발달과 함께 사용자의 참여·공유·개방을 지향하는 문화를 갖게 되었다. 이는 '웹 2.0'이라는 새로운 트렌드를 만들어냈고 소통을 강조하는 '소셜 웹'으로 발전하고 있다. 웹 2.0은 사람의 참여에 의하여 서비스가 완성되고, 가치를 공유하며, 개방된 순환구조를 만들고, 사람과 사람이 소통하면서 발전해나가는 '본연의 웹'을 지향하고 있다.

웹 2.0은 사회적으로 엄청난 파장을 일으키면서 사회, 기업, 소비자를 변화시키고 있다. 정보의 일방적 수용자로서의 역할에 지나지 않았던 소비자는 정보의 생산과 공급의 주체로 변화하고 있다. 정보의 생산·유통·소비의 패러다임이 바뀌고 있는 것이다.

3

'386 세대'의 향수를 자극하는
PC통신과 월드와이드웹

PC통신을 아는가? 까마득한 일처럼 느껴지지만 불과 20여 년 전에 나타나 세상을 뒤흔들었던 그 PC통신 말이다. 아마 '386 세대'라면 PC통신에서 채팅을 하던 기억이 있을 것이다. 전화 모뎀을 이용했기 때문에 PC통신에 접속해 있을 때는 전화가 계속 불통이었던 기억 역시 있을 것이다. '천리안', '하이텔', '나우누리' 등은 이제 향수를 자극하는 추억의 이름들이다.

PC통신 서비스는 1992년 하이텔 서비스를 시작으로 1990년대 초반을 풍미한다. PC통신 서비스가 제공되기 전에는 전화, 팩시밀리, 우편, 전보 이외에 마땅한 통신수단이 없었다. 어찌 보면 PC통신은 커뮤니케이션의 역사에서 일대 혁명과도 같았다.

PC통신의 기능을 크게 네 가지 정도로 분류해 볼 수 있다.

첫째, PC통신은 전자 사서함의 개념을 가진 통신수단이다. 이 원리는 우체국의 사서함 원리를 컴퓨터에 옮겨놓은 것으로 기존의 우편이나 전화, 팩시밀리 등으로 상호 교환하던 메시지를 컴퓨터로 주고받을 수 있는 통신 서비스다. 이와 같이 컴퓨터를 이용한 우편 서비스를 전자 우편(Electronic Mail)이라고 한다.

둘째, PC통신은 전자 게시판(BBS : Bulletin Board System) 서비스를 제공한다. 길가의 게시판과 마찬가지로 주 컴퓨터를 중심으로 각종 정보를 분야별로 나누어 통신을 이용해 볼 수 있도록 만든 알림판이다. 대부분의 PC통신 동호회도 알고 보면 전자 게시판을 중심으로 형성된 커뮤니티다.

셋째, PC통신은 '채팅(chatting)'이라고 칭하는 대화 기능을 제공한다. 음성으로 서로 대화하는 전화의 기능처럼, 컴퓨터를 가지고 글자로 대화 하는 것이다. 채팅의 특징은 두 사람 뿐만 아니라 여러 사람과 동시에 대화를 할 수 있다는 데 있다.

넷째, PC통신은 컴퓨터에서 사용되는 프로그램을 공유할 수 있는 자료실 기능을 제공한다. 컴퓨터에서 사용하는 모든 자료 및 프로그램을 자료실에 저장하면, 많은 사람이 자신에게 필요한 프로그램이나 모아진 자료를 전송받을 수 있다. 예를 들어 컴퓨터 바이러스를 예방하기 위해서는 언제나 최신의 백신 프로그램이 필요한데, PC통신으로 최신 백신 프로그램을 쉽게 구할 수 있다. PC통신이 없던 시절에는 자신에게 필요한 프로그램을 구한다거나 여러 사람과 공유하기 위해 디스켓을 가지고 프로그램을 복사(Copy)하러 돌아다녀야 하는 불편함이 있었다. 때문에 당시 PC통신을 통한 공유 문화는 매우 파격적이었다.

하지만 1990년대 초반만 해도 개인용 컴퓨터는 일반 대중이 소유하기 어려운 고가의 장비였고, PC통신 접속료도 생활수준에 비해 비싼 수준이었기 때문에 많은 사람들이 PC통신을 대중적으로 사용하기에는 무리가 있었다. 또한 1990년대 초반은 국민 대다수가 '컴맹'이던 시절로 PC통신은 일반 대중이 쉽게 다가설 수 없는 영역이었다. 이와 같이 1990년대 초반을 풍미했던 PC통신은 월드와이드웹(World Wide Web)의 등장, 초고속 인터넷망의 보급과 함께 역사 속으로 사라졌다.

웹(Web), 세상을 바꾸다!

팀 버너스-리(Tim Berners-Lee)가 월드와이드웹을 창시한 1989년 이래, 웹(Web)은 급속하게 발전하면서 사회·문화·경제·정치 등 전반적인 삶의 패러다임을 획기적으로 변화시켰다. 인터넷은 이미 1970년에 개발되었지만 일부 대학이나 연구기관에서 정보 교류, 교육용 학술망으로 이용하던 소수 전문가들의 전유물이었다. 인터넷이 인류의 생활 문화 전반에 걸쳐 혁명적인 발전을 이끌 수 있었던 것은 1994년에 대중적인 공개를 통해 발표된 팀 버너스-리의 월드와이드웹 덕택이다.

초창기의 웹 브라우저는 단순한 HTML만을 지원했기 때문에 간단한 문서, 그림, 약간의 상호작용만 가능한 수준의 정적인 웹이었다. 그러나 1994년 발표된 웹 브라우저인 Netscape의 보급과 함께 웹은 급속하게 변화했다. 이미지와 음성, 동영상 등의 멀티미디어와 그래픽 사용자 환경의 제공으로 일반인들도 쉽게 접하고 사용할 수 있게 된 것이다. 웹은 다양한 분야의 네트워크를 연결하며 기존의 매체들을 웹으로 흡수하기 시작했고, 지금의 정보화 사회의 기반을 다지는 동시에 사이버 세계를 열 수 있는 기초를 마련하는 미디어로서의 자리를 굳혔다.

웹은 정보를 분산하고 공유하기 위하여 고안된 네트워크 시스템으로 상호작용성과 사용자 중심의 커뮤니케이션 패러다임의 전환을 가져왔을 뿐 아니라, 다양한 멀티미디어와 하이퍼미디어 시스템을 구현함으로써 커뮤니케이션 영역을 끊임없이 확장해왔다. 웹은 기존의 미디어가 가졌던 여러 한계를 극복했다. 기존 미디어에 영향을 받던 인간의 경험 환경을 새롭게 구성하고 규정함으로써 커뮤니케이션 생태계의 패러다임을 변화시키고 있다.

4

검색,
웹 메일,
그리고 개인 홈페이지 만들기

PC통신에서 웹 시대로 넘어오면서 가장 먼저 직면한 변화는 검색 엔진을 통한 자유로운 정보 검색이다. '야후', '알타비스타', '라이코스' 등의 외산 검색엔진부터 '심마니', '까치네', '미스 다찾니' 등의 국산 검색엔진까지, 정보를 찾기 위한 유일한 수단이 책이었던 시절에 검색엔진의 출현은 일대 혁명과도 같았다. 검색엔진은 세상의 모든 정보, 지식, 자료와 통하는 창이었다. 물론 엉뚱한 검색결과가 나오는 경우가 허다했으며 원하는 검색결과를 얻기 위해서는 엄청나게 많은 웹 사이트를 돌아다녀야 했다. 물론 정보를 찾기 위해 도서관 전체를 뒤지는 것과는 비교도 될 수 없을 만큼 편리했기 때문에 급속도로 사용자층을 확대해 나갈 수 있었다.

검색엔진을 이용해 정보를 찾던 웹 이용자 들은 지인과 정보를 공유하고 커뮤니케이션할 수 있는 수단이 필요해졌다. 웹 메일이 등장하게 된 것이다. 국내에서 최초로 선보인 무료 웹 메일 서비스는 1997년 5월 오픈한 '한메일'이다. 웹을 통해 세상의 모든 정보를 검색하던 이용자들은 앞 다투어 한메일 계정을 만들기 시작했다. 그리고 언제든지 웹에 접속하여 실시간으로 메일을 주고받을 수 있는 편리함에 매료되었다.

웹에 집을 짓자! 개인 홈페이지 만들기 붐

'무작정 따라하기' 시리즈를 기억하는가? '컴퓨터 무작정 따라하기', '홈페이지 무작정 따라하기' 등 많은 '무작정 따라하기' 시리즈가 있었다. 전 국민의 컴맹 탈출 작전이 시작되었다. 개인용 컴퓨터의 운영체제가 텍스트 기반의 도스(DOS)에서 그래픽 기반의 윈도우즈(Windows)로 바뀌면서 컴퓨터가 매우 쉬워진 것도 한몫 했다. 도스는 모든 명령어를 사용자가 외워서 까만 화면의 명령프롬프트에 직접 타이핑하는 방식이었기 때문에 일반인이 접근하기에는 어려웠다. 하지만 윈도우즈는 프로그램 명령들이 아이콘화 되어있고 직관적으로 사용하기 쉽게 구성되어 있기 때문에 도스에 비할 바가 아니었다.

이와 같은 컴퓨터 배우기 붐은 개인 홈페이지 만들기 붐으로 이어진다. '한미르(현재의 파란)', '네티앙', '네이버', '드림위즈' 등 웬만한 포털 사이트에서는 10~30메가바이트의 개인 홈페이지 용량을 제공했다. 또한 손쉽게 개인 홈페이지를 만들 수 있도록 각종 템플릿도 제공했기 때문에 아주 손쉽게 개인 홈페이지를 만들 수 있었다. 하지만 포털 사이트에서 제공하는 천편일률적인 홈페이지 디자인에 한국의 사용자가 만족할 리 없었다. 이때 등장한 것이 나모 웹에디터와 포토샵이다. 나모 웹에디터는 어려운 HTML 태그를 몰라도 웹 페이지를 만들 수 있도록 도와주는 에디터로써 국산 소프트웨어이기 때문에 태생 자체가 한글 기반이고, 외산 소프트웨어는 따라올 수 없는 직관적인 도움말 때문에 큰 어려움 없이 사용할 수 있다. 한마디로 한글 문서를 작성하듯 손쉽게 홈페이지를 제작할 수 있었다. 또한 홈페이지 제작에 없어서는 안 될 포토샵이 대중화되기 시작했다. 사실 포토샵은 그래픽 디자이너와 같은 전문가급의 사람들이 사용하는 소프트웨어였으나 홈페이지의 확산과 함께 일반 대중들도 사용하는 범용적인 소프트웨어로 발전했다. 포토샵 자체가 전문가용으로 나온 소프트웨어이기 때문에 일반 사용자가 배우는 게 쉽지는 않았지만 웹 디자인을 위한 포토샵 책과 디자인 학원을 통해 많은 사람들이 포토샵을 접하고 배웠다. 사실 나모 웹에디터나 포토샵을 사용할 정도면 개인 홈페이지에 대한 열정이 대단하거나 컴퓨터를 어느 정도 사용할 줄 알아야 한다. 그만큼 컴퓨터라는 디지털기기가 대중화되었다는 것을 의미한다.

이와 같은 인터넷 열풍을 타고 1998년부터 IT를 중심으로 엄청난 벤처붐이 일었다. 벤처붐과 함께 웹 마스터, 웹 디자인, 웹 프로그램을 교육시키는 학원이 우후죽순 생겼고, 넘치는 학원에서 수많은 수료생을 배출해냈으나 정작 취업된 이는 손에 꼽을 수 있는 수준이었다. 게다가 이런 무차별적인 교육 때문에 웹 표준이 자리를 잡지 못하고 포토샵으로 만든 이미지들로만 웹 사이트가 구성되는 진풍경이 연출되기도 했다.

5

벤처 열풍, 싸이 열풍,
UCC 열풍, 웹 2.0 열풍! 열풍! 열풍!

　인터넷이 전 국민의 관심사였고 너나 할 것 없이 웹 메일을 만들고, 개인 홈페이지를 만들던 시절에 인터넷으로 돈을 벌겠다고 일어선 벤처기업들이 생겼다. 아이디어와 기술력으로 무장한 벤처기업은 정부의 지원과 투자자금이 몰리면서 엄청난 사회적 이슈로 부각됐다. 그 당시에 결혼하고 싶은 신랑감 1위가 IT 벤처기업에 다니는 직장인이었다. 대기업도 아니고 공무원도 아닌 벤처기업 직장인이 1위를 차지했을 만큼 벤처기업의 신화는 대단했다.

　1998년부터 불기 시작한 닷컴 벤처 열풍은 1999년에 절정기를 맞이한다. 벤처기업 신화의 선두주자인 '골드뱅크'를 기억하는가? 광고를 보면 돈을 준다는 획기적인 아이템으로 광고주와 소비자를 연결했던 골드뱅크는 1998년 10월 코스닥에 상장되기에 이른다. 인터넷 좀 이용할 줄 안다 하는 사람 치고 골드뱅크에서 광고 보고 돈을 모아보지 않은 사람이 거의 없다고 해도 과언이 아닐 정도였다. 코스닥 상장 시점의 주가는 주당 800원이었지만, 1999년 16일 연속 상한가를 기록하는 등 폭등하며 같은 해 5월에는 주가가 30,700원까지 도달한다. 무려 3,800%에 달하는 경이적인 성적이었다. 하지만 1999년 7월 이후 대폭락을 이어가게 되었고 더 이상 회복하지 못하고 근근이 버텨오다가 2009년 상장폐지에 이르렀다.

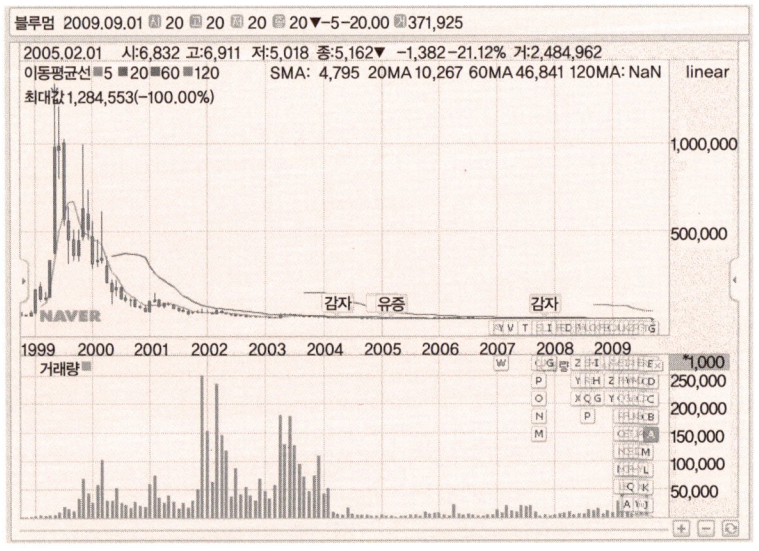

블루멈(전 골드뱅크)
주가 그래프

골드뱅크의 신화는 그렇게 무너졌고 닷컴 버블도 급속히 붕괴된다. 이른바 '닷컴 버블 붕괴'의 시대다. 1997년 말 외환위기를 겪게 되고 1998년 IMF로부터 구제 금융을 받으면서 위축되었던 한국은 벤처 열풍으로 투자가 다시 활성화되었으며 내수시장 활성화에도 기여했다. 한국은 2001년 8월 23일, 드디어 IMF 구제금융 전액을 상환하고 IMF 관리체제를 졸업하게 되지만 2000년을 기점으로 닷컴 버블은 붕괴되기에 이른다.

닷컴 버블의 붕괴에서 살아남은 생존자들은 새로운 질서와 생태

코스피지수, 위기 때 얼마나 떨어졌나

아시아 외환위기   IT버블 붕괴   카드사태   세계 금융위기

2064.85
(2007. 10. 31)

1138.75
(1994. 11. 8)

1059.04
(2000. 1. 4)

923.94
(2002. 4. 19)

1213.78
(2008. 10. 16)

468.76   515.24
(2001. 9. 17)   (2003. 3. 17)

280.00
(98. 6. 16)

하락률, % ▶
(기간)

−75.4   −55.7   −44.2   −41.2
(43개월 중)   (20개월)   (11개월)   (진행 중)

자료: Datastream · 대우증권

계를 형성하게 된다. 이 때 돌풍의 핵으로 떠오른 것이 바로 싸이월
드 미니홈피다. 2001년 9월 싸이월드에 처음 미니홈피 서비스가 생
길 당시엔 100만 명이었던 회원 수가 2003년 5월 300만, 10월 400
만, 12월 480만, 2004년 1월 530만, 2월 600만 명으로 회원 수가 급
증했다. 싸이월드 미니홈피 서비스가 인기를 얻게 된 배경에는 '디
지털카메라'와 '카메라 폰'의 보급이 큰 역할을 했다고 볼 수 있다.
필름카메라를 이용하여 사진을 촬영하고, 그것을 스캔하여 웹에 공
유하는 방식에는 많은 시간과 비용이 발생한다. 웹에 사진 한 장 올
리기 위해 엄청난 정성을 쏟아 부어야 했던 것이다. 하지만 디지털
카메라와 카메라 폰을 이용하면 아주 손쉽게 사진을 공유할 수 있
다. 싸이월드 미니홈피의 인기는 사회적으로도 큰 이슈가 되었으며
삼성경제연구소에서 선정하는 2004년 최고의 히트상품에 꼽히기도

했다. 참고로 디지털카메라와 MP3 플레이어 등이 장착된 '복합기능 휴대전화'가 2위에 선정되어 그 당시의 시대상황을 짐작할 수 있게 한다. 이와 같이 디지털카메라와 카메라 폰의 대중적 보급 시기와 맞물려 싸이월드 미니홈피는 '싸이 열풍'을 일으키며 '파도타기'와 '싸이질'로 한국 국민들의 밤잠을 설치게 한다.

2004년에 싸이월드 미니홈피가 세상을 흔들었다면, 2006년에는 UCC(User Created Contents)가 새로운 인터넷 문화를 만들면서 돌풍의 핵으로 등장한다. UCC의 개념 자체가 사용자가 직접 제작한 콘텐츠를 의미하기 때문에 텍스트, 사진, 동영상 등 사용자가 제작한 모든 콘텐츠를 UCC라고 할 수 있지만 동영상이 이슈화된 시대상황과 맞물려 UCC 하면 사용자가 제작한 동영상 콘텐츠를 의미하는 것으로 통용되어 쓰이게 되었다. UCC의 밑바탕에는 참여·공유·개방을 강조하는 '웹 2.0'의 사상이 자리 잡고 있다. 웹 2.0은 사용자들의 '참여'와 '개방성'을 통해 사용자들이 일방적으로 정보를 제공받지 않고 스스로 정보 및 네트워크를 창조하고 공유하는 것을 의미한다. 이러한 웹 2.0 사상은 이용자의 참여에 의한 콘텐츠 제작, 그리고 교환이 용이한 플랫폼 환경에서 UCC가 성장할 수 있는 밑거름이 되었다. 웹 2.0은 인터넷 사용 환경을 상호작용과 사회적 네트워크를 가능하게 함으로써 UCC의 확산과 공유를 촉진시키고 있어 포털을 중심으로 UCC 검색 서비스와 공유 서비스는 큰 폭으로 성장했다. 이와 같이 UCC가 열풍을 일으킨 데에는 캠코더의 보급, 카메라 폰의 성능 향상, 초고속 인터넷망의 보급이 큰 역할을 했다. 누구나 손쉽게 비디오를 촬영하고 동영상으로 제작할 수 있을 만큼 디지털캠코더, 디지털카메라, 카메라 폰 등의 디지털기기가 대중화되었다. 또한 동영상 하나 보기 위해 몇 분씩 버퍼링하다가 몇 초 보는 식의 동영상 서비스였다면 UCC 열풍이 불지도 않았을 것이다. 초고속 인터넷망의 보급으로 회선속도가 빨라지면서 서비스 이용자들은 불편 없이 재미있는 동영상을 관람할 수 있었다. UCC는 사용자의 참여와 공유를 가장 극적으로 끌어들인 서비스로 많은 사회적 이슈를 낳았으며 웹 2.0을 대변하는 서비스로 자리매김했다.

웹(Web)은 짧은 역사 속에서 새로운 문화와 트렌드를 형성하고 사회적 이슈를 만들어 냄으로써 수많은 열풍을 창조했다. 하지만 빨리 달아오르면 빨리 식는 법이다. 수많은 열풍이 그렇게 나타났고 모두가 그것에 대해 이야기하다가 어느 순간 사그라져 관심 밖으로 밀려났다. 하지만 이와 같은 열풍이 불 때마다 웹은 업그레이드되면서 사회의 큰 흐름을 주도했고, 그 자체로 역사의 한 페이지를 장식했다. 또한 웹은 IT 기술의 발달, 사회적 인프라, 그리고 시대상황과 맞물리며 발전해 단순한 사이버 공간이 아닌 문화 공간으로써 밀접한 존재가 되었다.

그리고 이제는 참여·공유·개방을 강조하는 웹 2.0을 넘어 '소통'과 '사회성'을 강조하는 '소셜 웹'으로 진화하면서 수많은 이슈를 만들어 내고 있다. 웹 2.0의 거대한 흐름 속에서 UCC, 소셜 웹 등이 큰 이슈를 만들어 내고 있다. 그렇다면 과연 소셜 웹이 어떤 가치를 갖고 있기에 이렇게 열광하고 있는 것일까?

2장
웹 2.0에서 소셜 웹으로

1

웹 2.0의 시작

　웹을 창시한 팀 버너스-리는 "자신이 꿈꾸는 세상은 전 세계가 네트워크로 연결된 상태에서 서로의 자료를 공개하고 이렇게 공개된 자료를 하이퍼텍스트를 이용해 공유할 수 있는 세상"이라고 했다. 또한 "웹은 기술적인 창조물이기도 하지만, 그보다는 사회적인 창조물에 가깝다. 웹은 장난처럼 만든 기술적 결과물이 아니라, 어떤 사회적 목적을 달성하기 위해 만들어졌다. 사람들이 함께 살아갈 수 있도록 지원하는 것이다. 웹의 궁극적인 목표는 거미줄처럼 복잡한 우리의 생활을 돕고, 더 나아지도록 개선하는 것"이라고 했다. 즉, 웹의 기본 목적은 '사람들이 함께 살아갈 수 있도록 참여·공유·개방·소통을 지원하는 것'이다.

　하지만 초기의 웹은 거대하고 화려한 또 하나의 대중매체에 불과했다. '쌍방향 직접 네트워크'라는 인터넷의 원초적 꿈과 기본 속성을 망각한 채 또 다른 단방향의 간접 소통 장치가 되기를 시도한 것이다. 웹의 정신을 제대로 이해하지 못하고 돈 벌기에 혈안이 된 사람들은 포토샵과 HTML, 웹 프로그램 기술만 가지고 번쩍이지만 일방적이고 거대한, 거기에 화려하기까지 한 웹 사이트로 한국 웹의 트렌드를 만들어 놓았다. 그곳에서 참여자가 되어야 할 사람들은 일방적으로 전달되는 정보를 받는 수신자로 전락했다.

1990년대 말 웹의 보급이 급속히 확산되면서 엄청난 자금이 IT 기업으로 몰려 주가가 폭등하고 신흥 벤처 기업을 양산했으나 과도하게 부풀려졌던 거품이 2000년대부터 꺼지기 시작했다. 주가 급락 등 심각한 후유증을 낳았던 닷컴 붕괴 이후 웹은 기본 정신인 참여·공유·개방을 지원하기 위해 변화하게 된다. '웹 2.0'의 개념이 대두된 것이다.

'웹 2.0'이라는 호칭은 미국의 IT 전문 출판 미디어인 오라일리(O' Reilly)의 브레인스토밍 중 탄생했다. 닷컴 붕괴에서 살아남은 인터넷 기업들의 성공 요인에 어떤 공통점이 있다는 것을 파악하고, 이러한 웹의 변화와 트렌드를 제 2세대의 웹, 즉 '웹 2.0(Web 2.0)'이라고 표현한 것에서 비롯됐다. 그 후 웹 2.0에 관한 컨퍼런스가 개최되었고, 이 개념이 전 세계적으로 확산되면서 지금의 웹 2.0이 자리 잡게 되었다. 웹 2.0과 대응하는 개념으로 웹 1.0(Web 1.0)이 있으며, 이를 웹 2.0 이전에 존재했던 초기 웹으로 볼 수 있다.

하지만 웹 2.0은 새로운 개념이기 보다는 팀 버너스-리가 웹을 창시하면서 내세웠던 철학인 '사람들이 함께 살아갈 수 있도록 참여·공유·개방·소통을 지원하는 것'에서 다시 시작하는 것이라고 할 수 있다. 웹 2.0은 사람의 참여에 의하여 서비스가 완성되고, 가치를

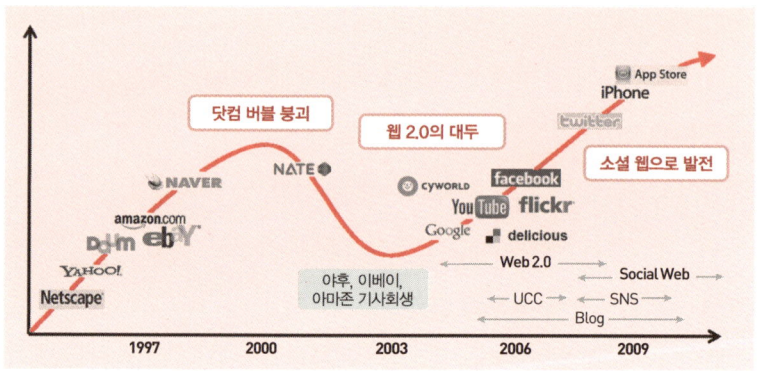

공유하며, 개방된 순환구조를 만들고, 사람과 사람이 소통하면서 발전해나가는 '본연의 웹'을 지향한다.

웹 2.0의 개념 및 특성

2004년 10월에 열린 '제1회 웹 2.0 컨퍼런스'에서는 닷컴 붕괴에서 살아남은 대표적인 생존자인 '야후', '이베이', '아마존' 등에서 성공의 공식을 추출했고, 그 성과물을 통칭하는 조어로 '웹 2.0'이라는 개념이 자리 잡기 시작했다. 참여 · 공유 · 개방으로 대변되는 웹 2.0에 전 세계가 주목했다. 이용자가 적극적으로 참여하여 정보와 지식을 생산, 공유, 소비하는 열린 인터넷인 웹 2.0의 핵심은 '열린 공간'과 '이용자 참여'에 있다. 다양한 사업자가 모두에게 개방된 열린 공간을 제공하고, 이용자가 지식과 정보를 스스로 생산하고 공유하면서 이른바 '참여의 웹', '생활화된 웹' 등의 웹 2.0 트렌드가 나타났다. 닷컴 붕괴에서 살아남은 생존자를 분석하여 웹 2.0의 개념을 탄생시킨 팀 오라일리(Tim O'Reilly)는 2005년 발표한 논문에서 웹 2.0의 원칙을 제시했다.

1. 플랫폼으로서의 웹(The Web as Platform)

2. 집단지성의 이용(Harnessing collective intelligence)

3. 데이터는 차세대의 '인텔인사이드'(Data is the next Intel Inside)

4. 소프트웨어 릴리스 주기의 종말(End of the software release cycle)

5. 경량 프로그래밍 모델(Lightweight programming models)

6. 단일 디바이스를 뛰어넘는 소프트웨어(Software above the level of a single device)

7. 풍부한 사용자 경험(Rich user experiences)

인터넷 백과사전인 '위키피디아'에서는 최초의 웹 2.0 컨퍼런스에서 도출된 내용을 바탕으로 웹 2.0의 특징을 다음의 핵심 요소들로 정리하고 있다.

1. 플랫폼으로서의 웹

2. 원동력이 되는 데이터

3. 참여 구조(architecture of participation)에 의한 네트워크 효과

4. 여러 시공간에 흩어져 있는 독립적인 개발자들이 공동으로 참여해 혁신하는 시스템이나 사이트

5. 콘텐츠와 서비스 신디케이션을 통한 가벼운 비즈니스 모델 (lightweight business model)

6. 기존의 소프트웨어 개발 사이클과는 다른 '영원한 베타(the perpetual beta)'

7. 롱테일(Long Tail)의 힘을 극대화시키는 소프트웨어

팀 오라일리가 2005년에 제시한 웹 2.0의 원칙과 위키피디아에서 제시한 웹 2.0의 특성은 발표 당시의 인터넷 트렌드를 분석하여 정의한 것이다. 즉 웹 2.0의 개념과 특성은 인터넷 트렌드에 따라 정의되는 것이기 때문에 최근의 인터넷 트렌드를 반영하여 웹 2.0의 특성을 재정의 할 필요성이 있다. 최근의 인터넷 트렌드는 이용자가 중심이 되어 사람과 사람, 정보와 정보가 유기적으로 연결되는 '소셜한' 웹이다. 소셜한 웹의 특성을 반영하여 웹 2.0의 정의를 다음과 같이 제시한다.

첫째, 웹 2.0은 소셜 웹이다. 웹을 창시한 팀 버너스-리는 "사람들은 가족, 단체, 회사 등의 조직에 소속되어 살아간다. 그러면서 멀리 떨어진 사람과 신뢰를 쌓기도 하는 반면, 가까이 있는 사람조차 믿지 못하기도 한다. 우리가 무언가를 믿고, 확신하고, 동의하고, 의지한다는 것은 모두 실제로 표현 가능하다. 그리고 웹을 통해 점점 더 많이 표현되고 있다. 우리는 웹을 통해 우리가 하고자 하는 다양한 것을 구현할 수 있는 사회를 이루고자 한다는 것을 확실히 알아야 한다"라고 웹의 소셜한 측면을 언급했다. 우리는 정보화 시대에 살면서 많은 정보를 소화하기 어려울 정도로 접하게 되었다. 때문에 무수히 많은 정보들을 직접 일일이 분류하고 걸러내는 대신, 믿을 만한 정보를 추천해줄 수 있는 정보원을 웹에서 찾게 되었으며 그들과 관계를 맺고 소통하기 시작했다. 웹을 통해서 자신을 중심으로 한 거대한 사회를 건설한 것이다. 웹에는 점점 소셜한 측면이 강조되고 있다. 정보를 자신만의 울타리에 가두는 것이 아니라 웹을 통하여 공개함으로써 보다 많은 정보와 시너지 효과를 얻을 수 있다.

또한 협업을 통하여 집단지성을 끌어낼 수 있다. 그것이 바로 소셜 웹의 가치다.

둘째, 웹 2.0은 사용자에 의하여 평가되고 가치가 부여되는 참여형 소셜 미디어이다. 대중매체와는 별도로 온라인을 중심으로 새로운 유형의 오피니언 리더들이 등장했다. 이른바 소셜 미디어(Social Media)다. 소셜 미디어는 블로그, 팟캐스트, 동영상 UCC, 미니홈피, 마이크로 블로그 등을 말하는데 이 작은 새로운 미디어를 통해 수많은 사용자가 모여 커뮤니티를 형성하면서 영향력 있는 세력으로 급부상하고 있다. 특히 블로그와 같은 개인 미디어, 블로그메타사이트를 통하여 개인들의 의견이 자유롭게 교환되고 여론이 형성되는 '블로고스피어(Blogosphere)', 대중매체보다 빠른 뉴스의 전달과 확산으로 이슈가 되고 있는 마이크로 블로그 '트위터' 등이 대표적이다. 소셜 미디어는 여론을 형성하는 기능을 수행하면서 엄청난 영향력을 갖게 되었다. 사용자의 참여 · 공유 · 개방 · 소통으로 발전하는 웹 2.0 시대에 접어들면서 나타나게 되는 필연적인 현상이다. 여론의 생성과 확산 메커니즘이 전통 미디어에서 벗어나 인터넷에 뿌리를 둔 다양한 미디어 환경에서도 작동하기 시작한 것이다. 신문, 방송, 라디오, 잡지 등 이른바 전통 미디어(Traditional Media)와의 관계를 중시해왔던 기업들은 이제 통제가 거의 불가능하면서 막강한 영향력을 행사하고 있는 소셜 미디어와의 관계에 초점을 맞추고 있다.

셋째, 웹 2.0은 사용자의 참여에 의하여 완성되는 플랫폼으로서의 웹이다. 웹 2.0은 사용자의 참여로 시작되었다. 웹 1.0 시대에는 사업자가 콘텐츠를 생산하여 유통하였으나 웹 2.0 시대에는 플랫폼만 제공한다. 사용자가 참여하여 콘텐츠를 채움으로써 완성되는 구조인 것이다. 플랫폼은 직접 무엇을 하는 대신, 무엇을 하게 하는 인에이블러(enabler)의 기능을 갖는다. 이미 공급자가 만들어 놓은 것을 전달하는 것이 아니라, 소비자로 하여금 데이터를 생산할 수 있게 하는 기반을 제공한다. 유튜브는 동영상 공유 플랫폼을 제공하고 사용자는 동영상을 생산하고 공유한다. 플리커(Flickr)는 사진 공유 플랫폼을 제공하고 사용자는 사진을 등록하고 공유한다. 웹 2.0의 플랫폼은 무언가를 만들게 하는 것뿐만 아니라, 만들어진 것을 자유롭게 활용하고 관계를 형성 및 유지할 수 있는 소셜 플랫폼으로 확장되어 구현된다. 플랫폼의 의미가 확장되면서 사용자의 역할 역시 확장되고 있다.

넷째, 웹 2.0은 플랫폼의 개방을 의미한다. 웹 2.0 시대에 접어들면서 플랫폼의 경계가 허물어지고 있다. '페이스북'은 오픈 플랫폼 전략을 수립하여 소셜 플랫폼인 'F8'을 공개하고 있으며, '마이스페이스'는 '구글'의 개방형 소셜 플랫폼인 '오픈소셜(Open Social)'에 참여하고 있다. 소셜 플랫폼은 마이크로소프트의 윈도우즈 운영체제처럼 외부 서비스 또는 개발자들이 자유롭게 해당 소셜 플랫폼에 윈도우즈 프로그램에 해당하는 애플리케이션을 실행할 수 있는 구조를 갖추고 있다. 소셜 플랫폼의 고유 정보는 일반적으로 API 형태로 제공되고 있으며, 외부에서 만든 서비스는 애플리케이션의 형태로 소셜 플랫폼의 특정 영역에서 실행할 수 있다. 또한 소셜 플랫폼 제공자와 소셜 플랫폼에 참여한 사업자는 회원정보를 공유하면서 개인의 기호에 맞춘 서비스를 제공할 수 있다. 좋은 아이디어를 바탕으로 개별적으로 서비스를 제공하고자 한다면 서비스 이용자를 새롭게 모아야 한다는 부담이 있다. 하지만 F8 플랫폼을 활용하면 페이스북의 회원에게 자사의 서비스를 소개하고 광고나 아이템 판매 등을 통해 수익을 얻을 수 있다. 페이스북 사용자는 별도의 회원가입 절차 없이 자신이 원하는 애플리케이션을 F8 플랫폼에 간단히 설치하여 사용할 수 있다.

플랫폼의 개방은 구글의 오픈소셜을 통하여 점차 확대되고 있다. 페이스북의 소셜 플랫폼인 'F8'은 독자 표준 방식을 채택하여 F8 플랫폼에서 동작하는 애플리케이션은 페이스북에서만 이용할 수 있지만, 구글의 오픈소셜은 다양한 소셜 네트워크 서비스를 공통 API를 통해 액세스 할 수 있다. 즉 오픈소셜은 Javascript와 HTML과 같은 표준을 사용하고, 서로 다른 소셜 네트워크 서비스 간의 커뮤니케이션이 가능하다는 장점을 갖고 있는 것이다. 또한 마이스페이스를 비롯하여 Friendster, Hi5, OrKut, Ning, LinkedIn과 같은 대표적인 소셜 네트워크 서비스들을 오픈소셜 파트너로 확보하여 그 세력을 확대하고 있다. 오픈소셜은 소셜 네트워크 서비스 간의 통합 플랫폼이라고 할 수 있다.

또한 구글, 야후 등의 글로벌 사이트에서 제공하는 회원계정과의 연동을 위한 API를 통해 별도의 회원 가입 없이 구글, 야후 등의 계정으로 로그인 할 수 있도록 지원한다. 웹 오피스 사이트인 '싱크프리'는 구글 계정으로 로그인할 수 있도록 지원해줌으로써 구글의 수많은 회원을 대상으로 서비스를 제공할 수 있게 되었다.

최근 오픈아이디(OpenID)를 지원하는 사이트가 증가하면서 플랫폼의 개방은 소셜 네트워크 서비스에 국한되지 않고 전반적인 사이트로 확산되고 있는 양상이다. 오픈아이디는 여러 사이트의 서비스들을 매번 가입하지 않고 로그인하여 사용할 수 있는 하나의 아이디이다. 오픈아이디에서 아이디는 인터넷 주소인 URL로 표현되며, 인증 서비스를 통해서 사용자가 아이디의 소유자임을 인증한다. 최근 이슈가 되고 있는 마이크로 블로그인 트위터는 외부 서비스 사이트나 애플리케이션, 모바일기기에서 트위터에 글이나 사진, 동영상 등을 등록할 수 있도록 플랫폼을 개방하여 트위터를 중심으로 하는 생태계를 구축하고 있다.

이와 같이 'F8', '오픈소셜' 등의 소셜 플랫폼과 오픈 API, 오픈아이디를 통한 플랫폼의 개방이 가속화 되고 있으며 최근의 웹 2.0 트렌드로 관심이 고조되고 있다.

다섯째, 웹 2.0은 롱테일 경제권이다. 롱테일(Long Tail)은 디지털 시대에 시장을 왜곡시켰던 장애물이 제거되고 무한한 선택이 가능해짐에 따라 수요곡선의 꼬리 부분이 머리 부분보다 길어져 그동안 무시되었던 틈새상품이 중요해지는 새로운 경제 패러다임을 의미한다. 틈새상품들 각각의 매출액은 적지만 그것들의 총합은 히트상품과 맞먹거나 오히려 히트상품을 능가하게 된 것이다. 인터넷의 등장으로 소수의 히트상품(20%)이 매출액의 80%를 만들어낸다는 '80/20 법칙'으로는 더 이상 설명할 수 없는 새로운 경제현상이 나타나고 있다. 히트상품이 아닌 롱테일에 있는 무수히 많은 틈새상품이 수익을 만들어낼 웹 2.0 시대에는 과거처럼 히트상품에만 매달린다면 시장 기회를 잃게 될 것이다. 이와 같은 롱테일 현상은 소셜 미디어를 통한 개인 콘텐츠의 확산과 사업자에 종속되는 소비자가 아닌 창조적인 소비자로의 변화에 기여하고 있다.

웹 2.0은 웹의 개념을 바꿔 놓을 만큼의 거대한 흐름이다. 많은 미래학자들과 전문가들이 웹 3.0을 이야기 하지만 웹 3.0이라 불릴 만큼의 큰 변혁은 쉽게 오지 않을 것이다. 소셜 웹은 웹 2.0의 큰 흐름 속에서 사회성과 소통이 강조된 새로운 개념의 사회적인 웹이다.

2
소셜 웹의 가치와
사회 연결망 이론

사람은 선천적으로 사회적인 존재다. 때문에 사용하는 서비스도 사회적일 수밖에 없다. 어찌 보면 소셜 웹 서비스의 등장은 필연적이다. 우리는 엄청난 양의 정보 속에서 선택을 해야 하기 때문에 믿을 만한 교류와 그것을 지원하는 도구들이 필요해진 것이다.

조슈아 포터(Joshua Porter)는 그의 저서 《소셜 웹 기획》에서 '사회적 행동에 대한 중요한 관점'을 다음과 같이 제시하고 있다.

1. 사람은 음식, 물, 보금자리, 기술, 우정, 학습, 놀이, 섹스, 종교의식, 스포츠 등 가지고 있는 모든 욕구에 대해 상호작용하는 복잡한 사회적 동물이다.
2. 사람은 조직을 구성함으로써 그 조직에 소속되는데, 몇 개의 조직에 동시에 소속되어 있을 수도 있다.

3. 조직은 두 명으로 이루어진 작은 것에서부터 종교 집단처럼 큰 것까지 있으며, 그 목적 또한 다양하다.
4. 조직은 가족, 친구, 알고 지내는 사람들 혹은 같은 관심사를 가진 사람들로 구성된다.
5. 사람은 조직의 구성원임과 동시에 독립된 개인으로 존재한다.
6. 사람은 개인으로 행동할 때와 조직으로 행동할 때, 각기 다른 행동 패턴을 보인다.
7. 사람은 일생 동안 시간과 공간에 따라 다른 역할을 맡는다.
8. 사람은 무언가에 대해 확신이 없을 때 사회적 관계에 의지해 도움을 얻고자 한다.
9. 사람은 보통 사회 전체가 아닌, 자신이 속한 조직 내의 다른 사람들과 자신을 비교한다.
10. 우리의 행동에 지인들이 미치는 영향은 크다.
11. 이기심은 자신이 속한 집단을 위해 발현되기도 하지만, 때로는 집단으로부터 자기 자신을 분리해 자기를 중심으로 생각하는 것을 뜻하기도 한다.
12. 사람은 항상 이성적이지 않을 뿐만 아니라, 때로 이기적이기도 하다.
13. 시간이 가면서 집단 내부로부터 예측 불가능한 행동들이 발생한다.
14. 사회적 상호작용에서 파생되는 가치들은 돈으로 환산할 수 없을 정도로 엄청나다.

'사회적 행동에 대한 중요한 관점'을 보면 사람이 소셜 웹 서비스에 의지하는 것은 필연적이라는 것을 알 수 있다. 오프라인에서의 사회적 행동을 그대로 웹으로 옮겨온 것이 소셜 웹 서비스이다. 정보화 시대에 살면서 우리는 생각보다 많은 정보를 소화하기 어려울 정도로 접하게 된다. 정보의 홍수에 대처하기 위해, 우리는 가족이나 주위 사람들로부터 더 믿을 만한 정보를 얻고자한다. 무수히 많은 정보들을 직접 일일이 분류하고 걸러내는 대신, 믿을 만한 정보원을 찾는 것이다. 소셜 웹은 더 깊은 사회적 상호작용을 구현할 수 있을 정도로 진화하고 있다. 마이스페이스, 페이스북, 트위터와 같은 소셜 웹 서비스가 급부상하면서 '개인'이 서비스의 중심에 서서 사회적 상호작용을 구현할 수 있게 되었다. 소셜 웹 서비스를 통해 사람들과 관계를 형성하고, 유지하며, 증진시킬 수 있는 다양한 방법이 제시되고 있다.

소셜 웹 서비스의 특성

변화하는 웹 환경에서 좋은 정보의 기준에는 보다 소셜한 측면이 강조되고 있다. 아무리 내용이 좋아도 사람들에게 적극적으로 활용되고 유통되어 쓰이지 않으면 정보의 가치는 떨어진다. 훨씬 더 정확하고 확실한 저작권을 가진 전문 서비스의 정보가 있음에도 블로거가 만든 콘텐츠들이 더 큰 영향력을 가지는 이유는 무엇일까? 구독이나 스크랩, 추천, 댓글, 트랙백 등을 통해 정보에 소셜한 가치가 더해지고, 이것을 더 쉽게 접하고 활용할 수 있는 환경을 가지고 있기 때문이다. 이제 정보의 가치는 '그것이 무엇이냐'가 아니라 '그 정보가 얼마나 많이 활용되고, 쓰이고, 관계를 맺고 있는가'에 비례하게 된다. 더 많이 쓰이는 정보가 더 많은 가치를 가지게 되는 것이다.

이와 같이 정보의 소셜한 요소는 소셜 웹 서비스의 핵심 특성으로 그 근간을 이루고 있다.

소셜 웹 서비스는 다음과 같은 특성을 갖고 있다.

1. 개인을 대표하고 정체성을 나타내주는 서비스
2. 사용자의 참여를 통하여 만들어나가는 서비스
3. 사용자간의 정보공유가 자유로운 서비스
4. 개인과 개인이 소통하고 관계를 형성, 유지, 증진해나가는 서비스

즉, 소셜 웹 서비스는 '개인의 참여를 통하여 정체성을 확립하고 다른 개인과 소통하면서 사회적 관계를 형성해 나가는 서비스'라고 정의할 수 있다.

소셜 네트워크(Social Network)와 소셜 웹 서비스

Social은 '사회', '사람들이 모여 있다'라는 의미를 갖는다. Network는 '사람들이 일련의 관계에 의해 모인 관계망'을 의미한다. 이들의 조합인 '소셜 네트워크'는 '사람들이 연결되어 있는 관계망'으로 표현할 수 있다.

소셜 네트워크란 행위자가 선택하는 행위의 결과이기도 하며, 동시에 행위자의 차후 행위선택을 제약하는 역할을 한다. 다시 말하자면 관계망으로서의 소셜 네트워크는 행위자의 선택과 그 선택이 주는 제약을 담고 있는 구체적인 공간이다. 특히 네트워크가 그 안에 속한 행위자들의 행위를 제약하는 '구조'로서 역할을 한다는 점에

주목해보면, 실체가 불분명한 '구조'라는 개념을 네트워크라는 구체적 실체로 옮겨놓은 것이라고 할 수 있다.

따라서 소셜 네트워크는 개인이 다른 개인과 관계를 형성함으로써 만들어지는 관계망이라고 설명할 수 있다. 여기에는 아버지 · 선생님 · 친구 등과 같이 역할로 맺어진 관계와 좋아한다 · 존경한다 · 경멸한다 등의 생각과 감성에 의한 인지적 관계, 그리고 대화한다 · 판매한다 · 구입한다 등 행위에 근거한 관계 등이 있을 수 있다. 사회학에서 연구되고 있는 사회 연결망 이론(Social Network Theory)은 사람이 여러 사람들과 관계를 맺어가는 것으로 인간관계의 행위와 구조의 상호역동성을 설명하는 이론이다. 이는 각 행위자들(nodes)의 관계(ties)를 중심으로 무원칙적이고 혼란스러우며 복잡해 보이는 이면에 존재하는 패턴을 파악하려는 시도로 이해할 수 있으며, 따라서 소셜 네트워크 분석(Social Network Analysis)은 일정한 사람들 사이의 특정한 연계(linkage) 전체의 특성으로 연계에 포함된 사람들의 사회적 행위를 설명하려는 것이다. 웹 기반 환경에서 등장하고 있는 소셜 네트워크 서비스는 바로 이러한 사회 연결망 이론에 뿌리를 두고 있다.

사회 연결망은 '사회적 연계의 행렬 또는 사람들 간의 관계들로 이루어진 사회적 장' 혹은 '보다 큰 사회구조(연결망들의 연결망) 내에서 행위자들을 연계시키는 특수한 내용(의사소통 관계, 권력 관계, 정서적 관계, 교환 관계)을 가진 일련의 사회적 관계들'로 이해하면 된다. 개인적 수준에서 사회 연결망은 서로 간에 관계를 맺을 수 있는 일련의 사람들로 구성되며, '관계를 맺는 것'은 직접적인 상호작용뿐만 아니라 간접적인 상호작용도 포함한다. 하나의 사회체계에서 개인의 잠재적 사회 연결망은 그 사회 내의 모든 사람들로 구성된다. 하지만 개인은 매우 선택적인 상호작용을 통해서 직·간접적인 사회관계에 참여하므로 실제적인 사회 연결망은 다소 제한적인 성격을 가지게 되며, 개인이 가진 사회 연결망은 그 자신의 사회적 행위를 지원하거나 또는 그 자신을 구속시키는 것으로 정의될 수 있다.

이와 같이 소셜 네트워크는 '가치, 태도, 염원 등을 공유함으로써 한 개인과 사회적으로 결합된 사람들 간의 관계망'으로 정의할 수 있으며 소셜 네트워크에 대한 정의는 다음과 같은 핵심 개념을 내포한다. 즉, 관계망을 구성하는 각 개인과 개인은 상호의존적인 단위이며, 개인 간의 관계적 결합은 자원의 흐름을 발생시키는 통로이고, 네트워크의 구조적 환경은 개인의 사회적 행위를 위한 기회를 제공하거나 그것을 제한함으로써 이루어진다.

3

소셜 웹은
웹 2.0의 직계 혈통

웹 2.0의 기본 정신은 참여 · 공유 · 개방이다. 이와 같은 웹 2.0 정신을 근간으로 만들어진 서비스들이 웹 2.0 서비스이다. 웹 2.0 서비스의 대표적 사례로 참여와 공유를 강조하는 UCC(User Created Contents)와 블로그가 있다. 소셜 웹은 사회성과 소통을 강조하고 있으며 대표적인 서비스로 SNS(Social Network Service)가 있다. 사실 웹 2.0과 소셜 웹을 구분하는 것은 매우 어렵다. 단지 시대의 트렌드에 따라 서비스가 내세우는 가치가 변하고 있는 것이기 때문이다. 사실 의도했건, 의도하지 않았건 참여 · 공유 · 개방의 웹 2.0 정신을 내세우며 탄생한 서비스들도 소셜 웹의 특성을 접목하면서 소셜 웹 서비스로 진화하고 있다. 역으로 소통을 강조하는 소셜 네트워크 서비스도 당연히 이용자의 참여와 공유가 있어야 하고 플랫폼의 개방을 의미하는 API 공개는 필수가 되고 있다.

일각에서는 웹 2.0을 실체가 없는 허상이라고 이야기한다. 웹 2.0이 눈에 보이는 새로운 기술도 아니고, 웹 2.0 서비스를 통해서 당장 수익이 나거나 대박이 터지지도 않기 때문이다. 어찌 보면 맞는 이야기일 수 있다. 닷컴 버블에서 살아남은 서비스를 분석하고 트렌드를 분석하여 나온 결과를 웹 2.0이라 명명한 것이기 때문이다.

하지만 웹 2.0의 개념은 아직까지도 진화하고 있다. 팀 오라일리가 제안한 웹 2.0의 원칙이 그대로 수용되는 것이 아니라 수많은 사람에 의해서 가공되고 있다. 웹 전문가, 서비스 기획자, 경제학자, 기자, 블로거 등등 수많은 사람들이 웹 2.0을 이야기하고 있다. 많은 사람들이 이야기하고 거기에 살을 붙여서 또다시 많은 사람들이 이야기하고 있다. 이와 같은 과정이 반복되면서 웹 2.0의 개념이 점차 완성되고 있다. 그렇기 때문에 웹 2.0 전문가라고 자처하는 전문가들마다 조금은 다른 개념을 이야기하곤 한다. 물론 웹 2.0의 큰 흐름에는 이견이 없을 것이다. 이렇게 조금씩 다른 개념들이 모이고 모여서 웹 2.0의 전체 그림이 그려지고 있다. 어찌 보면 이와 같은 현상이 웹 2.0에서 이야기하는 집단지성의 힘이라고 할 수 있다. 특정 전문가의 논문이나 저서에 의해서 정의되고 많은 사람들에 의해 인용되고 회자되던 기존의 프로세스와는 많은 차이가 있다. 이것이 웹 2.0의 개방된 문화다.

웹 2.0은 웹 1.0과 대비되는 거대한 변화의 흐름이다. 또다시 웹 2.0과 대비되는 거대한 흐름이 생긴다면 그것을 웹 3.0이라고 불러야 할 것이다. 그리고 소셜 웹은 웹 2.0의 거대한 흐름에서 사회성과 소통이 강조된 사회적인 웹이라고 정의할 수 있다. 소셜 웹을 '웹 2.5버전' 정도로 부르면 이해가 쉬울 수 있겠다. 웹 2.0과 소셜 웹은 같은 철학을 기반으로 동일 선상에서 발전하고 있는 개념이며 시내의 트렌드에 따라 참여 · 공유 · 개방 · 소통 등의 기본 철학 중 강조되는 부분이 변화하고 있는 것이다. 물론 소셜 웹은 소통이 강조되는 사회적인 웹을 의미한다.

4

과대 포장된
웹 2.0 경제

　웹 2.0 열풍은 비단 IT업계뿐만 아니라 모든 산업군에 '2.0' 신드롬을 일으켰다. 모든 단어에 '2.0'만 붙이면 기존의 것과는 다른, 혁신, 새로운 것, 차세대를 의미하게 되었다. '모바일 2.0', '미디어 2.0', '방송 2.0', '민주주의 2.0', 심지어 '부모 2.0'이라는 단어까지 등장할 정도였다. '2.0'은 지금보다 한 단계 업그레이드된 다음 단계를 의미하게 되었다. 무언가 변했다는 것을 나타내는 것이다. 지금까지와는 다른 것을 보여주겠다는 의지의 표출이기도 하다.

　하지만 웹 2.0 경제는 과대포장 된 것이다. 구글 등의 기업을 제외한 대부분은 참여, 공유, 개방을 이용해 새로운 수익모델을 만드는데 실패했다. 구글은 뛰어난 검색기술을 상징해왔지만, 플랫폼과 이용자의 참여를 이용해 기존에 없던 새로운 수익모델을 창출했다. 하지만 다른 수많은 웹 2.0 기업들은 어떻게 됐을까? 수많은 웹 2.0

기업들이 생겨났고 사라졌다. 오죽했으면 '웹 2.0 서비스의 유일한 수익모델은 대형포털이나 대기업에 인수되는 것'이라는 말이 생겨났을까? 대표적인 웹 2.0 서비스인 플리커, 유튜브는 물론이고 국내 웹 2.0 서비스만 보더라도 미투데이, 윙버스, 태터앤컴퍼니 등 수많은 웹 2.0 서비스들이 구글, 야후, NHN 등의 대형포털에 인수되었다. 물론 서비스는 명맥을 유지하며 살아남았지만 플랫폼을 활용한 독자적인 수익모델 창출에는 실패했다. 서비스는 웹 2.0을 지향하지만 수익모델은 구글 애드센스광고와 배너광고 이외에는 없는 실정이다. 플랫폼과 이용자 참여, 집단지성으로 새로운 수익모델을 만든 기업은 많지 않다. 그렇기 때문에 '웹 2.0은 허상이다', '웹 2.0은 새로운 것이 없다', '웹 2.0은 마케팅 용어에 불과하다'는 인식이 팽배해 있다.

결국 웹 2.0 경제가 발전하기 위해서는 이용자의 참여·공유·개방의 플랫폼에 소통과 소셜 네트워크로의 확장이 있어야 한다. 웹 2.0 서비스에서 제공하는 플랫폼을 활용한 다양한 경제활동이 가능하고 이와 같은 경제활동이 수많은 사람에게 확장되면서 '소셜 웹 경제권'이 형성되는 것이다.

이는 서비스 제공자 관점이 아니라 서비스 이용자 관점으로 발상이 전환됨을 뜻한다. 사실 웹 2.0 서비스를 이야기하면서 누가 어떤 웹 2.0 서비스를 개발했고, 얼마나 많은 사람들이 이용하고 있고, 매출이 어느 정도이고, 어디에 인수합병 되었고, 자산가치가 어느 정도이냐 등 서비스 제공자에게 뉴스의 초점이 있었다. 하지만 이제는 웹 2.0 서비스를 만든 사람에 집중하는 것이 아니라 웹 2.0 서비스와 플랫폼을 이용하여 경제활동을 하는 수많은 사람에게 집중해야 한다.

수많은 블로거들이 애드센스를 이용하여 수익을 내고 있고, 제품 리뷰 및 체험단 활동으로 경제활동을 하고 있다. '링크나우'와 같은 비즈니스 전용 소셜 네트워크 서비스를 통해 공통의 목표를 갖고 있는 사람들이 모여 그룹을 형성해 협업하고 있으며, 사업 파트너를 찾고 새로운 거래처를 찾는 등 소셜 네트워크를 활용한 경제활동을 하고 있다. 또한 오픈소스를 통해 공개된 소프트웨어를 활용하거나 구글 오피스와 같은 무료 웹 오피스 서비스를 이용하면 오피스 프로그램을 구매하지 않아도 문서 작업을 할 수 있다. 소셜 웹에서 제공하는 무료 서비스들을 활용하면 자본금 없이도 사업을 시작할 수 있는 기회가 널려 있다. 최근 1인 기업이 각광받고 있는 이유이기도 하다. 이와 같이 소셜 웹 서비스를 이용해서 얼마나 큰 경제권을 형성하느냐가 소셜 웹의 가치를 판단하는 기준이 될 수 있다.

즉, 이제는 서비스 제공자들의 수익 창출에만 주목하는 것이 아니라 서비스를 이용하는 수많은 사람들과 함께 수익을 창출할 수 있는 구조인가에 주목해야 한다. 서비스 이용자들 개개인이 일정규모 이상의 경제권을 형성하는 '소셜 웹 경제의 시대'가 도래하고 있기 때문이다.

5
웹 1.0,
웹 2.0,
그리고 웹 3.0

　웹에도 버전이라는 게 있을까? 웹에 버전을 매기는 게 옳은 것일까? 아니, 웹에 버전을 붙이는 게 가능하기나 한 것일까? 사실 엄밀히 따지면 웹에는 버전이 있을 수 없다. 버전은 솔루션이나 제품의 기능 업그레이드에 맞춰 판올림을 하면서 구 버전과 구분하기 위하여 붙이는 것이다. 하지만 웹은 수많은 사람에 의하여 끊임없이 이용되고, 변화하고, 발전하고 있다. 게다가 웹은 웹 자체의 기능을 업그레이드하는 것이 아니라 수많은 웹 서비스들의 기능이 업그레이드되면서 발전한다. 웹은 단지 수많은 웹 서비스들과 이용자가 연결되어 형성하는 거미줄 같은 네트워크를 의미할 뿐이다. 하지만 하나하나의 웹 서비스들이 발전되면서 기존의 웹 서비스들과 확연히 다른 트렌드를 형성해 나간다면 기존의 트렌드와 구분하기 위해서 버전을 붙이는 것이 가능할 것이다. 물론 사람들 대부분의 공감은 필수다.

팀 오라일리는 그의 논문에서 웹 2.0의 원칙 중 하나로 '소프트웨어 릴리스 주기의 종말(End of the software release cycle)'을 이야기했다. 릴리스 주기의 종말을 이야기한 팀 오라일리 자신이 웹에 버전을 붙여 '웹 2.0'이라는 용어를 만들어 낸 것은 참 아이러니한 일이기도 하다.

개인 미디어 서비스의 변천사를 살펴보면 웹 1.0은 개인 홈페이지 서비스로, 웹 2.0은 블로그로 대변될 수 있다. 인터넷 초창기, 소수만이 인터넷을 즐기던 시절이 있었다. 자신만의 개인 홈페이지만 갖고 있어도 컴퓨터 고수로 통하던 시절이었다. 한미르, 네이버, 드림위즈, 드림엑스, 네띠앙 등등 무수히 많은 포털 사이트에서 개인 홈페이지 계정을 제공했다. 나 역시 드림엑스에 개인 홈페이지를 직접 디자인해 개설했었다. 문자 메시지 서비스를 제공해 하루 방문자가 만 명이 넘은 날도 있었다. 그때 당시 최고의 검색 포털 사이트였던 야후에 홈페이지가 등록되었는데 '문자 메시지'를 검색하면 내 홈페이지가 최상단에 랭크되었기 때문에 방문자가 많을 수 있었다. 꿈같은 시절이었다. 그런데 이런 개인 홈페이지 서비스는 이미 사라지고 없다. 네이버는 2008년 5월 19일을 끝으로 개인 홈페이지 서비스인 '마이홈' 서비스를 종료했다. 한때 200만 개가 넘던 마이홈은 2008년 5월에는 20만 개로 10분의 1 규모로 오그라들었다.

파란 등의 포털 사이트에서는 2006년에 서비스를 종료하긴 했지만, 국내 최대의 포털 사이트인 네이버에서 개인 홈페이지 서비스를 포기한 것은 큰 의미가 있다. 바로 인터넷 1세대의 퇴장이다. 나는 웹 1.0이 완전히 웹 2.0으로 넘어간 시점을 네이버의 '마이홈' 서비스 종료 시점으로 보고 있다. 그렇다고 해서 그렇게 쓸쓸한 퇴장은

아니었다. 개인 홈페이지가 닦아놓은 인터넷 붐을 이제 블로그가 대신하고 있기 때문이다. 웹 2.0 정신이 가장 잘 구현된 서비스로 단연 블로그를 뽑고 싶다. 블로그는 이용자의 자발적인 '참여'로 콘텐츠를 생성하고, 방문자들과 '공유'하는 것은 기본이며, RSS를 통하여 어렵게 만든 콘텐츠를 모든 사람들에게 '개방'하여 더 큰 가치를 만들어 가고 있기 때문이다.

그렇다면 웹 3.0의 세계는 어떤 모습일까? 웹 3.0(Web 3.0)은 월드 와이드 웹이 앞으로 어떻게 발전할 것인지를 서술할 때 쓰는 용어다. 최근의 웹 혁명을 서술하기 위해 쓰는 웹 2.0이라는 구문의 도입에 따라 수많은 전문가, 서비스 기획자, 기자, 그리고 산업을 이끄는 사람들이 웹 3.0이라는 용어를 사용해 앞으로의 인터넷 혁명의 파동에 대한 가설을 세우고 있다. 웹 혁명의 다음 단계에 대한 관점은 매우 다양하다. 다음은 웹 3.0에 대한 인터넷 거물들의 견해다.

2006년 5월에 월드 와이드 웹의 창시자 팀 버너스-리는 그의 저서인 《Weaving the Web(더 혁명적인 웹)》에서 웹 3.0에 대하여 다음과 같이 언급했다. "사람들은 웹 3.0이 무엇인지 묻는다. 내 생각엔 사용자가 모든 것이 접혀 있어 애매하게 보이는 크기를 조절할 수 있는 벡터 그래픽스의 오버레이를 사용할 때, 웹 2.0과 커다란 데이터 공간을 가로지르며 통합되는 시맨틱 웹에 대한 접근에서 사용자는 어마어마한 데이터 자원에 접근할 수 있을 것이다"라고 하면서 웹 2.0과 시맨틱 웹의 결합이 웹 3.0의 모습일 것이라는 견해를 밝혔다.

2007년 5월, 서울 디지털 포럼에서 구글의 CEO 에릭 슈미트는 웹 2.0과 웹 3.0에 대해 정의해 달라는 부탁을 받고 다음과 같이 답변했다. "웹 2.0은 마케팅 용어이며 나는 여러분이 웹 3.0을 방금 발명했다고 생각한다. 그러나 웹 3.0이 무엇인지 추측할 때, 여러분에게 이는 응용 프로그램을 만드는 다른 방식이라고 말하고 싶다. 웹 3.0이 궁극적으로 함께 결합된 응용 프로그램으로 보일 것이라는게 나의 추측이다. 수많은 특성이 있다. 응용 프로그램들은 상대적으로 작고 데이터는 그 무리들 안에 있으며 그 응용 프로그램들은 아무 장치나 PC, 휴대폰을 통해 실행할 수 있다. 응용 프로그램들은 매우 빠르며 사용자 맞춤식으로 이러한 프로그램들을 변경할 수 있다. 게다가 이러한 응용 프로그램들은 바이러스가 전염되는 것처럼 소셜 네트워크, 전자 우편을 통해 배포된다. 가게에 가서 물건을 구입하지 않아도 된다. 우리가 컴퓨팅에서 볼 수 있었던 응용 모델과는 매우 다르다." 웹이 응용 프로그램을 만드는 다른 방식으로 발전할 것이라는 답변이었다.

넥플릭스의 설립자 리드 헤스팅스는 웹의 양상을 정의할 때 더 단순한 언급을 했다. "웹 1.0은 전화 접속에 5.0킬로바이트 평균 대역이고, 웹 2.0은 평균 1메가바이트의 대역이며 웹 3.0은 언제나 10메가

바이트의 대역이 될 것이다. 웹 3.0의 대역은 완전한 동영상으로 이루어진 웹이 될 것이며 이것이 바로 웹 3.0의 느낌과 비슷할 것이다."

팀 버너스-리는 웹 2.0과 시맨틱 웹의 결합이 웹 3.0의 모습일 것이라는, 에릭 슈미트는 웹의 미래가 응용 프로그램일 것이라는, 리드 헤스팅스는 완전한 동영상일 것이라는 견해를 밝혔다. 이들은 전 세계적으로 인터넷 산업을 이끄는 사람들로 이들이 갖고 있는 견해는 영향력과 파급력이 클 수밖에 없다.

'경영을 만든 사람'인 피터 드러커(Peter Drucker)의 손자이자 최초의 시맨틱 웹 애플리케이션으로 알려진 트와인(www.twine.com)을 서비스하고 있는 노바 스피박(Nova Spivak)은 웹의 미래를 제시하는 그림을 그려 유명해진 사람이다.

노바 스피박은 자신의 블로그(novaspivack.com)에 웹의 미래에 대한 그래프를 소개하면서 웹 3.0을 시맨틱 웹으로 규정하고 있다. 더 나아가 2020년부터 시작될 웹4.0은 '웹 OS'로 규정되는데, 쉽게 말해 인터넷이 사람의 두뇌를 대체한다는 것이다. 인터넷이 지금 우리가 바라보는 '거대한 정보망' 따위가 아니라 사람의 두뇌가 병렬처럼 연결된 '인공지능'이 되는 형태다. 따라서 우리가 필요한 모든 것을 인터넷이 가장 빠르고 정확하게 서비스할 것이라는 게 노바 스피박의 주장이다. 2007년 2월에 발표된 그래프에 따르면 2010년부터 웹 3.0 시대라고 하니 우리는 현재 웹 3.0 시대에 살고 있는 걸까? 피터 드러커의 손자라고 해서 모든 걸 맞출 수는 없는가보다.

나는 팀 버너스-리의 견해처럼 웹 3.0이 웹 2.0의 철학과 시맨틱 웹의 기술이 접목된 형태로 발전할 것으로 보고 있다. 사실 시맨틱 웹은 팀 버너스-리가 제안하고 짐 헨들러, 밀러 등 유명한 학자들이

노바 스피박이 제시한
웹의 미래
출처:
http://www.novaspiv
ack.com/technology/
how–the–webos–
evolves

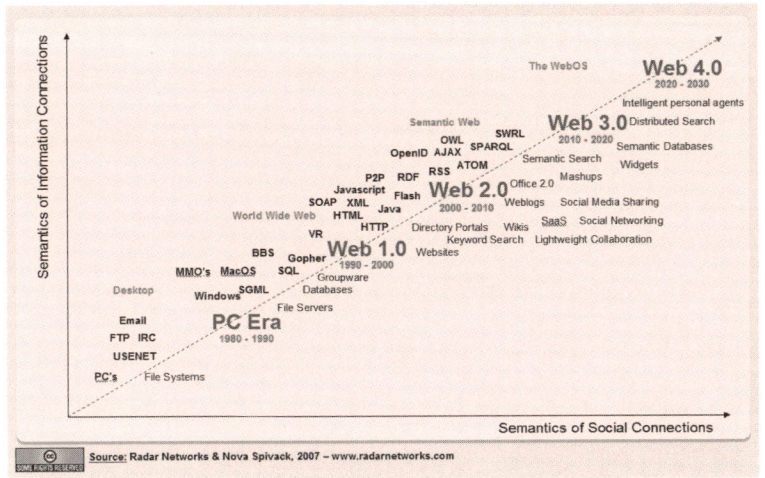

오래 전부터 연구해 오고 있는 웹 기술이다. 이와 같은 웹 기술과 웹
2.0의 철학이 접목될 수 있을까?

시맨틱 웹은 기계가 이해할 수 있는 방식 즉, 온톨로지와 온톨로
지를 기술한 OWL 등의 언어에 의해 기술되는 방식으로 사물들을
기술한 웹이라고 정의할 수 있으며, 닷컴 붕괴 이후 살아남은 웹 서
비스들과 사회 현상을 분석하여 도출되어진 웹 2.0의 개념과는 그
태생 자체가 전혀 다르다. 시맨틱 웹은 기계가 정보검색을 보다 잘
할 수 있도록 정보자원의 상호운용성(Interoperability)을 증진시키는 것
을 목표로 하고 있는 데 반해, 웹 2.0은 같은 작업을 수행하기 위해
집단적 지능처럼 인간 커뮤니티의 힘에 의존하고 있다. 두 개념의
태생이 다른 만큼 이들 간의 결합을 통해 시너지 효과를 얻는 일도
쉽지 않을 것이다. 시맨틱 웹이 정교한 이론을 근거로 한 데 반해,
웹2.0은 표준 프로토콜을 제외하고는 사용자에게 콘텐츠 생성을 자
유롭게 맡기고 있기 때문이기도 하다. 다행히 시맨틱 웹이 제공하는
RDF(Resource Description Framework)와 URI(Uniform Resource Identifier)가 웹 2.0

기반으로 만들어진 콘텐츠를 진화시킬 수 있다는 데 많은 동의가 있으며 해외 사례를 중심으로 실제 시도들이 이루어지고 있다. 노바 스피박의 '트와인'이 대표적인 사례다. 사실 웹 2.0을 대표할 수 있는 블로그의 RSS도 시맨틱 웹 기술에서 파생됐다. RSS는 RDF Site Summary의 약자다. RSS 규약에 맞춰 제작된 블로그, 즉 네이버 블로그이건 티스토리 블로그이건 설치형 블로그이건 하나의 RSS 구독기를 통해 구독할 수 있고 올블로그, 블로그와이드와 같은 메타블로그를 통해 글이 수집될 수 있다. 블로그가 RSS 규약에 맞춰 제목, 내용, 필자, 작성일, 태그 등이 구조화되어 개발되었기 때문이다.

메타정보 중심의 웹 2.0 콘텐츠를 RDF로 기술함으로써 범용성과 재활용성을 증가시킬 수 있으며, 메타정보를 표현하기 위한 일반적인 도구인 문자열 기반 태그가 가지는 구별성의 한계를 URI로 극복할 수 있는 것이다. 사실 시맨틱 웹이라는 것이 화려한 웹 기술도 아니고 숨어 있는 메타정보 사이의 상호작용이기 때문에 사용자의 눈에 보이는 것이 아니고 직접적으로 체감할 수 있는 기술이 아니다. 시맨틱 웹은 웹 사이언스의 영역으로 일반인들이 이해하기에는 어려운 개념이며 이해할 필요도 없다. 시맨틱 웹으로 만들어진 웹 서비스를 유용하고 재미있게 이용하기만 하면 된다.

결국 웹 2.0과 시맨틱 웹의 결합을 통하여 발전해 나가는 웹 3.0(미래의 웹)의 새로운 가치는 '소셜한 시맨틱 웹의 구현'이 아닐까. 현재 웹의 트렌드인 소셜 웹과 시맨틱 웹이 결합된 '소셜한 시맨틱 웹' 즉 이용자 사이의 관계에 의해 형성되는 소셜한 가치와 데이터의 조직적인(유기적인) 연동을 통해 제공되는 시맨틱 웹의 가치가 결합되면 그 시너지 효과는 우리에게 무한한 가치를 제공해줄 것이다.

6

똑똑한 웹,
시맨틱 웹의 이상

시맨틱 웹이란 '컴퓨터가 정보의 의미를 이해하고 정보 간에 논리적 추론까지 할 수 있는 차세대 지능형 웹 기반 기술'로 정의될 수 있다. 시맨틱 웹은 어느날 갑자기 등장한 것이 아니다. 인공지능과 자연언어처리 분야에서는 이미 30~40년 전부터 '똑똑한 컴퓨터'를 연구해왔다. 이 분야에서의 연구를 웹에 적용한 것이 시맨틱 웹이다.

기존의 웹 사이트가 유저의 눈에 보이는 것에만 초점을 맞췄다면, 시맨틱 웹은 자동화된 기계(소프트웨어)가 해석할 수 있도록 구성하는 것에 초점을 맞추고 있다. 즉, 모든 웹 사이트들이 표준화된 규격에 의해 만들어진다면 사이트의 메타정보만 분석하는 것이 아니라 사이트 자체를 분석하여 유용한 정보를 쉽게 찾을 수 있는 것이다. 블로그가 대표적인 사례다. RSS 규약에 맞춰 제목, 내용, 필자, 작성일, 태그 등이 구조화되어 개발되었기 때문에 어떤 사이트에서 제공하는 블로그이건 하나의 RSS 구독기를 통하여 구독할 수 있고 올블로그, 블로그와이드와 같은 메타블로그를 통하여 글이 수집될 수 있다. 또한 검색엔진 크롤러가 방문해 콘텐츠를 수집할 때에도 제목, 내용, 태그 등의 정보를 쉽게 구조화하여 인덱싱 할 수 있다.

이와 같이 자동화된 기계가 해석할 수 있는 시맨틱 웹을 구현하기 위해서는 기본적으로 온톨로지가 구축되어야한다. 온톨로지는 주제와 관련된 단어들의 관계를 계층적으로 정의한 일종의 사전으로, 인공지능 및 자연언어처리 분야에서 오랫동안 연구해왔던 분야다. 서로의 관계를 통해 컴퓨터가 정보를 이해할 수 있도록 만들면, 이를 기반으로 웹의 무수한 정보 중 필요한 정보만을 추론해 낼 수 있을 것으로 기대되고 있다. 즉, 사물과 사물 사이의 관계를 규정하고 이를 통해 컴퓨터가 사물의 존재를 추론하고 이해할 수 있도록 규정한 것이 온톨로지이다.

시맨틱 웹의 이상은 인터넷에 방대한 양의 온톨로지가 산재하고, 이를 자동으로 해석하여 처리할 수 있는 소프트웨어에 의해 자동으로 분산된 온톨로지를 탐색하고 추론하여 원하는 결과를 보여주는 것이다. 시맨틱 웹이 만들게 될 미래의 웹은 인터넷에서 정보를 검색하는 순간 그 검색자의 필요에 따라 결과물이 알아서 정렬되는 '친사용자'적인 개인화된 맞춤형 서비스가 될 것이다.

최초의 시맨틱 웹 애플리케이션 트와인

트와인(www.twine.com)의 본래 의미는 'a strong thread or string composed of two or more smaller strands or yarns twisted together'로, 사용자의 정보를 기반으로 네트워크를 만든다는 의미

로 해석할 수 있다. 트와인 첫 페이지의 'Twine Understands Your Interests'는 트와인이 추구하는 가치가 무엇인지를 단적으로 보여준다.

트와인이 새롭다는 것은 기술적으로 진보했다는 측면에서도 찾을 수 있지만 다양한 기술을 적절하게 조합하여 서비스를 제공한다는 측면에서도 찾을 수 있다. 서비스 이용 시 느껴지는 특징은 웹 2.0 적인 특징을 반영하고 있다는 정도지만 기반 기술은 시맨틱 웹을 적용하고 있다는 점에 주목할 필요가 있다. 트와인은 시맨틱 웹의 비전을 실현하는 것이 목표이고 동시에 실용적인 도구를 제공하는 데 많은 노력을 기울이고 있다. 아주 단순화하면 트와인은 개인 맞춤 정보관리 시스템이나 서비스 정도이고, 의미를 확장하면 개인 정보와 관심사를 통해 소셜 네트워크를 만드는 것이다.

국내에서는 검색 포털 사이트로는 최초로 네이트가 시맨틱 검색 서비스를 내놓았으며 큐로보, 아울림 등이 시맨틱 검색엔진임을 자처하고 있다. 하지만 제대로 된 시맨틱 검색 서비스를 제공하고 있

트와인

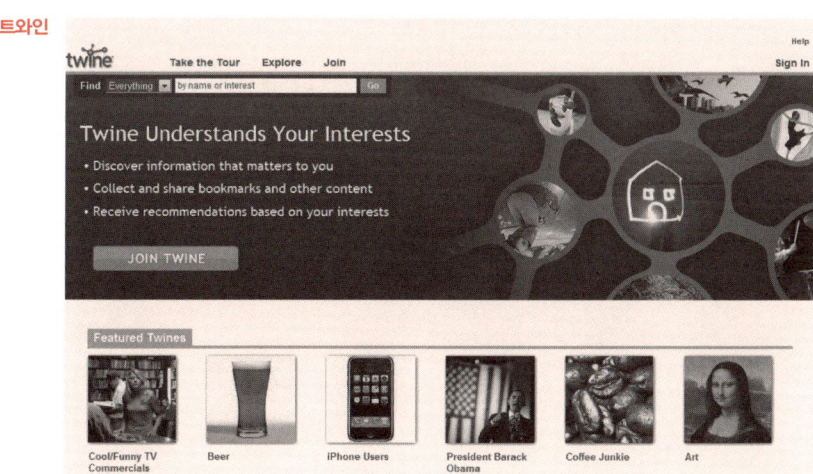

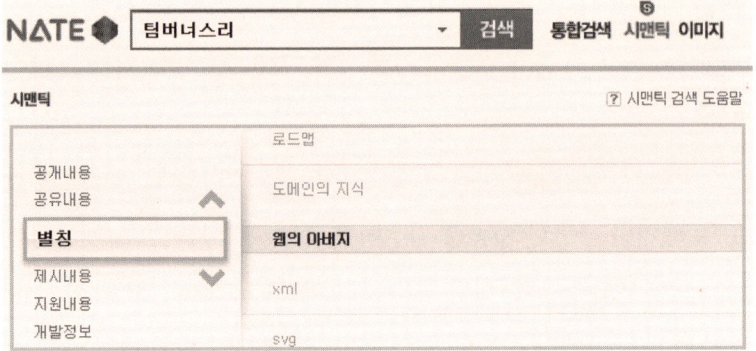

다고 볼 수는 없다. 전 세계에 존재하는 끝을 알 수 없는 방대한 온톨로지를 구축했을 리 만무하고 그 기능도 제한적일 것이기 때문이다. 물론 한 단계 발전한 것은 사실이지만 시맨틱 웹은 아직 갈 길이 멀고도 험하다. 온톨로지를 구축한다는 것은 생각보다 어렵고 힘든 작업이다. 세상의 사물에 대한 관계를 정립한다는 것은 어쩌면 불가능한 꿈일 수도 있다. 때문에 일각에서는 온톨로지를 통한 시맨틱 웹의 접근에 대해 회의적인 반응을 보이기도 한다. 온톨로지 같은 거창한 기술보다 현실에서 쉽게 응용할 수 있는 기술에 전념해야 한다는 것이다. 하지만 어찌되었건 시맨틱 웹이 미래의 웹인 것만은 분명해 보인다. 그 시맨틱 웹이 얼마나 빨리 우리 곁으로 다가와서 새로운 가치를 제시할 수 있을지 기대된다. 그리고 그때가 바로 웹 3.0의 시작일 것이다.

3장
이것이 소셜 웹이다

1

소셜 웹 서비스를 보면
소셜 웹이 보인다

웹의 역사, 웹 2.0과 소셜 웹의 개념, 거기다가 시맨틱 웹에 대해 이야기하다 보니 소셜 웹이 너무 부풀려진 감이 있다. '왜 소셜 웹으로 발전할 수밖에 없었는가?'를 이해하기 위한 장황한 이론적 개념들이다. 사실 소셜 웹 서비스라고 해서 특별한 것이 아니다. 현재 우리가 일상적으로 이용하고 있는 웹 서비스들이 소셜 웹 서비스이다. 오늘 검색하다가 우연히 들어가 본 블로그도 소셜 웹 서비스이고, 'What are you doing', 'What's happening?'이라는 물음에 최근 근황을 올리는 트위터나 페이스북도 소셜 웹 서비스이고, 일촌들과 재미있게 수다 떨고 있는 싸이월드 미니홈피도 소셜 웹 서비스이다. 소셜 웹 서비스인가 아닌가가 중요한 것이 아니라, 회원들 사이의 소통이 원활해서 어떤 새로운 가치를 만들어낼 수 있다면 그것이 바로 소셜 웹 서비스이다. 최근에는 소셜 웹의 개념을 설명할 때 단골

메뉴로 등장하는 서비스가 트위터이지만 원조는 바로 '딜리셔스'와 '플리커'이다. 딜리셔스와 플리커는 웹 2.0과 함께 성장한 서비스다. 딜리셔스는 북마크를 매개체로, 플리커는 사진을 매개체로 소셜 네트워크가 형성될 수 있는 소셜 웹 서비스를 제공하고 있다. 게다가 서비스 초기부터 태그를 달아서 콘텐츠를 관리할 수 있도록 서비스를 제공해 당시에는 생소했던 '폭소노미'의 개념을 일반 대중에게 널리 알린 서비스이기도 하다. 이외에도 다양한 소셜 웹 서비스들이 있다. 사실 소셜 웹 서비스를 이용해보지 않고 소셜 웹의 가치를 이해하고자 하는 것 자체가 이치에 맞지 않는 일이다. 이와 같이 다양한 소셜 웹 서비스들을 이용해본다면 그 무궁무진한 가치에 빠져들게 될 것이다.

딜리셔스 소셜 북마크 서비스 www.delicious.com

딜리셔스는 웹 브라우저 상에 저장하던 북마크(즐겨찾기)를 웹에 저장하는 소셜 북마크 서비스다. 콘텐츠뿐 아니라 콘텐츠의 위치를 가치있는 정보로 보고 사용자들이 직접 중요한 데이터의 위치를 수

딜리셔스
소셜 북마크

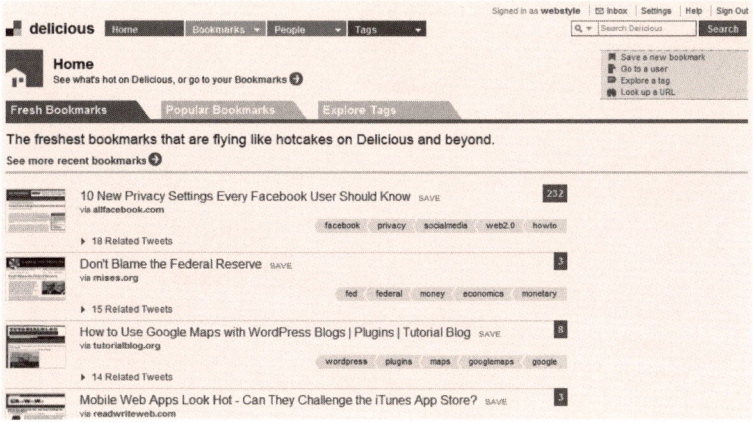

집하고 공유하도록 했다. 사용자는 북마크에 태그를 달아서 관리하고 태그를 통해 다른 사용자들과 소통하게 된다. 북마크가 소통의 매개체로 작용하는 것이다. 또한 지인들과 북마크를 공유할 수 있으며, 같은 웹 사이트를 북마크한 회원들끼리 소셜 네트워크를 형성할 수 있다. 싸이월드 미니홈피에서 일촌 파도타기를 하면서 웹서핑을 하듯, 딜리셔스에서는 북마크와 태그를 클릭하고 클릭하면서 웹서핑을 한다. 북마크를 공유한다는 아주 소소한 일상 속에서 무궁무진한 가치가 만들어지고 있다.

플리커 소셜 사진공유 서비스 www.flickr.com

플리커는 사진 데이터를 웹에 업로드하고 공유하는 소셜 포토 서비스다. 이용자가 사진을 올릴 수 있는 공간만 제공하는 것이 아니라 웹에서 다른 사용자와 네트워크를 형성하고 사진을 공유할 수 있

플리커
소셜 포토

는 다양한 기능을 제공한다. 사진을 업로드하면서 자유롭게 태그를 등록할 수 있으며 태그를 통해 비슷한 속성을 가진 사진들끼리 서로 관련을 맺으며 자유롭게 '그룹핑' 할 수 있다. 또한 사진을 자유롭게 편집할 수 있는 기능과 이메일, 블로그, 트위터 등을 통한 공유 방법을 제공하고 있다. 특히 블로그나 트위터 계정과 연동하면 플리커 내에서 실시간으로 사진을 보내 포스팅 할 수 있다. 사진을 플리커 내에서만 볼 수 있도록 외부 트래픽을 막는 것이 아니라 오히려 외부로 많이 가져가서 공유하도록 권장하고 있다. 이것이 바로 플리커가 성장할 수 있는 원동력이 된 '개방'과 '공유' 정신이다. 사실 이와 같은 개념을 그대로 반영해 사진 대신 동영상을 공유하는 서비스를 제공하는 곳이 바로 유튜브다. 유튜브는 동영상을 매개체로 소통할 수 있는 소셜 동영상 서비스다. 하나의 소셜 웹 서비스를 이해하게 되면 나머지 소셜 웹 서비스는 아주 쉽게 접근할 수 있다. 이것이 소셜 웹 서비스의 매력이기도 하다.

디그닷컴 소셜 뉴스 서비스 digg.com

스스로 '이용자 위주의 사회 콘텐츠 웹 사이트'라고 설명하는 디그닷컴은 수집한 뉴스를 독자들이 직접 평가하여 가치를 부여하고 방문자의 추천 수에 따라 뉴스를 배치하는 소셜 뉴스 서비스다. 독자들의 집단지성을 이용한 것이다. 뉴스의 중요도와 가치를 평가하여 편집, 배치하는 언론의 고유 권한을 이용자에게 위임했다는 측면에서 큰 의미가 있다. 사실 언론은 일반인이 접근할 수 없을 정도로 막강한 존재다. 그 이유는 언론이 정보 전달 기능, 사회 비판 기능, 권력 견제 기능, 여론 형성 기능을 수행하고 있기 때문이다. 특히 언

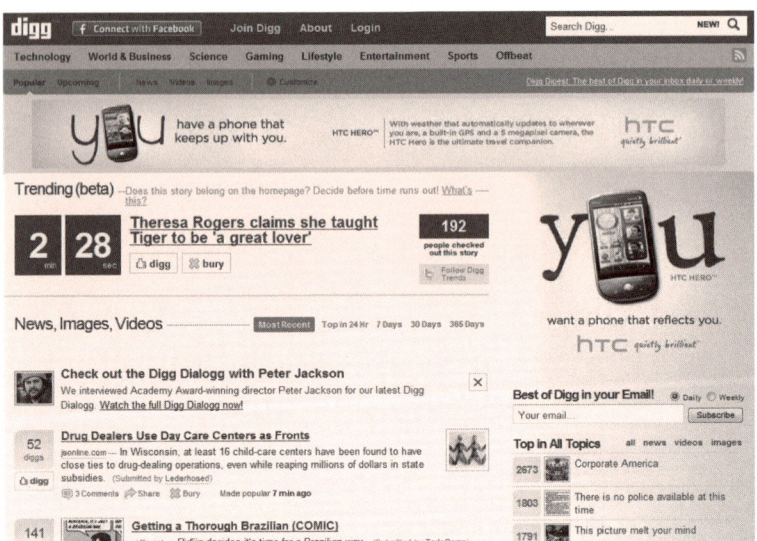

론에게 1면이 차지하는 비중은 매우 크다. 길거리 가판 위에서 독자의 시선을 잡아야 하는 얼굴 마담이며, 가장 광고료가 비싼 황금의 공간이기도 하다. 언론사의 모든 경쟁력과 가치관 등이 응집된 공간이라 해도 과언이 아니다. 디그닷컴에도 1면이 있다. 두 줄로 요약된 내용과 함께 제목을 보여준다. 사진이 있는 뉴스라면 사진도 보인다. 결코 특별히 멋진 것은 아니다. 각각의 제목 옆에는 각각의 기사가 받은 'digg(디그)'의 횟수가 있는데, 'digg'란 독자들의 추천을 의미한다. 어떤 독자든 뉴스를 제안할 수 있고, 충분히 많은 사람들의 투표로 1면에 내보낼 수도 있고 1면에서 하차시킬 수도 있다. 어떤 기사가 중요한 이유에 대한 토론이 사무실 탁자에서 이루어지는 것이 아니라 그 뉴스의 정확성, 중요성, 의미에 대해 이야기를 나누는 수많은 독자들이 의견을 남기는 웹에서 이루어진다. 이와 같이 디그닷컴이 1면의 편집권을 독자에게 내주었다는 것은 언론이 갖고 있는 권력을 독자와 공유한다는 의미이다. 독자들은 자신에게 공유된 권력을 활용하며 이를 훌륭히 운영하고 있다. 이것이 바로 집단지성의 힘이다.

페이스북 소셜 네트워크 서비스 페이스북 facebook.com

페이스북은 대학 중심 커뮤니티에서 발전한 대표적인 소셜 네트

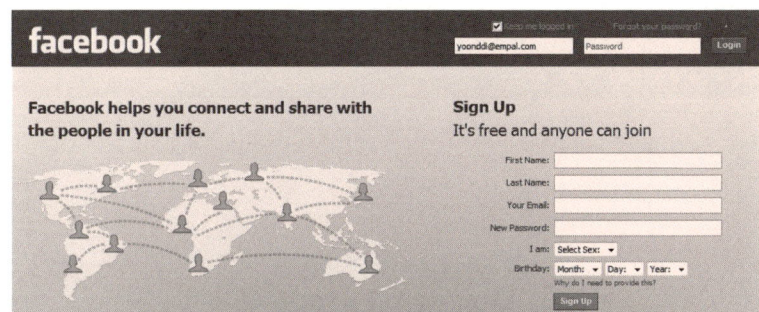

워크 서비스다. 지인들과의 관계를 형성하고 유지하며 증진시킬 수 있는 인맥 관리 서비스로, 외부 서비스와 연동하고 애플리케이션을 개발하여 페이스북 내에서 서비스할 수 있는 소셜 플랫폼인 'F8'을 공개했다. 현재 페이스북은 개발자들이 자유롭게 개발하여 런칭한 수많은 애플리케이션을 제공하고 있다. 마이스페이스, 페이스북의 인기에 힘입어 2008년 부터 SNS(소셜 네트워크 서비스)에 대한 관심이 고조되고 있다. SNS는 소셜 웹 서비스의 한 방식으로써 이용자들이 기존의 인맥을 관리하거나 새로운 관계를 형성하고 유지할 수 있도록 도와주는 서비스라고 이해하면 된다.

트위터 소셜 마이크로 블로그 서비스 twitter.com

트위터는 현재 자신의 상황을 140자 이내로 표현하여 웹에 올리고 친구들과 간편하게 의사소통할 수 있는 마이크로 블로깅 서비스

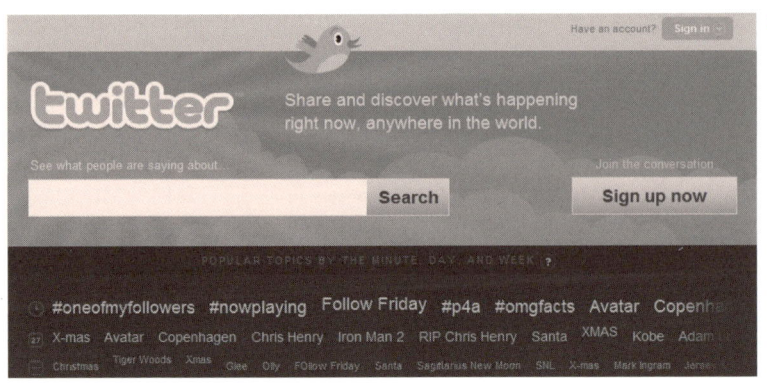

다. 특히 팔로잉(following) 하고 있는 친구가 트위터에 글을 올리면 자신의 트위터에서 바로 확인할 수 있는 소셜 피드 기능을 제공한다. 또한 메신저와 같이 동시간대에 접속하여 커뮤니케이션 하는 것이 아니라 자신의 현재 상태와 의견을 올려놓으면 친구들이 언제든지 보고 답글을 달 수 있는 구조이기 때문에 간편하고 부담이 없는 것이 특징이며 모바일 기기와의 접목을 통하여 폭발적으로 성장했다.

블로그 소셜 미디어 서비스

블로그는 검색에 가장 최적화된 툴로 검색엔진에 친근한 구조를 갖고 있으며 가장 잘 노출된다. 검색엔진은 수집한 웹 문서에서 제목과 본문, 태그를 제대로 구분할 필요가 있는데 블로그는 구조화된 페이지 때문에 검색 엔진의 판단 속도를 높이며, 블로그 글을 발행하는 역할을 하는 RSS는 XML로 구조화된 문서를 제공함으로써 검색엔진이 블로그의 콘텐츠를 보다 쉽게 이해하고 수집할 수 있도록 한다. 이렇게 수집된 블로그 콘텐츠는 검색엔진을 통해 더 많은 사람들에게 검색되고 다시 블로거가 더 나은 콘텐츠를 작성하도록 자극하게 된다.

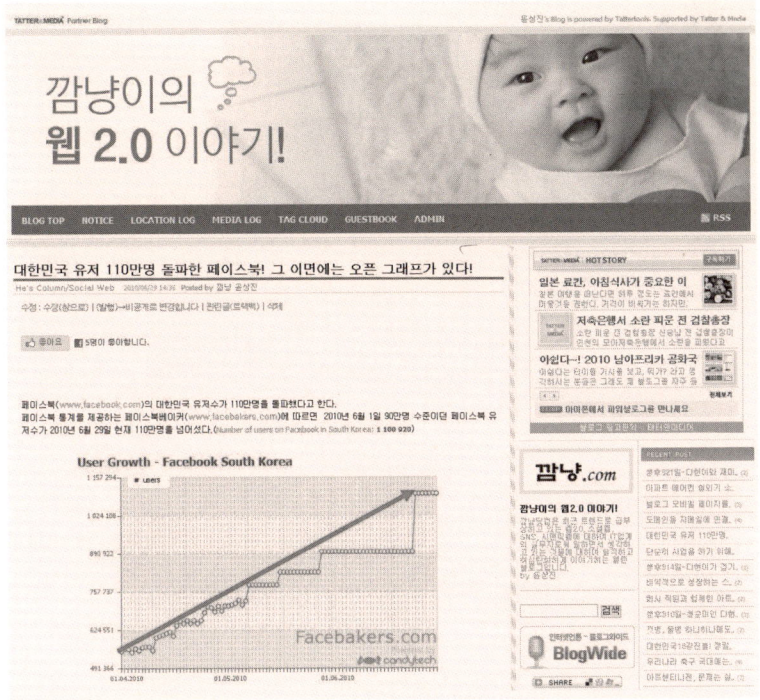

검색을 통해 일회성으로 블로그에 방문하는 경우가 대부분이지만, 블로그 글에 관심 있는 사람은 RSS리더로 구독하기도 하고, 블로그 간에 댓글과 트랙백으로 커뮤니케이션하기도 한다. 블로그메타사이트(블로고스피어)를 통해 특정 이슈에 대해 토론과 설전을 벌이기도 하고, 때론 오프라인에서의 모임을 통해 온·오프라인 인맥을 형성하기도 한다. 블로그가 소셜 네트워크의 연결 매개체가 되고 있는 것이다. 기존의 소셜 네트워크 서비스는 오프라인의 학연, 지연을 바탕으로 네트워크를 형성하고 있지만 블로그는 주제나 관심사를 기반으로 네트워크가 형성된다는 특징이 있다. 특히 블로그는 RSS, 트랙백, 링크 등의 표준화된 방식을 채택하여 네이버, 이글루스, 티스토리, 설치형 블로그 등 블로그 서비스 제공자에 국한되지 않고 소통할 수 있으며, 상호 결합되는 개방된 구조를 갖고 있다. 블로그는 개인 미디어, 1인 미디어로 각광을 받고 있다. 그리고 사람과의 관계를 형성하고 넓혀나가며 세상을 향하여 이야기하는 대표적인 소셜 미디어인 소셜 웹 서비스로 발전하고 있다.

2

소셜 웹 트렌드를
이끄는 트위터

트위터는 140자의 단순함으로 전 세계인을 사로잡아 폭발적으로 성장한 소셜 미디어다. 특히 서비스 기획 단계에서부터 모바일 기기와의 접목을 목표로 만들어진 서비스인 만큼 모바일을 통한 사용자의 확산은 가히 폭발적이었다. 게다가 스마트폰 시장이 급성장하면서 지금은 트위터를 빼놓고 소셜 웹을 이야기하지 않을 수 없게 되었을 정도다. 트위터는 팀 오라일리가 제시한 원칙 중 하나인 '단일 디바이스를 뛰어넘는 소프트웨어'를 가장 적절하게 구현한 서비스이다. 특히 미국에서 트위터가 선풍적인 인기를 끈 것은 아이폰 등의 통신기기를 통해 언제 어디에서나 접속이 가능하다는 점, 무선 인터넷을 무료로 이용할 수 있는 장소가 많다는 점이 큰 역할을 했다. 트위터의 성장 배경에는 유비쿼터스 컴퓨팅, 유비쿼터스 네트워크가 있다.

이미 사람들은 휴대폰으로 문자 메시지를 보내고 받는 데 익숙하다. 140자 제한은 휴대폰이 인터넷 글쓰기에 끼친 영향을 잘 보여준다. 보통 미국이나 유럽의 문자메시지는 160자로 제한되어 있다. 트위터는 애초에 모바일 기기를 염두에 두고 서비스를 개발했다. 140자 제한은 휴대폰으로 글을 한번에 올리고 게시물을 한번에 확인할 수 있도록 서비스를 제공하기 위해 도입되었다.

트위터는 소식을 듣기 원하는 상대를 팔로우(follow) 함으로써 상대의 글을 구독할 수 있는 단순한 구조를 갖고 있으며 상대 역시 나를 팔로잉(following) 함으로써 나의 글을 구독할 수 있다. 이와 같이 트위터에서는 140자라는 제한 안에서 자신이 하고 싶은 말, 정보, 소식을 자신을 팔로잉하는 수많은 사람들과 특별한 제약 없이 소통할 수 있다.

또한 트위터는 API를 공개하여 모바일 기기는 물론 다른 플랫폼 이용자라도 트위터 서비스와 연동이 가능하다. 컴퓨터에서 메신저처럼 구동하는 독립 실행 애플리케이션으로 트위터와 연동하는 소프트웨어들이 개발되어있고 동영상, 사진, 긴 URL 주소 줄이기 등 다양한 웹 서비스들이 트위터를 중심으로 생기고 있다.

더구나 '마이크로 블로그'라고 하는 서비스 분류에서도 알 수 있듯이, 140자 이내로 짧게 써야 한다는 제약은 블로그 운영에 부담을 느끼고 있는 많은 블로거들이 콘텐츠의 생산보다 커뮤니케이션에 집중할 수 있는 트위터의 매력에 빠져들기에 충분했다.

최신 뉴스와 정보의 빠른 확산에 최적인 트위터

'입소문'은 세상의 어떤 광고보다도 큰 영향력을 갖고 있다. 특히 입소문은 친근성에서 오는 설득력을 갖고 있기 때문에 추천하는 사람이 나와 가까운 사람이거나 내가 좋아하는 사람일수록 그 영향력은 클 수밖에 없다. 우선 트위터는 오프라인에서의 지인이건, 웹에서 알게 된 지인이건 간에 '팔로우'라는 아주 간단한 행위를 통해 관계를 형성하게 된다. 이와 같은 관계 형성이 친근성을 갖게 하기 때문에 팔로우 하고 있는 지인이 전달하는 정보는 상당히 신뢰할 수 있는 정보가 된다. 이것이 바로 소셜 웹의 위력이다.

또한 트위터는 내가 아는 사람들의 정보를 실시간으로 확인할 수 있으며, '실시간 검색' 기능이 있어 1분 이내에 입력된 정보도 찾아낼 수 있다. 또한 'RT' 기능을 이용하여 지인이 전달하는 뉴스나 정보를 나의 팔로워에게 재전달할 수 있다. 그러면 나의 팔로워는 다시 그들의 팔로워에게 'RT' 함으로써 뉴스나 정보가 지인 네트워크를 타고 빠르게 확산된다.

트위터를 중심으로 형성되는 생태계

트위터의 오픈 API와 연동되는 수많은 서비스와 애플리케이션들이 등장하고 있다. 이들은 왜 이토록 트위터와의 연동을 시도하는 것일까? 바로 트위터를 통해 콘텐츠와 정보를 빠르게 확산시키기 위한 것이다. 트위터는 그 엄청난 배포력과 확산력으로 무서운 성장세를 유지하고 있다. 사실 트위터 자체의 기능이 극히 단순하기 때문에 연동되는 서비스도 그 단순한 기능 밖에는 연동할 게 없다. 그 단순한 기능이란 바로 자신을 팔로잉하는 팔로워에게 자신이 남긴 글을 일괄적으로 보내는 기능이다. 팔로잉하는 회원이 100명이라면 별 게 아닐 수 있지만 10,000명이라면 그 의미는 달라질 것이다. 10,000명에게 자신의 메시지를 일괄적으로 배포할 수 있다는 건 정

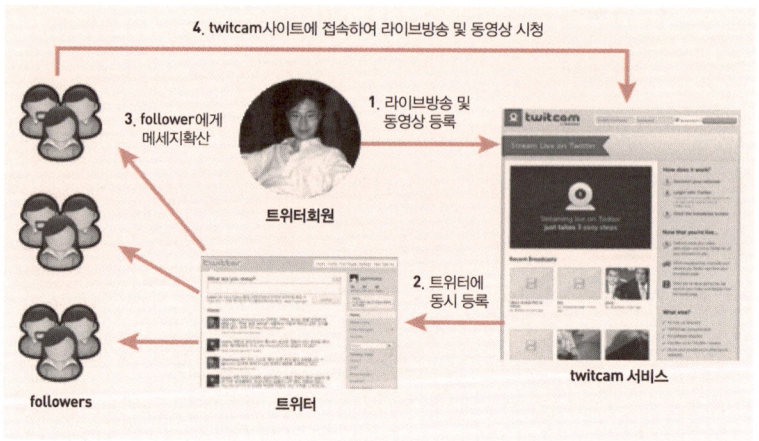

4. twitcam사이트에 접속하여 라이브방송 및 동영상 시청

1. 라이브방송 및
동영상 등록

3. follower에게
메세지확산

트위터회원

2. 트위터에
동시 등록

followers

트위터

twitcam 서비스

말 대단한 일 아닐까?

　트위터와 연동되는 서비스도 바로 이와 같은 확산을 목표로 하고 있다. 트위터를 통해 라이브 방송이나 동영상을 서비스할 수 있는 트윗캠(twitcam.com)도 사실은 트위터에서 실제로 라이브 방송이나 동영상을 볼 수 있는 것이 아니다. 라이브 방송을 하고 있거나 동영상을 올렸다는 메시지를 자신을 팔로잉하는 팔로워에게 일괄적으로 배포하는 것이다. 그 메시지를 확인한 팔로워는 같이 배포된 링크를 통하여 트윗캠에 접속할 수 있으며, 트윗캠에서 라이브 방송과 동영상을 시청하는 방식이다. 트윗캠은 트위터를 통해 자신의 콘텐츠 업데이트 소식을 매우 효율적으로 전하고 있다.

　이와 같이 연동 서비스나 애플리케이션들은 트위터를 통한 콘텐츠와 정보의 확산에 초점을 맞추고 있다. 트위터 회원을 그대로 이용하기 때문에 손쉽게 이용자들을 확보할 수 있고, 그 이용자들을 팔로잉 하는 다른 회원에게도 빠르게 서비스를 홍보할 수 있다. 즉, 트위터와의 연동을 통해 단기간에 많은 회원을 확보할 수 있다는 결론에 다다를 수 있다.

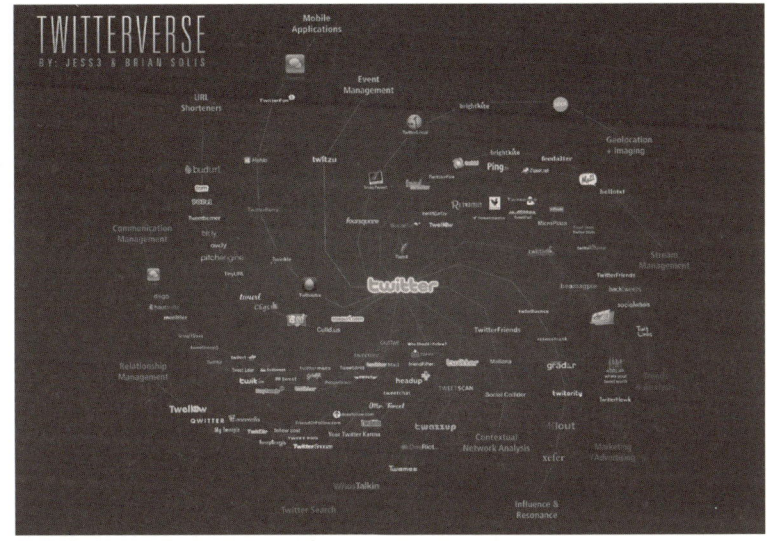

　다음 그림은 트위터를 중심으로 형성된 생태계를 우주에 비유한
'트위터버스(twitterverse)'다. 트위터가 공개한 API를 이용해서 수많은
응용 서비스와 애플리케이션이 개발되어 있다. 하나의 서비스가 이
와 같은 파급력을 가질 수 있다는 것 자체가 바로 소셜 웹이기 때문
에 가능한 일이다. 사실 해외 서비스가 국내에서 성공하기는 매우
힘든 실정이다. 우선 언어의 장벽이 가로 막고 있다. 그리고 얼리
어답터들에게 인기를 끌고 대중화 될 시점에 비슷한 국내 서비스가
등장한다. 결국은 한국의 문화를 제대로 이해하고 서비스에 잘 접목
시킨 국내 서비스가 대중적으로 인기를 얻게 되고 원조는 기 한번 펴
지 못하고 기억 속에서 사라지는 사례가 종종 발생한다. 페이스북,
마이스페이스가 국내에서 큰 인기를 끌지 못하고 있는 것도 이런 이
유가 크다. 하지만 트위터는 조금 다르다. 트위터는 한국 웹 역사상
영문 서비스로써 대중적인 인기를 얻은 최초의 서비스로 역사에 기
록될 것으로 보인다. 초기에는 IT업계 종사자를 중심으로 이용자층

이 구성되어 있었지만 직장인 층으로 확대되고 있으며 유명인들이 트위터를 즐기면서 이들을 팔로잉 하기 위해 일반인들도 트위터를 시작하고 있다. 앞으로 트위터는 한국에서 어느 정도까지 대중적으로 인기를 얻을 수 있을까?

3

페이스북의 소셜 플랫폼 'F8'은 놀라움의 연속

    페이스북은 일찍이 소셜 플랫폼인 'F8'의 오픈 API를 제공하여 수많은 개발자들이 여러 애플리케이션을 제작하여 배포 및 서비스하고 있다. 또한 페이스북 오픈 API를 이용하여 페이스북 내에서 구동되는 상용 애플리케이션을 제작하여 판매하기도 한다. 즉, 페이스북 안에서 애플리케이션 마켓이 형성되어 애플리케이션의 상호거래가 가능해졌다는 이야기다. 물론 애플리케이션의 거래를 통하여 발생하는 수익은 페이스북과 애플리케이션 제공자가 나눠 갖는 구조다. 페이스북은 애플리케이션 개발자와 이용자가 자유롭게 거래할 수 있는 개방적인 구조의 플랫폼을 구축하여 짧은 기간에 폭발적인 성장을 이루어 세계 최대의 SNS로 성장했다. 웹 트래픽 조사업체인 Hitwise에 따르면 페이스북은 2010년 3월 7일에서 13일까지 미국 내 웹 사이트 방문 횟수에서 점유율 7.07%로 구글(7.03%)을 근소한 차이로 제쳤다고 발표했다. 미국 내 주간 웹 사이트 방문 횟수에서 구글(google.com)을 처음으로 제치고 1위에 오른 것이다. 구글이 주간 점유율 1위를 내준 것은 2009년 9월 15일 이래 처음이라고 한다. 트위터의 강력한 도전에도 불구하고 2009년 동 기간에 비해 185%가량 늘었다고 하니 페이스북의 성장세는 놀라움 그 자체다.

애플리케이션이나 서비스 개발자들도 독자적으로 서비스할 때 발생하는 여러 가지 문제들을 페이스북과 연계하면서 해결하고 있다. 애플리케이션이나 서비스를 개발하여 독자적으로 서비스하려면 '0'에서 시작해 회원을 끌어 모아야 하지만 페이스북 내에서 서비스하게 되면 런칭을 하자마자 페이스북의 '5억' 회원을 대상으로 서비스를 제공할 수 있다. 페이스북 내에서 서비스함으로써 엄청난 마케팅 비용을 절감할 수 있고 일순간에 인지도를 끌어올릴 수 있다.

소셜 플랫폼 'F8'은 마이크로소프트의 운영체제인 윈도우즈처럼 외부 서비스 또는 개발자들이 자유롭게 해당 소셜 플랫폼에 윈도우 프로그램에 해당하는 애플리케이션을 설치하고 실행할 수 있는 구조를 갖추고 있다. 웹을 운영체제와 같은 개념으로 확장하여 플랫폼으로 만들었다는 것에 페이스북의 놀라움이 있다. 페이스북은 한마디로 웹의 OS(operating system)와 같은 개념이다. 웹상의 윈도우즈이자 리눅스인 것이다. 또한 소셜 플랫폼 제공자와 소셜 플랫폼에 참여한 사업자는 회원정보를 공유하면서 개인의 기호에 맞춘 최적화된 개인화 서비스를 제공할 수 있다. 페이스북 사용자는 별도의 회원가입 절차 없이 자신이 원하는 애플리케이션을 'F8' 플랫폼에 간단히 설치해 사용할 수 있다.

다음 이미지는 페이스북에 로그인한 이후의 화면(2009년)이다. 다양

한 정보들이 보인다. 친구들의 최근 활동 소식, 블로그에 새롭게 포스팅된 글들이 실시간으로 업데이트 된다. 정말 중요한 것은 바로 하단에 위치해 있다. 마치 윈도우즈의 '시작' 메뉴처럼 'Applications'라는 메뉴가 있다. 이것을 클릭하면 윈도우즈에서 프로그램을 실행시킬 때와 비슷한 형태의 메뉴가 나타난다. 이곳에서 프로그램을 실행시키듯이 페이스북에서 제공하는 애플리케이션을 실행하면 서비스를 이용할 수 있다. 트위터 애플리케이션을 실행하면 페이스북 내에서도 트위터 서비스를 이용할 수 있다. 바로 오픈 API를 통하여 연동되기 때문에 가능한 일이다. 다른 애플리케이션을 사용하고 싶다면 'Application Directory'에서 애플리케이션을 찾아서 설치하면 바로 이용할 수 있다. 페이스북만 잘 활용하면 컴퓨터에서 할 수 있는 모든 일을 다 할 수 있다는 이야기가 된다. 친구도 만나고, 소개팅도 하고, 게임도 하고, 문서작성도 할 수 있다.

이와 같이 플랫폼을 개방하는 전략이 페이스북을 세계 최대의 SNS로 성장시키는 데 가장 결정적인 역할을 했다는 것은 두말할 필요가 없다. 페이스북은 웹을 단순히 자사의 서비스만 제공하는 공간으로 만든 것이 아니라 무한히 확장할 수 있는 플랫폼으로 발전시킨 것이다.

4

마이스페이스,
한국에서는 안 통해?

'세계 최대 소셜 네트워크 서비스'라는 타이틀을 페이스북에 내주기는 했지만 마이스페이스(myspace.com)는 SNS(소셜 네트워크 서비스)의 원조로 통하며 알렉사 트래픽 순위로 보면 전 세계 사이트에서 15위 안에 포진해 있을 만큼 건재함을 과시하고 있다. 하지만 마이스페이스는 한국 시장 진출 10개월 만에 사업을 포기하고 철수하기에 이른다. 한국어 서비스를 2009년 2월 18일부터 중단하고 마이스페이스 내의 모든 메뉴와 이용자 환경 등은 영어로 환원되었으며 마이스페이스코리아도 본사로 철수했다. 마이스페이스 공동 창업자 크리스 드월프(Chris DeWolfe) CEO는 "마이스페이스코리아는 한국의 사용자들이 언어와 문화의 장벽을 넘어 다른 세상의 친구들과 보다 손쉽게 만날 수 있는 기회를 제공할 유일한 플랫폼이 될 것"이라고 자신했었지만 결과는 참담한 실패였다.

사실 마이스페이스의 실패는 이미 예견되어 있었던 일이다. 마이스페이스의 벤치마킹 모델이라고 알려진 싸이월드가 한국 시장을 장악하고 있는 상황에서 큰 성공을 기대하기는 어려운 측면이 있었다. 또한 블로그와 미니홈피에 익숙한 한국 네티즌들에게는 마이스페이스가 전혀 새로울 것이 없는, 싸이월드의 아류 서비스에 지나지 않는 존재일 수밖에 없었다. 원조 족발을 본떠서 전국망 프렌차이즈를 만들어 성공한 이후에 원조 족발의 텃밭에 족발집을 차리고 도전장을 내민 것과 같은 형국이었다. 마이스페이스는 원조에게 무참히 패한 채 쓸쓸히 족발집을 정리하는 심정이었을 것이다.

중요한 것은 한국 네티즌이 마이스페이스를 사용할 하등의 이유가 없다는 점이다. 외국에 친구를 두고 있거나 외국으로 유학 간 경우를 제외하고는 사용할 이유가 거의 없다. 게다가 싸이월드에 대부분의 친구들이 모여 있는데 비슷한 SNS로 옮길 이유가 없었던 것이다. 옮기려면 모든 친구들이 다 옮겨야 하는데 재미로 활동하는 커뮤니티 서비스를 그렇게까지 해가면서 옮길 만큼 마이스페이스가 매력적이지도 않았다.

세계적으로 거대한 소셜 네트워크를 구축하고 있던 마이스페이스가 실패한 요인은 무엇이었을까? 항상 강조하는 것이지만 해외진출에는 현지화가 가장 중요하다. 싸이월드도 미국 시장에 진출했다가 실패했고, 네이버도 일본에 진출했다가 실패했다. 모두 미국이나 일본 시장에 대한 이해가 부족한 상태에서 시장에 진입했기 때문에 그들이 원하는 서비스를 제공하지 못했다. 즉 싸이월드를 영어 버전으로 서비스하는 것이 아니라 미국에 진출했다면 미국에 맞는 서비스로 새롭게 기획하여 서비스를 해야 한다.

마이스페이스도 마찬가지가 아니었을까? 한국 네티즌은 싸이월드 미니홈피에서 원스탑으로 제공되는 다양한 서비스와 콘텐츠에 길들여져 있다. 하지만 마이스페이스는 영어버전의 마이스페이스를 한국어 버전의 마이스페이스로 바꿔서 서비스하는 수준에 그쳤다. 한국 네티즌을 위해서 마이스페이스가 미니로그라는 서비스를 제공했다고는 하지만 한국 네티즌에게는 무용지물이었을 것이다. 이미 싸이월드에 너무나 훌륭한 미니홈피가 있었으니까.

　하지만 무엇보다도 마이스페이스가 실패했던 가장 중요한 요인은 바로 한국의 문화를 제대로 이해하지 못했다는 점에서 찾을 수 있다. 예로부터 한국에는 사람 자체에 가장 큰 관심을 갖는 문화가 있었다. 지금도 네이버, 다음 등의 검색엔진에서 인기 검색어를 살펴보면 사람 이름이 대부분인 것을 확인할 수 있다. 하지만 미국이나 유럽의 경우 사람보다는 그 사람이 행하는 행위에 관심이 많다. 싸이월드는 일촌이 새로운 글을 업데이트 하거나 새로 일촌관계를 맺게 되면 업데이트된 일촌의 이름을 보여주고 미니홈피로 방문하여 확인하도록 서비스를 제공하지만, 마이스페이스나 페이스북 같은 서비스는 어떤 글이 업데이트되었는지, 누구와 친구 연결을 하였는지 등을 자신의 계정에서 실시간으로 확인할 수 있도록 서비스를 제공한다. 한국 네티즌은 미니홈피를 돌아다니기를 좋아하고 미국 네티즌은 자신의 웹페이지에서 모든 것을 해결하기를 좋아하는 것이다. 이는 한국 사람들은 사람 자체에 초점이 맞추지만 미국 등의 사양 사람들은 사람보다는 그 사람의 행위에 대한 정보에 초점을 맞추고 있다는 문화의 차이를 단적으로 보여주는 사례다.

　이는 구글이 전 세계적으로 엄청난 검색 점유율을 보이는 반면 유독 한국에서는 고전을 면치 못하고 있는 이유와 일맥상통한다. 네이버, 다음, 네이트 등의 토종 검색엔진이 모두 제공하고 있는 '통합검색' 서비스에 길들여져 있다 보니 구글의 단순한 웹문서 검색이 불편하기 때문일 것이다. 통합검색을 이용하면 한 페이지에서 웹문서, 뉴스, 블로그, 지식iN 등의 검색결과를 모두 확인할 수 있는데 반해 구글은 웹문서로만 검색이 되기 때문에 실제 사이트에 접속해보기 전에는 이 글이 웹 사이트의 글인지, 블로그 글인지, 뉴스 기사인지 알 수가 없다. 한국 네티즌에게는 이 점이 매우 불편한 서비스로 다가왔을 것이다. 물론 IT전문가가 주축이 되는 구글 매니아층이 두텁기는 하지만 일반 네티즌에게 어필하기에는 한계가 있었다. 하지만

구글의 메인화면

Google

고급검색
언어도구

Google 검색   I'm Feeling Lucky

이 시간 인기 토픽
1 안보리 천안함 의장성명
2 태양 유리와 소개팅 했다
3 브아걸 나르샤 찍어출
4 대마초 파문 고호경 고백
5 강유미 유세윤 UV 집행유애
6 얼짱시대3 김민준 박태준
7 지나 비스트 티저 공개
8 이아현 인공수정 실패
9 낸시랭 YTN 앵커 굴욕
10 美보다 먼저 보는 미드

인기 블로그
[사회] 러시아 천안함 조사 "북한 어뢰 침몰과 무관" 하다
11시간 전 - 깜냥이의 웹2.0 이야기!
지난 5월31일부터 6월7일까지 한국에 천안함 사고 조사단을 파견했던 러시아 정부는, 북한 소행의 결정적 증거로 한국 정부가
전체 블로그 57개 »

화제의 인물

YouTube - 세계 최대 동영상 사이트   ✚ 서비스 전체보기

광고 프로그램   채용정보   Google 정보   Google.com in English

©2010 - 개인정보

지금은 구글도 오만함을 버리고 한국의 문화에 적응 중이다. 구글의 트레이드마크가 된 단순한 메인페이지도 바뀌었고 검색결과도 통합검색으로 전환되었다. 이처럼 글로벌 서비스가 해외시장에 진출하기 위해서는 진출하고자 하는 곳의 문화를 이해하지 않고서는 성공할 수 없다.

마이스페이스의 한국 시장 철수는 한국의 문화를 이해하지 못하고, 한국에 맞추지도 않고, 자신들이 서비스하면 따라올 것이라고 생각한 오만함의 결과일 것이다. 이와 같이 아주 작은 문화의 차이, 사고방식의 차이가 서비스의 성패를 가른다는 것이 의미하는 바는 매우 크다. 사실 아이러브스쿨, 카페, 미니홈피 등을 이미 경험한 한국 네티즌에게 페이스북, 마이스페이스는 그다지 새로울 것이 없는 또 하나의 서비스일 뿐이었다. 문제는 이와 같은 문화의 차이, 사고방식의 차이 때문에 한국에서 내세울 세계적인 서비스가 없다는 것이다. 무언가 새로운 가치를 제시해 줄 수 있는 그런 서비스 말이다. 마이스페이스가 싸이월드를 벤치마킹 한 것에서 알 수 있듯 싸이월드가 대단한 서비스이긴 하지만 어디까지나 한국 내에서만 서비스되고 있는 우물 안의 개구리일 뿐이다. 물론 언어에서 오는 한계일 수도 있다. 한국어로 만든 서비스와 영어로 만든 서비스의 파이 크기가 비교할 수도 없을 만큼 큰 차이가 나기 때문이다. 이제는 전 세계적으로 큰 반향을 일으키는 서비스가 한국에서 나오기를 기대해 본다.

5
페이스북의
오픈 그래프와
소셜 플러그인

　페이스북은 2008년 12월, 제휴 사이트에서 페이스북 계정으로 로그인하여 페이스북 서비스를 이용할 수 있도록 하는 '페이스북 커넥트(Facebook Connect)'를 발표했다. 커넥트란 5억 명에 달하는 페이스북 이용자들이 다른 사이트에서도 친구를 만나고 소통할 수 있도록 페이스북을 개방한 것인데, 이미 8만 개가 넘는 사이트가 채택하고 있다고 한다. 하지만 커넥트의 경우, 페이스북이 공개한 API를 사이트에 적용하기 위해서는 프로그램 지식이 어느 정도 있어야 가능하기 때문에 1인이 운영하는 소규모 사이트나 개인 블로그에서 적용하기에는 다소 어려운 부분이 있었다. 페이스북은 보다 쉽게 웹 사이트의 경계를 넘어 콘텐츠를 공유하고 소통할 수 있도록 하기 위해 오픈 그래프를 준비한 것이다.

　2010년 4월, 페이스북은 자사의 연례행사인 'F8 개발자 컨퍼런스 2010 '을 통해 페이스북 커넥트의 뒤를 이을 오픈 그래프(Open Graph)를 발표했다. 오픈 그래프는 웹상에 존재하는 수많은 웹 사이트들이 독립적으로 가지고 있는 회원들의 소셜 정보를 하나로 묶어서 웹 전체를 소셜화 하려는 페이스북의 비전이자 전략이다. 웹 사이트마다 흩어져 있는 회원들의 소셜 정보를 시각화한 소셜 그래프가 통합되어 하나의 소셜 그래프를 그릴 수 있다면 진정한 개인화 서비스가 탄생할 수 있을 것이다. 또한 이 세상의 수많은 웹 사이트나 애플리케이션 중에서 마음에 드는 사진, 동영상, 블로그, 쇼핑상품 등의 콘텐츠나 정보가 있으면 가까운 친구나 지인들에게 쉽게 공유하고 소통할 수 있는 방법도 제시하고 있다.

페이스북은 오픈 그래프에 참여할 수 있도록 소셜 플러그인, 오픈 그래프 프로토콜, 그래프 API도 함께 발표했다. 특히 소셜 플러그인은 일주일 만에 5만 개 이상의 사이트에서 채택할 정도로 반응이 뜨거웠다. 소셜 플러그인은 각각의 웹 사이트가 갖고 있는 회원의 소셜 그래프에 페이스북의 소셜 그래프를 플러그인 한다는 의미이다. 대표적인 플러그인으로 'Like 버튼'이 있다. 블로그에서 글을 보거나, 뉴스 사이트에서 뉴스를 보다가, 혹은 쇼핑몰에서 어떤 상품을 보고 마음에 들었을 때, 간단히 Like 버튼을 누름으로써 친구들과 정보를 공유할 수 있다.

일각에서는 개인의 프라이버시에 대한 반발이 일고 있기도 하다. 페이스북을 위시한 수많은 웹 사이트들이 개인 정보를 공유하게 되기 때문에 언제 어떻게 개인정보가 유출될지 모른다는 불안감이 존재하기 때문이다. 게다가 웹 사이트를 서핑하면서 무심코 Like 버튼을 클릭하면서 돌아다니다 보면 자신도 모르는 사이에 친구들을 포

블로그 Like 버튼 클릭

👍 Like   윤상진 and 2 others like this.

페이스북 프로필의 Wall에 정보 업데이트

RECENT ACTIVITY

상진 likes 깻날이의 웹2.0 이야기! :: 실속은 페이스북, 그들의 행보가 주목받는 이유는 바로 실속 때문.

상진 likes 깻날이의 웹2.0 이야기! :: 빙(Bing)의 현재 모습은 실망 그 자체.

상진 likes 침잠(沈潛) :: 블로그에 페이스북의 like 버튼 달기.

함한 수많은 사람들에게 어떤 사이트를 돌아다녔는지 광고하고 다닌 꼴이 될 수도 있다. 업무 중에 Like 버튼을 클릭했다가 직장 상사에게 발각되면 업무시간에 웹 서핑만 한다고 핀잔을 들을 수도 있다. 사실 웹상에 저장된 개인정보 중에 100% 안전한 것은 없다고 해도 과언이 아니다. 그렇기 때문에 웹상의 개인정보와 프라이버시 문제는 민감할 수밖에 없으며 사용자 스스로 개인정보를 보호하는 데 앞장서야 한다. 페이스북의 프라이버시 설정 페이지에 들어가 보면 Everyone, Friends of Friends, Friends Only 등으로 자신의 개인정보 공개 수위를 조절할 수 있으며, 페이스북 계정으로 로그인 할 수 있는 웹 사이트라도 페이스북의 개인정보 유출이 걱정된다면 웹 사이트마다 별도로 회원 가입을 해서 이용해야 한다. 사용자 스스로가 개인정보 공유를 허용할지 면밀히 판단해 소중한 개인정보와 프라이버시를 보호해야 한다. 하지만 오픈 그래프와 같은 소셜 기술을 잘 활용하게 되면 사용자 자신에게 최적화된 개인화 서비스를 받을 수 있기 때문에 일정 부분의 프라이버시 희생은 불가피해 보인다.

이 세상에 존재하는 수많은 웹 사이트는 각기 다양한 소셜 그래프를 갖고 있다. 제공하는 서비스가 다르고, 이용하는 회원이 다르기 때문이다. 페이스북은 회원들 간의 친구 관계 정보를 보유하고 있으며, 유튜브는 사용자와 좋아하는 동영상 콘텐츠의 관계를 보유하고 있고, 포스퀘어는 사용자와 자주 찾는 장소 정보에 대한 관계를 보유하고 있다. 개별적으로 보유하고 있는 이러한 소셜 그래프를 통합하게 된다면 웹의 소셜화, 개인화가 먼 미래의 일만은 아닐 것이다. 이와 같이 웹이 소셜화, 개인화 된다면 이용한 경험이 전혀 없는 웹 사이트라도 개인 맞춤형 서비스의 제공이 가능해진다. 처음 접속한 웹 사이트라도 페이스북 계정과 연결하여 로그인하게 되면 웹 사이트에서는 페이스북의 소셜 그래프 정보를 토대로 사용자에 최적화된 개인 맞춤 콘텐츠와 서비스를 제공할 수 있다. 오픈 그래프가 접목된다면 검색 서비스의 패러다임 자체도 바뀔 수 있다. 지금까지의 검색은 사용자가 중심에 있는 것이 아니라 수많은 사람들의 검색 패턴과 경험, 그리고 기계적으로 정교하게 짜여진 검색엔진 시스템이 중심에 있었다. 하지만 오픈 그래프가 검색에 접목된다면 기존의 검색 서비스보다 훨씬 사용자에게 적합한 검색결과를 제공할 수 있다. 결국 페이스북이 추구하는 것은 웹상에서의 사용자 경험을 수많은 웹 사이트와 상호공유하면서 사용자에게 보다 정교하고 최적화된 개인 맞춤 서비스를 제공하는 것이다. 페이스북 오픈 그래프의 키워드는 '소셜, 오픈, 개인화'이다.

6

소셜 게임!
게임에 거세게 부는
소셜 바람

싸이월드, 페이스북, 마이스페이스 등의 소셜 네트워크 서비스 내에서 제공되는 소셜 게임이 인기를 끌면서 게임에도 소셜 바람이 거세게 불고 있다. 일부에서는 SNS를 넘어 SNG(Social Network Game)의 시대가 올 것이라는 이야기도 한다. 소셜 게임은 소셜 네트워크에 게임 요소가 결합된 형태의 놀이로, 싸이월드나 페이스북 등의 소셜 네트워크 서비스 또는 스마트폰과 같은 모바일 기기를 통해 공급되는 온라인 게임을 의미한다.

사실 소셜 게임이라는 용어는 생소할지 몰라도 싸이월드를 오래 전부터 이용해온 한국 네티즌이라면 소셜 게임을 한번쯤 접해봤을 정도로 친숙하다. 플래시 게임을 구입해 일촌과 게임을 할 수 있고 게임 포인트로 랭킹을 매기기도 했다. 이와 같은 소셜 게임을 이용해 많은 기업들이 미니홈피에서 이벤트를 진행했었는데, 일촌들이 플래시 게임을 통해 획득한 포인트 점수에 따라 등수를 매기고 경품을 지급하는 형태로 진행되었다. 경품이 걸려있는 게임이라 경쟁이 치열했던 기억이 난다.

아주 간단한 플래시 게임이지만 일촌들이 참여해 경쟁할 수 있다는 소셜적인 요소가 가미되면서 기업체 이벤트용으로 많은 사랑을 받았다. 어찌 보면 소셜 게임의 시초라고 할 수 있다. 물론 거슬러 올라가면 고전 게임인 장기와 바둑과 같은 보드 게임부터 테트리스까지도 거론할 수 있겠지만 소셜 네트워크 서비스 내에서 일촌이나 친구를 대상으로 제공되는 게임으로는 싸이월드 플래시 게임이 최초일 것 같다.

하지만 소셜 게임의 꽃은 미국의 페이스북에서 활짝 피었다. 페이스북의 'F8' 플랫폼을 통해 게임을 서비스하고 있는 소셜 게임 전문 기업인 징가(Zynga)가 이슈화되면서 소셜 게임이 새롭게 주목받기 시작했다. 징가는 '팜빌(FarmVille)', '마피아 워스(Mafia Wars)' 등 인기 소셜 게임 개발업체로 페이스북에서만 월 2억 3,000만 명 이상의 이용자를 확보하고 있다. 2009년 12월에 러시아 투자그룹인 DST로부터 1억 8,000만 달러를 투자 받기도 했던 징가는 회사 가치가 33억 달러(3조 8,000억 원 상당)에 이를 수 있다는 평가가 나오기도 했다. 이와 같이 엄청난 부가가치를 창출하고 있는 징가의 성공은 페이스북과 상생의 관계를 구축할 수 있었기에 가능했다. 페이스북의 성장과 함께 다수의 유저를 빠르게 확보할 수 있었고, 페이스북은 징가를 통해 안정적인 수익원을 확보할 수 있었다.

소셜 네트워크 서비스 내에서 제공되는 소셜 게임 뿐 아니라 일반 온라인 게임도 트위터, 페이스북 등 소셜 플랫폼과의 연동을 시도하고 있다. 게임 내에서 트위터나 페이스북 등의 소셜 네트워크 서비스 친구들과 자유롭게 대화할 수 있는 기능을 제공하는 형태이다. 게임 이용자는 게임을 즐기면서 친구들과 자유롭게 대화할 수 있어서 좋고, 게임사는 이용자를 조금이라도 게임에 붙잡아둘 수 있어서 좋다. 특히 게임을 즐기면서 소셜 네트워크 서비스 내의 친구들과 대화를 하는 것이기 때문에 자연스럽게 친구들을 게임으로 끌어들이는 효과가 나타난다. 소셜 네트워크 서비스와 연동만 해놓으면 게임 이용자들이 스스로 나서서 게임을 친구들에게 홍보를 하게 된다. 중요한 것은 돈이 거의 들지 않는다는 점이다. 이와 같이 일반 온라인 게임사에게도 소셜은 엄청난 기회의 땅이다.

그렇다면 왜 이토록 소셜 게임에 열광하는 것일까? 사람들이 소셜 네트워크 서비스에 길들여지면서 소셜 네트워크 서비스에 머물면서 그 안에서 모든 것을 해결하고 싶어졌기 때문이다. 그 안에서 친구도 만나고, 검색도 하고, 일도 하고, 거기다가 게임까지…. 소셜 네트워킹의 재미에 푹 빠진 사람들은 이제 방에 틀어박혀 혼자 게임하기가 싫어졌고, 친구들과 같이 게임을 하고 싶어졌다. 또한 게임을 하면서 친구가 된 사람들과 지속적으로 친구 관계를 유지하고 싶어졌고 더 좋은 관계로 발전해 나가길 원한다. 일촌, 친구 등의 지인 인맥관리는 물론 게임에 참여한 사람들 간에 형성되는 관계는 소셜 게임의 핵심이다. 게임이 하나의 소셜 매개체가 된다. 이렇게 놓고 본다면 소셜 게임도 게임을 매개로 하는 또 하나의 소셜 네트워크 서비스라고 볼 수 있다.

소셜에 게임을 접목하여 선풍적인 인기를 얻고 있는 소셜 게임이 '게임 중심의 웹 트렌드'를 만들어낼 수 있을지 기대해 본다.

4장
블로그, 세상에 나서다

1

도대체
블로그가 뭐길래?

'블로그(Blog)'는 웹(web)과 로그(log)가 결합되어 만들어진 단어로 웹 상에 기록하는 웹 일기장을 의미한다. 물론 초기의 블로그는 웹상에 오픈된 일기장 같은 개념이었지만 시간이 흐르면서 사용하는 사람 들의 목적에 따라 많은 변화를 겪게 된다. 스스로가 가진 느낌이나 품어오던 생각, 알리고 싶은 견해나 주장 등 자신의 관심사에 따라 자유롭게 글을 포스팅 하고, 댓글 및 트랙백을 통하여 의견을 교환 할 수 있도록 웹상에 오픈된 소셜 미디어 서비스로 발전하게 됐다. 시간의 순서대로 가장 최근의 글부터 보이고, 여러 사람이 쓸 수 있 는 게시판(BBS)과는 달리 한 사람 혹은 몇몇 소수의 사람만이 글을 올 릴 수 있다. 이렇게 블로그를 소유하고 운영하는 사람을 블로거라고 한다. 블로그는 개인적이면서도 때에 따라서는 기존의 어떤 대형 미 디어에 못지않은 힘을 발휘할 수 있기 때문에 '1인 미디어', '개인 미디어'라고도 부르며, 최근에는 소셜한 측면이 강조되어 '소셜 미디어'라고도 부른다. 기술적·상업적인 제약 없이 누구나 자신의 생각을 사이트에 올려 다른 사람들과 공유할 수 있는 특성 때문에 기존의 언론을 보완할 수 있는 '대안언론'으로도 주목을 받고 있다.

네이버 블로그의 여전한 인기와 티스토리의 괄목할만한 성장

국내 블로그 서비스는 '네이버 블로그'와 같은 서비스형 블로그를 중심으로 성장했다. 초기 포털 사이트의 블로그는 검색서비스의 콘텐츠DB로 활용되어, 검색 결과로 제시된 블로그를 방문한 다수의 검색 이용자로 인해 순방문자 규모에서는 외형적인 성장을 보였다. 하지만 일시적 유입에 그쳐 페이지뷰 등 활동성은 기존 커뮤니티인 '카페 및 클럽'이나 '미니홈피' 등에 크게 못 미쳤던 것이 사실이다. 그러나 최근 블로그 서비스의 성장에는 이런 초기 성장 단계와는 다른 모습들이 목격되고 있다. 포털 사이트의 블로그 서비스 이외에 전문 블로그 사이트의 성장이 목격되고 있으며, 블로거의 콘텐츠 생산 증가도 가속화되고 있다. 현재도 네이버 블로그를 필두로 포털 사이트 블로그 서비스의 성장세가 지속되고 있으나 최근에는 '티스토리', '이글루스'와 같은 전문 블로그 서비스가 괄목할만한 수준으로 성장하고 있다.

포털 사이트인 다음에서 제공하는 사이트 지표를 보면 2008년에 티스토리와 이글루스의 눈부신 성장을 확인할 수 있다. 2009년에 들어서면서 조금씩 주춤하고 있기는 하지만 전체 인터넷 시장에 미치는 영향력은 이미 상상을 초월하는 수준으로 성장했다. 이같은 지속 성장의 원인은 검색 이용자들이 찾고자 하는 다양한 주제의 콘텐

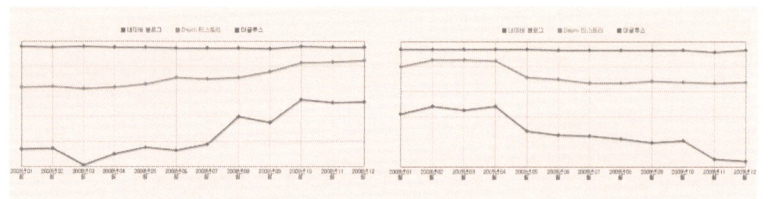

츠가 블로그에서 풍부하게 생성되고 있고, 콘텐츠의 질 또한 검색
이용자의 니즈를 만족시킬만한 수준으로 발전했기 때문이다. 초기
의 블로그 이용자는 주로 뉴스나 카페 글 혹은 다른 블로거의 포스트
를 단순히 스크랩하는 행태를 보였으나, 블로그 서비스가 대중화되
면서 시간과 노력을 기울여 자신의 일상이나 여행기, 제품이나 문화
공연 리뷰 등 자신만의 콘텐츠를 생산하는 블로거가 증가하고 있다.

이제 블로그는 카페, 클럽 및 미니홈피와 함께 점차 대중적인 커
뮤니티 서비스로 성장하고 있다. 2007년 9월 코리안클릭과 TNS코
리아의 공동 조사 결과에 따르면 블로그 서비스를 이용하기 위한 목
적으로 인터넷을 이용한다는 응답자는 전체 응답자 중 28.6%라고
한다. 이는 46%인 클럽 및 미니홈피 서비스에 비해서는 낮은 수준
이나, 중학생에서 20대 후반까지의 연령대에서는 40% 이상으로 비
교적 높은 응답률을 보이고 있다. 이렇듯 블로그 서비스는 인터넷
이용을 주도하는 20대와 중·고등학생층을 중심으로 이용자 저변
을 확대하고 있다.

국내 커뮤니티 서비스는 과거 그룹 중심의 카페, 클럽 서비스에서
지인들 사이의 일대일 커뮤니케이션이 가능한 미니홈피로 이어져
오늘날 개인이 불특정 다수를 대상으로 일상을 기록하고, 자신의 생
각을 피력하고, 정보를 공유하는 진보적인 플랫폼인 블로그 서비스
로 진화하고 있다. 포털 사이트 입장에서 블로그는 개방된 콘텐츠

관리시스템으로 핵심 서비스인 검색의 콘텐츠DB로 활용될 수 있다는 점에서 의미가 매우 크다. 또한 블로거 입장에서는 자신의 생각을 글, 사진, 동영상으로 꾸며 발행하는 일련의 행위에서 스스로 만족감을 느낄 수 있을 뿐 아니라 블로그에 광고를 삽입하여 수익 창출을 기대할 수도 있다. 파워 블로거를 중심으로 활발해진 이용자의 콘텐츠 생성은 '올블로그', '블로그코리아', '블로그와이드'와 같은 블로그메타사이트의 활성화와 블로그 전문 검색 사이트의 등장을 촉매로 더욱 활발해질 것이다. 향후 블로그 서비스는 이용자들의 참여와 공유를 무기로 새로운 여론 형성의 도구로서 저널리즘 영역까지 진입할 수 있을 것으로 내다보고 있다. 과연 블로그의 진화는 어디까지일까?

2

블로그,
개인 미디어에서 소셜 미디어로

미니홈피와 블로그가 인기를 얻으면서 등장한 키워드가 '1인 미디어', '개인 미디어'다. 하지만 최근 '소셜'이 인터넷의 트렌드로 부상하면서 블로그도 개인에 국한되는 개인 미디어 개념에서 탈피하여 많은 사람과의 소통을 강조하는 소셜 미디어로 확장 발전하고 있다. 초기의 블로그가 일상을 기록하고 개인 사진을 공유하는 등 지인과의 인맥관리용으로 많이 활용되었던 반면 최근에는 준전문가급의 블로거들이 대거 유입되면서 전문적인 미디어로 성장하고 있다. 일각에서는 기성 언론에 대한 대안언론으로써의 역할도 거론하고 있지만 아직은 시기상조다. 하지만 소셜 뉴스가 각광받는 시대가열린다면 블로그가 그 첨병 역할을 하게 될 것이다.

블로그가 전문 미디어로 성장하면서 소통은 더욱 중요해졌다. 하나의 생각이 수많은 사람의 참여로써 보다 논리정연해지고 많은 사람으로부터 공감을 얻어 공론화 되는 것이다. 흔히 이야기하는 집단 지성의 힘이다. 블로그는 이와 같은 역할을 수행하는 데 최적의 툴이다. 표준 데이터 구조를 채택하여 개발된 블로그는 기본적인 컨셉이 개방구조이며 네이버 블로그, 티스토리 블로그, 설치형 블로그 등 서비스 제공업체를 넘나들면서 소통할 수 있다. RSS라고 하는 표준 포맷을 통해 수많은 독자, 메타블로그, 검색포털을 대상으로 포스트를 발행하고 있다. 특히 트랙백은 다른 서비스업체 블로그로 링크를 전송할 수 있는 새로운 개념의 소통 방식으로 기존의 웹 사이트나 개인 홈페이지에서는 구현하기 힘든 기능이다.

블로그는 서비스 제공업체에 국한되는 여타의 폐쇄적인 SNS(소셜 네트워크 서비스)와는 다른 방향으로 발전해 나가고 있다. 개방형 SNS의 기능도 수행한다고 볼 수 있다. 그 중심에는 RSS, 트랙백, 댓글 등 블로그만의 특성이 그대로 살아 있는 기능들이 있다. 이와 같은 기능을 통해 블로거와 독자가 쌍방향으로 소통하면서 블로그를 소셜 미디어로 발전시키고 있다.

이는 시대의 흐름에 따라 변화하는 인터넷 트렌드를 반영하고 있는 것이다. 웹 2.0에 대한 논의가 활발해지면서 초기에는 '참여'와 '공유'가 강조되는 'UCC 동영상'이 인기를 얻었고, 다음에는 '개방'을 중시하는 '블로그'가 인기를 얻었으며, 이제는 '소통'을 강조하는 'SNS'가 인기를 끌고 있다. 이러한 트렌드에 편승하여 블로그 또한 소셜적인 요소를 가미하여 '소셜 미디어'로 발전하고 있다. 이는 강제적인 정책에 의한 것도 아니고, 누군가의 제안에 의한 것도 아니다. 블로그를 통하여 소통하고 있는 블로거와 독자들이 만들어가는 '블로그 생태계'의 자연스러운 발전 방향이며 현상이자 흐름이다.

3

블로그로 꿈꾸는
우리는 블로거

블로그는 지극히 평범하게 살아가는 일반인을 유명인으로, 기자로, 스타로, 전문가로, 저자로 만들어준다. 지금까지는 어떤 산업 분야의 정보를 얻고자 할 경우 언론사, 연구소, 리서치 기업 등의 기사, 보고서, 책 이외에서는 얻을 수 있는 정보가 제한적이었다. 언론사, 연구소, 리서치 기업 등은 흔히 이야기하는 전문가 그룹이라고 할 수 있다. 하지만 어떤 산업 분야에서 10년 이상 일한 일반인이 있다고 가정할 경우 기자, 교수, 연구원이 해당 산업에 대해 더 많은 정보를 갖고 있다고 할 수 있을까? 물론 산업 전체를 보는 거시적인 안목이나 산업 동향을 수치로 계량화하는 부분은 뛰어날지 모르지만 산업 현장의 생생한 알짜 정보까지 알고 있을 수는 없다. 팩트(Fact)만을 수집하고 분석한 결과를 체계적으로 정리하여 발행하는 기사나 보고서와는 달리 산업 현장에서 몸으로 얻는 생생한 정보와는

질적으로 다르다. 기사나 보고서가 겉으로 드러나는 현상만을 보고 있다면 현업에 종사하는 평범한 일반인은 산업 내부를 구석구석 보고 있다고 할 수 있다. 이 두 그룹 중 누가 더 전문가일까?

사실 크게 주목받지 못한 채 평범하게 살아가고 있는 우리 일반 소시민들도 알고 보면 전문가 못지않은 지식과 정보를 갖고 있다. 바로 '경험'이다. 체계화되어 있지 않고 구조화되어 있지 않았기 때문에 대접을 받지 못했던 것이다. '경험'은 유용한 정보이기 때문에 많은 사람들이 찾아 헤매지만 찾을 수 없는 정보들이 대부분이었다. 찾고자 하는 정보는 먼저 경험해본 사람들의 경험담, 노하우와 같은 극히 개인적인 정보이지만 쉽게 공개될 수도 없고 찾을 수도 없는 정보였기 때문이다. 경험담이나 노하우는 친분이 있는 지인에게 물어보거나 인맥을 동원하여 정보를 알고 있는 사람을 찾아야만 알 수 있는 고급 정보였던 것이다.

하지만 이와 같이 평범한 인생을 살던 소시민들이 블로그를 만나면서 세상에 나서기 시작했다. 재야에 묻혀 있던 실력자들이 블로그라고 하는 플랫폼을 만나면서 날개를 달게 되었다. 각자의 머릿속에 흩어져 있던 지식과 정보들이 블로그에서 체계화되고 구조화되면서 가치있는 정보가 됐다.

사람들은 자신만이 알고 있던 혹은 남에게 알려주기 아까웠던 정보, 경험담, 노하우를 아낌없이 블로그에 쏟아놓기 시작했다. 가령 동영상을 편집하기 위해 여러 개의 편집 프로그램을 이용해보고 가장 좋은 프로그램을 찾게 되었다면 그것을 자신만 알고 있는 것이 아니라 블로그에 올려 많은 사람들과 공유하는 것이다. 그렇게 되면 다른 사람들은 똑같은 일을 반복하지 않고 추천해주는 프로그램을 바로 이용하여 동영상을 편집할 수 있게 된다. 동영상을 편집하고자 하는 사람에게 이보다 더 유용한 정보는 이 세상에 없을 것이다. 포털 사이트에 홈페이지를 등록하기 위해 매번 헤매다가 모든 포털 사이트의 등록페이지 URL을 모아서 포스팅 해놓으면 자신도 매번 헤매지 않아서 좋고, 홈페이지를 등록하고자 하는 많은 사람들도 이와 같은 정보를 접하게 된다면 헤매지 않고 단번에 등록 페이지를 찾을 수 있다. 혼자만 알고 있다면 그냥 메모에 지나지 않았겠지만 그것이 블로그에 올라가고 공개되면서 가치있는 정보가 된다. 실수했던 경험, 어려운 일을 해결했던 경험, 제품을 사용해봤던 경험, 영화나 공연을 본 경험, 아이를 키워본 경험들 하나하나가 블로그에 올라가는 순간 소중한 정보로 가치를 갖게 된다.

이와 같은 정보를 제공하는 대신 블로거는 구글 애드센스와 같은 광고 플랫폼을 이용해 광고수익을 얻기도 하고, 책을 내기도 하며, 언론에 노출되기도 하고, 전문가로서 새로운 인생을 개척하기도 한다. 블로그가 없었다면 바쁜 일상에 쫓기면서 평범하게 살았을 지극히 평범한 소시민들이 블로그를 만나면서 꿈을 꾸기 시작했고, 그 꿈을 실현하기 위하여 열정을 쏟고 있다.

4
블로그 홍수의 시대

블로그는 대표적인 소셜 미디어 서비스로 자신을 표현하고, 자신의 생각을 세상에 이야기하며, 정보를 공유하는 열린 서비스로서 각광 받고 있다. 또한 블로그는 다양한 계층의 사람과 자유로운 소통이 가능하며, 이를 통하여 사회적 관계를 형성해 가면서 그 영향력을 확대하고 있다. 블로그는 이용자들의 운영목적이나 활용방식의 변화에 따라 여러 단계의 진화를 거친다. 초기의 블로그는 대부분의 글이 짧았으며, 블로거 자신의 일상을 기록하는 내용들이 많았다. 그러나 태생이 개방된 구조일 뿐더러 퍼블릭한 공간으로 만들어진 블로그에 '전문 블로거'들이 가세하면서 글쓰기의 내용과 형식에 대한 기대수준이 높아졌다. 전체적인 기대수준이 올라가면서 네티즌의 호응을 얻고 주목을 받으려면 알차고 차별화된 내용을 다뤄야 할 뿐 아니라 사진, 동영상 등의 멀티미디어 자료 활용에도 신경을 써

야하는 상황이 발생하게 된 것이다.

싸이월드의 미니홈피가 전 국민적으로 사랑받던 2004년 즈음에 네이버를 중심으로 블로그가 확산되기 시작했다. 초기의 블로그 이용자는 미니홈피의 작은 화면이 싫어서 옮긴 경우가 많았다. 그렇기 때문에 초기의 블로그는 자신의 사진을 올리고 일상을 기록하며 지인과의 소식을 주고받는 용도로 사용되었다고 할 수 있다. 그러던 블로그가 2006년을 기점으로 전문성을 내세운 파워 블로그 중심으로 발전하게 된다. 특히 IT업계 종사자를 중심으로 발전하였는데 테터툴즈, 워드프레스 등의 블로그 소프트웨어를 직접 서버에 설치하여 운영하는 설치형 블로그가 폭발적으로 늘어났다. 네이버 블로그의 숫자가 엄청나게 많았지만 '파워 블로그는 설치형 블로그'라는 공식이 성립했던 시절이었다. 무엇보다도 이들이 생산해내는 콘텐츠는 전문가 수준의 양질의 콘텐츠였지만 문체는 전문가들이 쓰는 딱딱한 문체가 아니라 일반인들이 자연스럽게 쓰는 문체였다. 이와 같이 전문가급의 블로거가 생산하는 콘텐츠와 정보가 블로그를 통해 유통되면서 무수히 많은 사람에게 영향을 끼쳤다.

나 역시 2006년 10월에 테터툴즈를 설치하고 IT 전문 블로그인 '깜냥이의 웹2.0 이야기!'를 열었다. 지금은 웹호스팅 비용의 부담과 스팸 트랙백의 공격 때문에 설치형 블로그와 비슷한 기능을 제공하는 티스토리에 둥지를 틀고 있다. 티스토리의 장점은 2차 도메인 설정기능인데, 블로그 도메인을 설정하면 마치 설치형 블로그처럼 자신만의 도메인을 사용할 수 있다. 나도 블로그 도메인인 깜냥닷컴(ggamnyang.com)을 2차 도메인으로 설정하여 깜냥닷컴 도메인을 그대로 사용하면서 블로그를 운영하고 있다. 2차 도메인 기능뿐만 아니라 스킨 변경이 자유롭고, 설치형 블로그처럼 HTML 편집도 가능하다. 또한 구글 애드센스와 같은 광고도 게재할 수 있는 장점이 있다. 2차 도메인을 설정하여 자신의 독립 도메인으로 블로그를 운영할 수 있도록 서비스를 제공하는 티스토리는 기존의 독립 도메인으로 블로그를 운영하던 수많은 파워 블로거들을 유입시킬 수 있는 강력한 서비스로 자리매김한다. 게다가 스팸 트랙백, 스팸 댓글 방어까지 해준다. 그리고 무엇보다도 중요한 점은 이 모든 것이 무료로 제공된다는 것이다. 블로그가 인기를 얻으면서 자연히 늘어나게 되는 트래픽을 감당하기 위해 지불해야 하는 웹호스팅 비용도 만만치 않다. 나 역시 설치형 블로그로 운영하던 시절 걸핏하면 트래픽 제한에 걸려서 웹호스팅 회사에 적지 않은 돈을 지불했던 경험이 있다. 하지만 티스토리는 방문자가 아무리 많아도, 트래픽이 아무리 높게 나와도 전혀 문제되지 않는다. 이 모든 것을 티스토리에서 책임지고 서비스하기 때문에 블로거는 블로그 운영에만 신경 쓰면 된다.

이와 같이 설치형 블로그의 장점과 서비스형 블로그의 장점을 접목한 티스토리를 통하여 엄청나게 많은 중급 레벨의 블로거가 양산되고 있다. 특히 티스토리는 설치형 블로그와 같이 호스팅 비용도 들이지 않으면서 구글 애드센스, 다음 애드클릭스 등의 광고를 자유롭게 게재하여 광고 수익을 낼 수 있다는 것이 알려지면서 급속하게 성장했다. 이제는 구글 애드센스를 게재하지 않은 블로그가 거의 없을 정도다.

블로거를 고수, 중수, 하수로 나눈다면 그 기준은 어떻게 될까?

고수는 자신이 몸담고 있는 업계나 관심 분야에 깊이 있는 인사이트를 갖고 있어야 한다. 현상만을 파악하는 수준이 아니라 전체적인 흐름을 파악하고 방향을 제시해야 한다.

중수는 업계나 관심 분야, 이슈 등에 대하여 자유롭게 자신의 생각을 정리하여 표현하는 수준의 역량이 있어야 한다. 현재 대부분의 블로거가 중수 정도는 된다고 할 수 있다.

마지막으로 하수는 초기의 블로그 콘셉트였던 일상을 기록하는 용도로 사용하거나 타인의 글이나 기사를 스크랩하는 수준의 블로거다. 어찌 보면 순수한 목적의 블로거로써 초기의 블로거가 여기에 해당된다. 광고수입 때문에 스팸 블로그를 운영하는 블로거는 하수급에도 속하지 않는다.

그렇다면 중수 블로거가 많아지면서 어떤 현상이 발생하고 있을까?

첫째, 블로그의 주제가 다양해지고 있다. 초기의 블로그는 IT업계 종사자들이 주류를 이루다보니 IT관련 블로그가 많았지만 최근에는 정치, 시사, 사회, 육아, 음식, 연예, TV 드라마, 여행 등등 주제가 매우 다양하다.

둘째, 숨은 진주와 같은 블로그들이 넘쳐나고 있다. 정말 신기하게도 '내가 모르는 사이에 이렇게 훌륭한 블로그가 성장하고 있었구나!'라며 감탄하게 하는 블로그가 너무나 많다. 정말 경이로운 일이다.

셋째, 일반적인 내용의 포스트로는 주목을 받기 힘들다. 웬만한

블로거 분포도

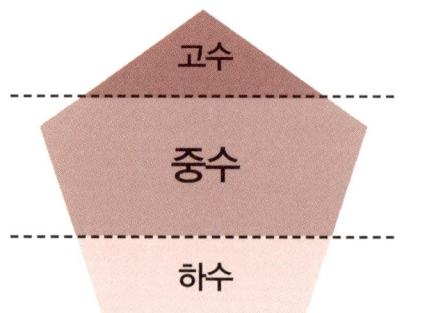

글로는 주목을 받을 수 없다는 이야기다. 초기에는 적당히 신선한 소재의 글을 포스팅해도 어느 정도의 주목은 받았지만 현재는 전혀 그렇지 않다. RSS구독자나 지인들에게는 어필할 수 있겠지만 대다수의 네티즌에게는 어필도 못하고 사장되는 일이 비일비재하다.

넷째, 누구나 블로거라고 불릴만 하다는 것이다. 사실 네이버 블로그가 인기를 끌기 시작하던 2004년만 해도 블로그를 잘 알지 못하는 사람이 태반이었고 블로거라고 불릴 수 있는 사람도 한정적이었다. 그 당시에는 블로그를 운영한다고 했지 '블로거'라는 표현 자체도 잘 쓰지 않았던 것 같다. 하지만 지금은 블로거라는 용어가 하나의 직업처럼 불리고 있고 블로그를 운영하는 사람이 폭발적으로 증가하다 보니 블로거라고 불리는 사람도 증가하고 있다.

다섯째, '낚시성' 포스트가 급증하고 있다. 방문자를 확보하려고 낚시성 글을 쓰거나 제목을 선정적으로 꾸며서 방문자를 유도하는 포스트들이다. 물론 그렇게 해서 방문하더라도 포스트가 우수하다면 별 상관은 없겠지만 정말 허접한 포스트라면 클릭이 아까울 것이다. 어뷰징은 신문사만 하는 것이 아니라 블로거들도 하고 있다.

이와 같이 중수 이상의 블로거들이 많아지면서 재미있는 현상들이 발생하고 있다. 대부분은 긍정적인 변화다. 특히 블로그 시장 자체가 커지고 있다는 것은 상당히 고무적이다. 하지만 중수 블로거들이 많아지면서 치열한 무한경쟁 시대로 접어들게 되었고 주목받기 위해서는 포스트 작성에 보다 더 심혈을 기울여야 하는 시대가 되었다. 공교롭게도 역사가 오래된 블로그라고 해도 RSS구독자를 많이 확보하고 있다는 것을 제외하면 선점효과가 거의 없다. 누구도 느긋할 수 없는 상황이다.

진부한 이야기이지만, 결국 무한경쟁 체제에 접어든 블로그 시장에서 성공하려면 다른 블로그와 차별화된 콘텐츠를 지속적으로 생산해야 한다. 재미로 시작한 블로그가 이제는 장난이 아닌 것이 되었다.

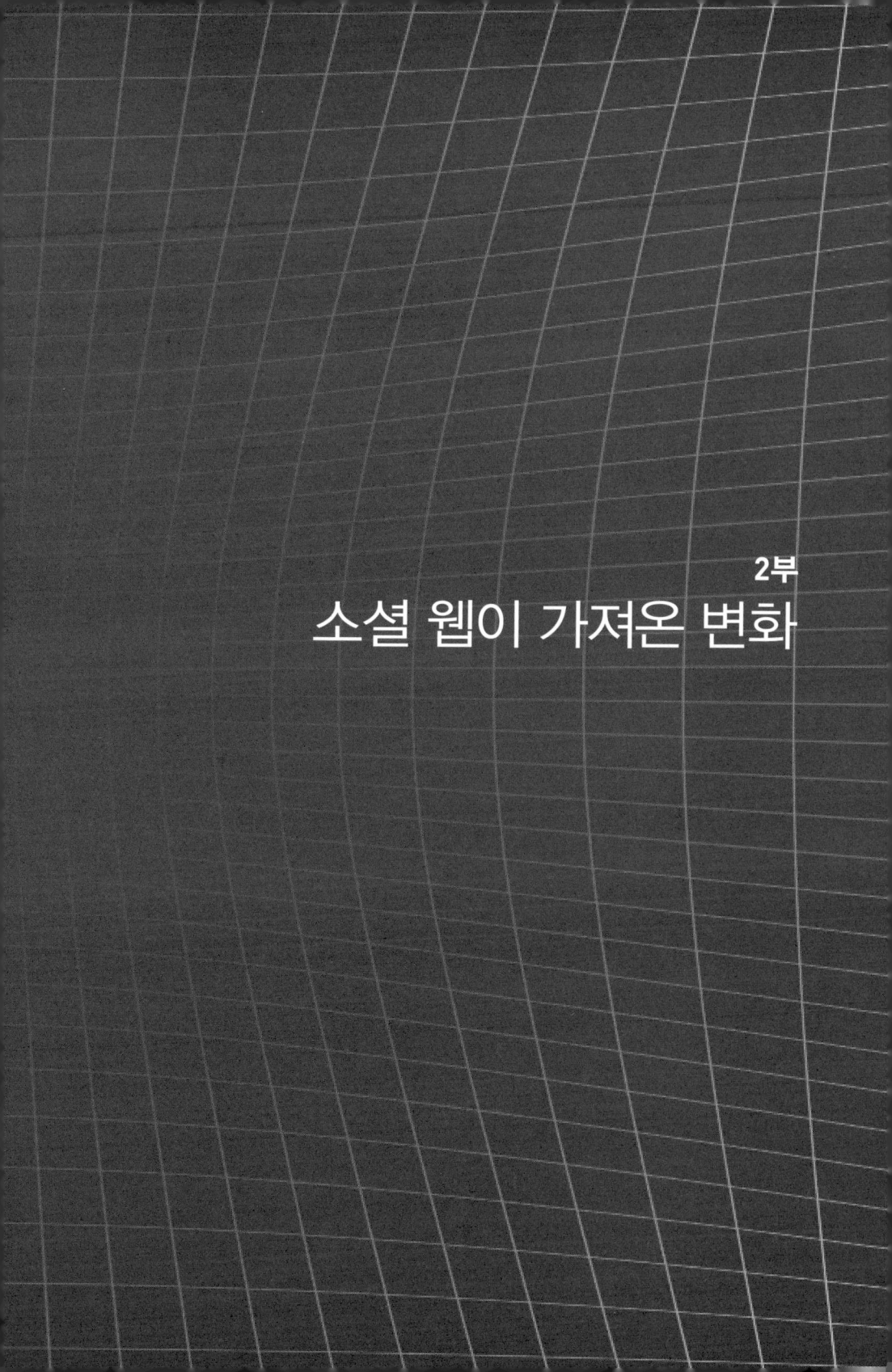

2부
소셜 웹이 가져온 변화

1장
왜 소셜 웹인가?

1

정보 홍수의 시대,
소셜에서 답을 찾다

우리는 엄청난 정보의 홍수 속에 살고 있다. 인터넷이 없던 시절에는 감히 상상도 할 수 없을 만큼 많은 정보를 접하면서 살고 있다. 인터넷이 없던 시절, 휴대폰이 없던 시절 이라고 해봐야 고작 15년 전이다. 그새 세상이 정말 너무나 많이 변했다. 15년 전 만해도 필요한 자료나 정보가 있으면 도서관이나 백과사전을 뒤져야 했다. 물론 필요한 자료나 정보를 찾는다면 그 정보의 진위를 의심할 이유가 그리 많지 않았다. 백과사전을 비롯해 도서관에 소장되어 있는 자료들은 기성세대들이 부여한 권위를 갖고 있기 때문에 별 의심 없이 믿고 활용할 수 있었다.

어디서든지 인터넷에 접속할 수 있는 지금은 어떻게 변했을까? 지금은 인터넷에서 검색을 하면 한번에 해결된다. 유선 인터넷뿐 아니라 무선 인터넷이 보편화되면서 언제, 어디서든지 검색이 가능하다. 유비쿼터스 검색 시대가 열린 것이다. 이렇게 손쉽게 얻을 수 있는 수많은 정보들, 과연 그것들이 모두 믿을 만한 정보일까? 분명 믿을 만한 정보도 있을 것이고 그렇지 않은 정보도 있을 것이다. 그렇다면 믿을 수 있는 정보와 믿지 못할 정보를 어떻게 구분할 수 있을까?

인터넷 백과사전인 위키피디아는 누구나 내용을 추가하고 편집할 수 있는 소셜 웹 백과사전이다. 수많은 사람들의 집단지성이 발현되어 만들어가는 위키피디아 백과사전. 그렇다면 사람들은 위키피디아의 정보를 얼마나 신뢰하고 있을까? 위키피디아가 웹 2.0 열풍과 함께 많은 사람들에게 알려졌지만 정보의 신뢰성에 대해서는 많은 사람들이 의구심을 갖고 있는 것 또한 부정할 수 없다. 위키피디아 사전에 단어를 등록하거나 편집하게 되면 몇몇 운영자나 편집자의 판단에 따라 단어 등록이 취소되기도 하고 내용이 편집되기도 한다. 수많은 사람들이 참여하고 있긴 하지만 사실 몇몇 사람에 의해 통제되고 있다. 사람들은 이와 같은 위키피디아 백과사전을 왜 기존의 백과사전보다 더 신뢰하고 더 많이 찾게 된 것일까? 어떤 권위 있는 교수나 전문가가 감수한 것도 아닌데 말이다. 왜일까?

정보 역시 소셜한 측면이 강화되고 있기 때문이다. 몇몇 교수나 전문가와 같은 권위 있는 사람에 의해 제공되는 정보가 아니라 많은 사람들에 의해 만들어지고 활용되는 정보가 더욱 믿을 만한 정보, 가치 있는 정보로 인정받는 시대가 된 것이다. 특히 소셜 웹 환경에서는 좋은 정보의 조건으로 보다 소셜한 측면이 강화되고 있다. 아무리 내용이 좋아도 사람들에게 적극적으로 활용되고 유통되어 사용되지 않으면 정보의 가치는 떨어진다. 또한 소셜 네트워크 서비스로 연결된 지인들이 제공하는 정보도 소셜한 가치가 더해져 큰 영향력을 행사하고 있다. 소수 전문가의 견해도 중요하지만 지인들의 생각이 훨씬 더 신뢰감과 공감을 주고 있기 때문이다. 소셜 웹 시대에 정보의 가치는 '누가 만들었냐, 어디에 나왔냐'가 아니라 그 정보가 '얼마나 많이 사용되고, 활용되고, 공감을 얻었느냐'로 평가된다. 더 많이 쓰이는 정보가 더 큰 가치를 갖는다. 무엇보다도 지인들이 제공하는 정보가 큰 힘을 발휘하고 있다. 정보를 찾는 것보다 어떤 정보가 믿을 만한 정보인지 판단하는 게 더 어려운 정보 홍수의 시대를 살고 있는 우리, 결국은 소셜에서 해답을 찾아야 한다.

2

소셜한가, 소셜하지 않은가?

　IT 관련 뉴스나 블로그 포스트를 접해보면 UCC를 넘어 웹 2.0으로, 다시 웹 2.0을 넘어 이제는 SNS와 같은 소셜 웹으로 트렌드가 옮겨왔다는 이야기를 많이 접하게 된다. 확실히 요즘 웹서비스를 보면 사용자 사이의 소통에 초점이 맞춰진 서비스들이 인기를 끌고 있다. 이제는 참여를 넘어 소셜한 서비스가 대세를 형성하고 있다.

　그렇다면 소셜한 서비스는 어떻게 만들어지는 것일까?

　여기에서 중요하게 부각되는 것이 바로 소셜 매개체이다. 즉, 소셜하게 소통하기 위해서는 소통할 수 있는 매개체가 필요하다는 것이다. 소셜 북마크 서비스인 '딜리셔스'의 매개체는 바로 북마크(즐겨찾기)이다. 즐겨찾는 웹 사이트를 딜리셔스에 북마크 해 저장하고 태그를 달아서 관리한다. 그리고 자기가 저장한 북마크를 여러 사람들과 공유한다. 북마크를 공유한 사람들은 북마크를 하면서 입력한 태그만 보더라도 그 사람의 성향이나 최근의 주요 관심사를 파악할 수 있다. '아, 이 사람은 블로그에 관심이 많구나', '아, 이 사람은 문화 공연에 관심이 많구나' 하는 식으로 그 사람의 성향과 주요 관심사를 엿볼 수 있다. 아주 단순한 북마크임에도 그것을 통해 자신의 성향을 나타내고, 성향이 비슷한 사람과 관계를 맺고 소통하고 있다. 이게 바로 웹 2.0 서비스이자 소셜 웹 서비스이다.

이런 맥락에서 본다면 플리커는 사진을 매개로 한 소셜 서비스, Digg는 뉴스를 매개로한 소셜 뉴스 서비스, 블로그와이드와 같은 블로그메타사이트는 블로그를 매개로한 소셜 서비스라고 할 수 있다.

소셜한 서비스를 기획할 때에는 소통할 매개체를 먼저 고민해야 한다. 이미 무수히 많은 서비스들이 오픈해 있고, 무수히 많은 서비스들이 사업을 접고 있기 때문에 아직 선점하지 않은 매개체를 찾는 것이 쉬운 일이 아니다. 물론 자금력이 있다면 이미 시장에 진입한 경쟁자가 있다고 하더라도 특화된 기능과 자금력으로 승부할 수는 있겠지만 역시 쉬운 일은 아니다. 하지만 소셜 웹 시대에 가장 중요하게 급부상하고 있는 사상이 '소통'을 강조한 소셜한 서비스라는 점에는 이견이 없을 것이다. 지금 시대가 묻고 있다. 당신의 서비스는 소셜한가, 소셜하지 않은가?

3

소셜 웹과
공룡 룰크리에이터의 등장

　혁신적인 서비스와 기술로 기존의 경쟁 규칙을 뛰어넘어 새로운
경쟁 규칙을 만들어 낸 기업들이 있다. 기존과는 완전히 차별화되는
서비스 · 기술 · 문화를 제공하여 자신 위주로 새로운 시장의 판도
를 짜는 데 성공한 혁신적인 기업을 '룰크리에이터'라고 부른다.

　델컴퓨터는 대량생산 중심의 기존 경쟁 규칙을 주문생산 중심으
로 바꾸는 데 성공했고, 스타벅스는 커피뿐만이 아니라 문화도 함께
판다는 전략을 내세워 엄청난 성공신화를 일궜다. 이와 같은 룰크리
에이터는 산업의 재정의, 사업모델의 재정의, 고객의 재정의, 제품
및 서비스의 재정의, 프로세스의 재정의를 통해 만들어질 수 있다.
물론 결과론적인 이야기다. 무수히 많은 기업들이 이와 같은 룰크리
에이터가 되고자 노력하지만 결국은 레드오션에서 헐떡대며 경쟁
하고 있다. 이는 무한경쟁 시대를 살아가는 오늘날의 기업으로써는

기업	기존의 경쟁 규칙	Rule Creating	성과
델컴퓨터	생산 후 제품판매 영업채널 중심 경쟁	고객주문▶생산▶배송	전 세계 PC시장 1위 매출 42조 6,000억 원 영업이익 3조 5,000억 원
스타벅스	저품질 가격경쟁 대량 광고에 의존	커피≠음료 커피=문화	설립 후 500% 이상 성장 매출 5조 3,000억 원 영업이익 6,000억 원
렉서스	제조사 브랜드 경쟁 규모의 경제 중심	도요타 브랜드 포기 새로운 딜러망 구축	최근 5년간 미국 시장 동급차종 최다판매
IKEA	고급 가구에 초점 부유층 고객	현대적 디자인의 저가 가구(DIY 등) 젊은 신혼부부 고객	매출 400% 증가(94년~04년) 매출 17조 6,000억 원 영업이익 3조 5,000억 원
홈 디포	공구류는 철물점, 건축자재는 목공소 전문 인테리어 개념 희박	철물점+목공소 저렴한 가격+인테리어 자문 등 고품질 서비스	20년간 연평균매출 52% 성장 매출 95조 원 영업이익 6조 5,000억 원

피해갈 수 없는 숙명이다.

그렇다면 웹의 경쟁 규칙을 새롭게 만든 '소셜 웹 룰크리에이터'
로는 어떤 기업과 서비스가 있을까? 구글, 페이스북, 트위터, 애플
과 같은 기업을 룰크리에이터라고 할 수 있다. 웹을 넘어서 전 산업
군에 엄청난 반향을 일으킨 기업들이다. 소셜 웹에서 룰크리에이터
의 등장은 새로운 생태계로의 재편을 의미한다. 구글의 오픈소셜,
페이스북의 F8 플랫폼, 트위터의 오픈 API를 활용하여 수많은 애플
리케이션과 서비스들이 탄생하고 있으며 이러한 서비스들을 통하
여 새로운 생태계가 형성되고 있다. 애플은 아이폰의 애플리케이션
을 거래할 수 있는 앱스토어를 오픈하여 개발자와 사용자 사이의 마
켓플레이스를 제공함으로써 애플 중심의 새로운 생태계를 구축했
다. 독불장군처럼 혼자만 성장하는 것이 아니라 주위에 군소 애플리
케이션과 서비스들이 만들어질 수 있는 구조와 환경을 제공하여 함
께 성장하는 상생의 구조를 만드는 것이다. 특히 구글은 애드센스

와 같은 광고 플랫폼을 통하여 수많은 광고주와 매체를 연결함으로써 엄청난 규모의 부가가치를 창출하고 새로운 경제권을 형성하고 있다.

　이와 같은 소셜 웹 룰크리에이터를 통하여 웹은 한 단계 발전했다. 네이버, 다음과 같이 포털사이트 내에 모든 서비스를 담으려 노력하는 것이 아니라 자신의 서비스를 통하여 다른 서비스들과 함께 상생할 수 있는 구조를 만드는 것이다. 그것이 바로 소셜 웹 시대의 룰크리에이터이다.

2장
소셜 웹과 UCC

1

내가 만든 콘텐츠가
소셜 웹의 시작

웹 1.0 시대에 언론 · 기업 · 정부 · 학교 등이 콘텐츠의 독점적 생산자이자 유통자였다면, 소셜 웹 시대에는 블로그 · 동영상 전문 포털 · 시민 저널리즘 등의 쌍방향 채널을 통해 이용자가 직접 콘텐츠를 생산하고 유통하기 시작했다. 과거에는 사업자가 콘텐츠의 생산, 관리, 배급 등을 주도했으나 소셜 웹 시대로 넘어오면서 이용자가 콘텐츠의 생산, 유통의 주도권을 장악하게 됐다. 이용자들은 자발적으로 콘텐츠를 만들고 태그를 달고 이를 유통시키기 시작했다. 흥미로운 것은 이용자들이 어떤 대가도 없이 재미와 가치 의식만으로 그런 활동을 하고 있다는 점이다.

이용자의 자발적 참여로 만들어지는 콘텐츠를 UCC라고 하는데, 'User Created Contents'의 약자로 이용자 제작 콘텐츠라고 정의할 수 있다. 즉 웹 이용자가 제작한 모든 콘텐츠를 UCC라고 할 수 있으며, 동영상·텍스트·이미지·음악 등 모든 콘텐츠가 이에 해당된다.

OECD에서는 UCC를 결정짓는 세 가지 기준을 제시했다. 첫 번째는 공개(publication) 창작 여부이다. 이론적으로 UCC는 이용자가 제작한 것으로 여타 다른 곳에 공개되지 않은 것이어야 한다. 두 번째는 창의력(creative effort)이다. 이용자의 순수 창작물뿐 아니라 기존의 작품을 이용하여 제작할 경우에도 어느 정도의 창의성이 포함되어야 한다. 세 번째는 UCC를 만드는 사용자의 전문성과 관련된 것이다. 보통 UCC는 해당 분야의 전문가가 아닌 아마추어의 작품을 말하지만 여기서 언급된 전문성은 해당 콘텐츠의 성향과 밀접한 관련성에서만 판단할 수 있다. 즉 비상업성을 전제로 제작된 콘텐츠다.

최근에 동영상 UCC가 이슈화되면서 UCC 하면 동영상을 떠올리게 되지만 사실 UCC는 이용자가 만드는 모든 콘텐츠라고 할 수 있다. 시대의 흐름에 따라 UCC에 대한 인식도 많이 바뀌고 있긴 하지만 가장 큰 특징은 일반적인 웹 이용자들도 쉽게 참여하여 UCC를 만들고 유통시킬 수 있는 플랫폼이 많아지고 있다는 점이다. 이와 같이 UCC 플랫폼이 대중화되면서 누구나 UCC 제작자가 되고 있

UCC의 변천사

시기	~2006년	2006~2007	2008년~
콘텐츠	텍스트 중심	사진, 동영상 등 멀티미디어 중심	텍스트, 사진, 동영상 등 모든 형태의 콘텐츠를 활용하여 질 높은 콘텐츠 생산, 140자의 짧은 텍스트도 콘텐츠가 되는 시대
제작자	IT 전문가 그룹 중심 얼리어답터	디지털카메라, 캠코더 등의 디지털 장비 보유자 중심	일반 대중으로 확대, 일반 대중과 전문가의 구분이 모호해짐(상향평준화)
플랫폼	블로그 커뮤니티 전문 사이트 카페 등 커뮤니티 게시판	동영상 전문 사이트 포털사이트 싸이월드 블로그	트위터 페이스북 블로그 소셜 네트워크 서비스

다. 나 역시도 휴대폰, 디지털카메라, 캠코더 등의 디지털 장비를 이용하여 딸의 동영상을 찍고, 간단하게 동영상을 편집해 블로그에 올리고 있다. 불과 몇 분이면 동영상을 웹에 공유할 수 있는 수많은 플랫폼이 존재한다. 또한 소셜 웹 시대에 접어들면서 UCC 플랫폼도 소셜화 되고 있으며, UCC를 매개로 한 소셜 네트워크도 형성되고 있다. 모든 서비스가 소셜화 되고 있지만 UCC는 소셜 네트워크 구축 자체를 목적으로 하는 SNS와는 다른 방향으로 발전하고 있다. 즉 수준 높은 동영상, 블로그 포스트, 사진과 같은 UCC를 웹상에 공유하면 수많은 사람들이 이를 추종하는 형태다. 예를 들면 딸의 예쁜 사진과 동영상을 보기 위해 내 블로그에 지속적으로 방문하는 사람들이 생겼다는 것은 딸의 사진과 동영상을 매개로 한 새로운 소셜 네트워크가 형성되었다는 것을 의미한다. 또한 같은 주제의 콘텐츠를 생산하는 제작자 간에 소셜 네트워크가 형성되기도 한다. 육아 블로그를 운영하면서 아이의 사진이나 동영상을 공유하는 블로거들은 비슷한 나이대의 아이를 키우는 블로거와 자주 소통하면서 소셜 네트워크가 형성되기도 한다.

당연한 이야기지만 소셜 웹에서는 이용자가 만든 콘텐츠가 중심에 있을 수밖에 없다. 소셜 웹에서는 이용자가 직접 콘텐츠를 만든다. 딜리셔스에서는 북마크를, 플리커에서는 사진을, 유튜브에서는 동영상을 웹에 올릴 수 있는 다양한 플랫폼을 제공한다. UCC(User Created Contents)는 새로운 개척지이다. 마치 웹에서 공급자들이 직접 종류별, 포맷별로 콘텐츠를 개척했듯이 이제는 이용자가 그러한 콘텐츠를 생산하고 유통할 수 있는 종류별, 포맷별 UCC 플랫폼을 개척하는 것이 화두가 되고 있다. 또한 UCC를 통한 소셜 네트워크 형성이 대중화되면서 UCC의 수준 또한 크게 향상되고 있는 모습을 보이고 있다. 이제 UCC는 아주 기본적인 개념이 되었다. 그리고 UCC를 통해 파생되는 무궁무진한 가치는 플랫폼 제공자와 이용자 모두에게 새로운 기회의 땅이 되고 있다.

2

콘텐츠는
소셜 네트워크를 타고

    콘텐츠의 유통과 확산은 소셜 네트워크의 진화와 밀접한 관련이 있다. 소셜 네트워크라고 하면 SNS와 같은 웹서비스를 먼저 떠올리게 되지만 인터넷이 등장하기 훨씬 이전, 엄밀히 말하면 인류가 커뮤니케이션을 통하여 관계를 맺는 것 자체가 소셜 네트워크라고 할 수 있다.

    인터넷이 등장하기 이전에는 콘텐츠를 전달할 수 있는 방법이 극히 제한적이었다. 직접 만나거나 우편 등의 통신수단이 전부였다. 그것도 대부분 지인을 대상으로 이루어졌기 때문에 콘텐츠를 유통하는 대상 또한 제한적일 수밖에 없었다. TV, 신문과 같은 대중매체가 등장하면서 콘텐츠 유통의 거의 대부분을 차지하게 되었지만 단방향의 커뮤니케이션만 가능했기 때문에 일반인이 콘텐츠를 유통한다는 것은 상상조차 할 수 없는 일이었다. 특히 대부분의 콘텐츠가 상업적으로 만들어진 것들이었기 때문에 일반인이 차지할 수 있는 영역이 거의 없었다.

이와 같이 대중매체가 독차지하고 있던 커뮤니케이션의 영역에 쌍방향 커뮤니케이션이 가능한 인터넷이 등장하면서 혁명이 시작되었다. 시공간의 제약이 거의 사라지게 되고 네트워크상에서 전혀 모르는 사람들과 관심을 공유하고 소통할 수 있게 된 것이다. 이는 소셜 네트워크에서도 기존의 제약조건을 넘어 새로운 방식의 관계맺기가 가능함을 의미한다. 또한 인터넷에서 이용 가능한 새로운 수단을 활용하여 콘텐츠의 확산 경로가 다양화되고 있다. 블로그나 이메일, 인스턴트 메신저, SNS 등 다양한 채널을 통해 일 대 일, 혹은 일 대 다(多) 사이의 콘텐츠 확산이 이루어지고 있다. 또한 클럽이나 카페와 같이 공통의 관심을 기초로 한 온라인 커뮤니티에서 콘텐츠를 선택적으로 주고받는 것 또한 일반화되었다.

콘텐츠의 유통 및 확산에 소셜 네트워크가 중요한 이유는 입소문과 같은 상호작용으로 일파만파 퍼져나가기 때문이다. 오프라인에서의 입소문이 가까운 지인들을 대상으로 하는 면 대 면 커뮤니케이션의 형태를 띠며 한정적으로 이루어지는 데 비해, 온라인에서는 실시간으로 쌍방향 커뮤니케이션이 가능한 공개 게시판이나 블로그, 채팅, 이메일 등의 다양한 커뮤니케이션 수단을 활용하기 때문에 콘텐츠의 생산과 유통, 공유 성향이 증가한다. 웹에서 이슈가 되는 사진이나 동영상과 같은 콘텐츠의 경우 그 확산의 규모는 짐작할 수도 없을 정도로 거대해지기도 한다. 도미노와 같은 연쇄반응을 생각하면 이해가 쉽다. 반면 언어를 통한 전달이 아닌 문자, 사진, 동영상과 같은 멀티미디어를 통해 확산됨으로써 그 진의가 왜곡될 수 있으며 콘텐츠의 수준과 신뢰성에 대해서는 문제가 제기되고 있지만 이 또한 더욱 견고한 소셜 네트워크의 힘으로 극복하고 있다. 웹상에서 알게 된 지인이더라도 빈번한 왕래와 소통으로 소셜 네트워크가 견고해지면서 신뢰할 수 있는 단계로까지 발전할 수 있다. 이와 같이 소셜 웹 시대에 접어들면서 소셜 네트워크가 콘텐츠의 유통과 확산에서 차지하는 비중이 점차 커지고 있다.

이메일을 통한 콘텐츠 확산

이메일은 웹을 통해 디지털화된 편지를 주고받을 수 있는 시스템 및 해당 편지를 의미한다. 이메일이 출현한 것은 꽤 되었기 때문에 거의 모든 웹 이용자들이 사용하고 있다. 이메일을 사용하면 텍스트뿐만 아니라 문서, 음악, 동영상, 소프트웨어 등 용량이 허락한다면 거의 모든 것을 첨부하여 보낼 수 있다. 이용자가 많고 일 대 일 전송이 가능하기 때문에 디지털 콘텐츠가 확산되는 데 큰 역할을 해왔다. 플리커와 같은 규모가 큰 이미지 사이트에서는 콘텐츠 아래에 'Send to a friend'와 같은 기능을 제공해, 클릭 한번으로 지인에게 콘텐츠를 보낼 수 있다. 최근에는 웹상에 일시적으로 가상의 하드를 설정하여 로드를 최소화하면서 영화 한 편을 거뜬히 보낼 수 있는 대용량 메일이 인기를 끌고 있다. 하지만 일반적으로 콘텐츠 전송과 확산에서 메일의 유효성은 점점 떨어지고 있다. 이메일이 일 대 다 (多) 사이의 확산에 불리하기 때문에 많은 사람들이 이메일을 업무용으로 이용하거나, 콘텐츠 저장, 열람용으로 사용하는 등 그 쓰임새가 줄어들고 있다.

인스턴트 메신저를 통한 콘텐츠 확산

인스턴트 메신저(instant messenger)는 인터넷 같은 네트워크를 이용한, 2인 이상 사이의 실시간 텍스트 통신에 이용되는 클라이언트 서비스이다. 흔히 볼 수 있는 메신저로는 'MSN' 메신저와 '네이트온'이 있다. 이러한 메신저를 통해서 채팅도 할 수 있고 각종 파일도 주고받을 수 있다. 이렇게 보면 인스턴트 메신저도 역시 정보공유 및 콘텐츠 확산의 플랫폼이라고 볼 수 있다.

커뮤니티를 통한 콘텐츠 확산

오프라인에서 취미나 관심사가 같거나 학연, 지연과 같은 인간관계를 가진 사람들이 공동체를 형성하듯이 온라인에서도 이와 같은 커뮤니티가 형성된다. 온라인 공간에서 사람들은 커뮤니케이션을 할 수도 있고, 정보를 공유할 수도 있고, 파일 공유도 할 수 있는 등 많은 상호작용이 일어난다. 예를 들어 아기 백일사진을 찍고 와서 사진스튜디오에 대한 정보를 공유할 수도 있고, 괜찮은 여행 정보를 발견했다면 그 내용을 공유할 수도 있다. 커뮤니티라고 하면 포털사이트에서 제공하는 클럽이나 카페만을 떠올리기 쉽지만, 사진 공유 커뮤니티인 '디시인사이드', 휴대폰 커뮤니티인 '세티즌' 등과 같이 특정 주제에 대한 전문 커뮤니티도 활성화되어 있다. 특히 디시인사이드는 인터넷 문화의 메카라고 불릴 만큼 많은 이슈를 만들어 낸 것으로 유명하다. 전문 커뮤니티를 통해 수많은 정보와 사진, 동영상과 같은 콘텐츠가 유통되고 확산되고 있으며 새로운 문화까지도 생산하고 있다. 기업에서도 커뮤니티를 고객과 소통할 수 있는 마케팅 채널로 많이 활용하고 있다. 특히 여러 사람이 모인 커뮤니티의 특성상 입소문을 만들어낼 수 있는 최적의 채널이기 때문에 입소문 마케팅, 바이럴 마케팅, 이벤트 프로모션 등의 마케팅 활동이 활발히 진행되고 있다.

블로그를 통한 콘텐츠 확산

블로그는 사용자 친화적인 인터페이스와 기존의 커뮤니티 서비스 등 포털사이트와의 연동성으로 순식간에 퍼져나갔다. 블로그가 널리 보급되면서 여러 가지 형태의 콘텐츠 생성과 전파의 주체가 되었다. 다른 사이트 혹은 친구들의 블로그에 방문해서 좋은 글이나 그림을 발견했을 때, 컴퓨터 하드에 저장할 필요 없이 블로그에 담을 수 있고 이를 어디서나 볼 수 있기 때문이다. 특히 네이버 블로그 서비스는 클릭 한 번에 뉴스, 블로그 포스트, 사진 등을 스크랩할 수 있는 편리한 인터페이스 때문에 서비스 초기에 많은 회원을 확보할 수 있었다.

또한 블로그는 검색과 친근한 구조를 갖고 있다. 검색 엔진은 수집한 웹 문서에서 제목과 본문을 제대로 구분할 필요가 있는데 블로그는 구조화된 페이지 때문에 검색 엔진의 판단 속도를 높인다. 특히 RSS(Really Simple Syndication)는 XML로 구조화된 문서를 제공함으로써 검색 엔진이 보다 현명하게 해당 블로그의 콘텐츠를 수집할 수 있도록 한다. 검색 엔진은 수집한 웹 페이지에 포함된 링크를 통해 더 많은 웹 페이지의 존재를 파악할 수 있다. 블로그의 링크는 다른 블로그를 링크한 경우가 많기 때문에 검색 엔진은 더욱 빠르게 블로그의 콘텐츠를 수집할 수 있다. 이렇게 수집된 블로그 콘텐츠는 검색 엔진을 통해 더 많은 사람들에게 검색되고 방문이 이루어지게 되며,

이는 블로거가 양질의 콘텐츠를 생산할 수 있도록 동기를 부여한다. 이와 같이 블로그는 디지털 콘텐츠 확산의 유용한 경로로 자리 잡게 된다.

블로그는 개방형 플랫폼의 속성으로 인해 사회적 쟁점이나 이슈가 되는 사안을 신속히 세력화하고 확산시킬 수 있는 최적의 커뮤니케이션 채널로 성장했다. 또한 RSS를 이용해 빠르고 정확한 전달이 가능하기 때문에 보다 빠른 콘텐츠 확산이 가능해졌다. 즉, 기존 개인 홈페이지의 콘텐츠는 해당 홈페이지에 직접 방문해야만 이용할 수 있었던 반면, 소셜 웹 시대의 블로그는 RSS리더를 통해 관심 있는 주제를 다루는 블로그의 콘텐츠를 한 곳에 모아서 '구독'할 수 있기 때문에 콘텐츠의 업데이트 소식을 실시간으로 확인할 수 있다. 이는 현재 무엇이 이슈가 되고 있는지 파악하는 데 매우 효율적이며 즉각적인 반응을 유도할 수 있는 장점이 있다. 또한 블로그의 트랙백 기능은 이용자의 정체를 밝히는 것이 전제되는 쌍방향 소통을 가능토록 한다. 트랙백은 자신의 블로그에 쓴 긴 댓글이라고 할 수 있는데 타인이 운영하는 블로그에는 포스팅을 할 수 없는 한계를 뛰어넘기 위해 만들어졌다. 과거의 댓글 개념이지만 자신의 블로그에 글을 남김으로써 이슈가 증폭되고 확산되는 효과를 가져왔다. 이는 콘텐츠 확산에 도미노와 같은 연쇄작용이 발생하는 것을 의미하며 블로고스피어라는 말을 탄생시켰다. 물론 이전의 홈페이지에서도 링크를 가져오거나 스크랩을 해온 뒤 거기에 자신의 의견을 보탤 수 있었다. 하지만 트랙백은 '원글'의 저자 및 방문자와 트랙백으로 댓글을 남긴 블로거, 더 나아가 트랙백을 남긴 블로그의 방문자까지를 연결하는 진일보한 개념이다. 수많은 블로그가 댓글과 트랙백, 링크로 연결되면서 콘텐츠 확산을 위한 거대한 정보 네트워크가 형성되고 있다.

트위터, 페이스북 등의 SNS를 통한 확산

전 세계가 트위터, 페이스북과 같은 소셜 네트워크 서비스를 통한 콘텐츠 확산에 주목하고 있다. 이와 같은 소셜 네트워크 서비스의 영향력은 소셜 웹 시대에 접어들면서 그 비중이 나날이 커지고 있다. 140자로 자신의 현재 상태를 전하는 서비스인 트위터는 사진, 동영상과 같은 콘텐츠를 직접 전달할 수는 없지만 콘텐츠의 링크를 효과적으로 전달함으로써 콘텐츠 확산에 엄청난 파급효과를 일으키고 있다. 특히 'RT' 기능을 이용하여 지인이 전달하는 뉴스나 정보를 나의 팔로워에게 재전달할 수 있고 나의 팔로워는 다시 그들의 팔로워에게 'RT' 함으로써 콘텐츠가 빠르게 확산될 수 있다. 수많은 서비스는 트위터, 페이스북과 같은 소셜 네트워크 서비스와 결합하고 연동하여 그들의 콘텐츠 배포 및 확산에 활용한다. 페이스북은 이미 트위터와 연동되어 있고 블로그 등의 RSS를 등록해 놓으면 업데이트 글을 친구들에게 전달해주는 소셜 피드 서비스를 제공한다. 트위터피드(twitterfeed.com)와 같은 서비스는 RSS로 발행되는 모든 콘텐츠를 트위터 계정과 연동하여 실시간으로 트위터에 내보낼 수 있으며, 트윗픽(twitpic.com)은 사진을, 트윗캠(twitcam.com)은 동영상을 트위터에 내보낼 수 있다. 이와 같이 소셜 네트워크 서비스와 연동되는 수많은 서비스는 소셜 네트워크의 힘을 빌려 자신의 콘텐츠를 유통 및 확산시키고 있다.

3

롱테일의 힘,
어떤 콘텐츠든지
언젠가 한 번은 조회된다

80/20법칙으로 유명한 파레토 법칙은 생산품의 20%가 총 수입의 80%를 차지한다거나 혹은 투자한 시간의 20%가 전체 생산성의 80%를 책임진다는 등, 이와 유사한 비율이 산업 전반에 나타나고 있다는 경제이론이다. 하지만 소셜 웹 시대에 접어들면서 다양한 취향을 가진 소비자가 여러 틈새 제품에 대한 정보를 공유함으로써 그동안 소외되었던 매출의 20%에 해당하는 제품의 구매를 촉진하고 있다. 다수의 틈새시장이 롱테일 경제를 형성했다. '롱테일'이라는 용어를 최초로 만들어낸 롱테일 이론의 창시자인 크리스 앤더슨(Chris Anderson)은 문화와 경제 수요곡선의 머리 부분에 위치한 상대적으로 소수인 히트상품들에 초점을 맞추던 상황에서 점점 꼬리 부분의 거대한 틈새시장으로 관심이 이동하고 있다고 했다. 또한 오프라인 진열 공간의 제약과 유통의 장애에 구애받지 않는 시대가 열림에 따라

특정한 소수의 고객들을 타깃으로 한 상품들과 서비스들이 주류상품 만큼이나 경제적인 매력을 갖게 되었다고 한다. 아마존 매출의 25%, 넷플릭스 매출의 21%는 오프라인 서점과 비디오 대여점에서 유통되지 않는 수많은 틈새 서적과 DVD에서 창출되었고, 디지털 음악 파일을 유통하는 랩소디 사이트의 경우 40%의 매출이 오프라인 음반 매장에서 거래되지 않는 틈새상품에서 발생하고 있다는 사실이 롱테일을 뒷받침하고 있다.

크리스 앤더슨은 롱테일 법칙을 여섯 가지 주제로 표현했다.
1. 가상공간의 시장에는 히트상품보다 틈새상품이 훨씬 더 많다.
2. 틈새상품을 구매하는 데 드는 비용이 현저하게 감소하고 있다.
3. 필터 기능들이 수요를 꼬리에 몰리게 한다.
4. 꼬리부분의 수요가 증가해 곡선이 점점 더 평평해진다.
5. 틈새상품들의 총합은 히트상품들과 경쟁 가능한 시장을 형성한다.
6. 여러 가지 장애물이 사라진 상태의 수요곡선이 나타난다.

온라인 음악 판매업체인 랩소디의 월간 통계 그래프를 보면 오프라인 매장에서는 구매할 수 없고 랩소디에서만 구매할 수 있는 음악이 모인 꼬리 전체의 매출액은 전체 매출의 40%를 차지하고 있으며 그 비율은 매년 증가하고 있다. 즉 랩소디를 비롯한 아마존, 넷플릭스와 같은 온라인 상점에서 가장 빠른 매출 성장을 보이고 있는 부분은 전통적인 오프라인 소매점에서는 전혀 판매되지 않는 상품들을 판매하는 부분이라는 것을 확인할 수 있다.

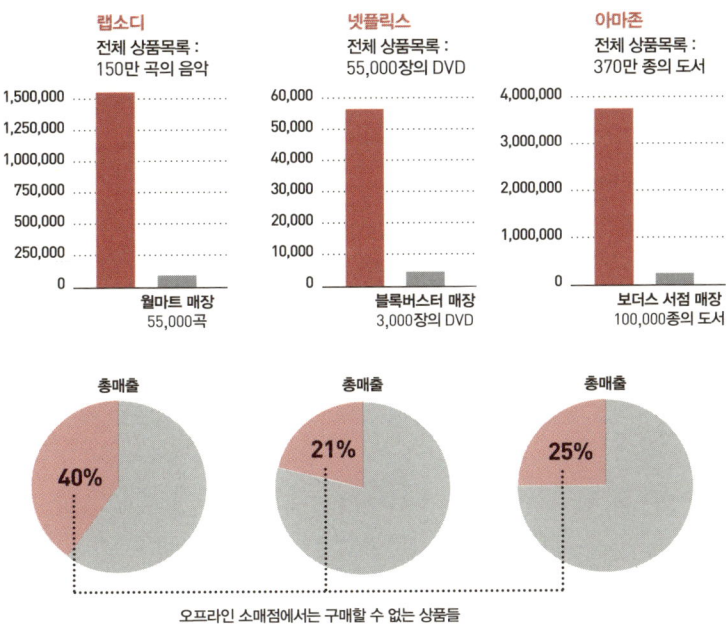

랩소디
전체 상품목록 :
150만 곡의 음악

1,500,000	
1,250,000	
1,000,000	
750,000	
500,000	
250,000	
0	

월마트 매장
55,000곡

넷플릭스
전체 상품목록 :
55,000장의 DVD

60,000	
50,000	
40,000	
30,000	
20,000	
10,000	
0	

블록버스터 매장
3,000장의 DVD

아마존
전체 상품목록 :
370만 종의 도서

4,000,000	
3,000,000	
2,000,000	
1,000,000	
0	

보더스 서점 매장
100,000종의 도서

총매출 40%

총매출 21%

총매출 25%

오프라인 소매점에서는 구매할 수 없는 상품들

롱테일 법칙은 주류 콘텐츠를 생산하고 유통하는 사업자에게 소외된 개인도 콘텐츠를 생산하고 유통시킬 수 있다는 가능성을 제시하고 있다는 점에서 큰 의미가 있다. 수많은 블로거들이 블로그를 통하여 콘텐츠를 생산하고 배포하여 여론을 형성하고 있으며, 신뢰할 수 있는 정보를 공유함으로써 주류 콘텐츠 유통 사업자와 기성 언론을 위협하고 있다.

이와 같은 롱테일 법칙은 블로그에서도 쉽게 확인해볼 수 있다. 블로그 유입경로를 살펴보면 생각지도 못한 다양한 키워드로 검색해서 방문하거나 예기치 못한 링크를 통해서 방문하고 있는 것을 확인할 수 있다.

이는 현재 이슈가 되고 있거나 새롭게 업데이트된 포스트가 가장

2010/01/08	[웹 비즈니스 모델] www.google.co.kr/search?complete=1&hl=ko&lr=&ne..
2010/01/08	[업체초음파사진] kr.search.yahoo.com/search?fr=kr-front_sb&KEY=&p=..
2010/01/08	[미래쿤산후조리원] search.naver.com/search.naver?where=nexearch&qu..
2010/01/08	[아이폰 와이파이 공짜] search.naver.com/search.naver?where=nexearc..
2010/01/08	[메타블로그] bing.search.daum.net/search?FORM=MSNH70&mkt=ko-kr&q=..
2010/01/08	ittrend.egloos.com/4308642
2010/01/08	[사진을 일러스트로] search.daum.net/search?w=tot&t__nil_searchbox=..
2010/01/08	[백일잔치] search.naver.com/search.naver?sm=tab_sug.pre&where=nexe..
2010/01/08	[모바일 가계부] search.naver.com/search.naver?where=nexearch&query..
2010/01/08	[b2c] www.google.co.kr/search?complete=1&hl=ko&q=b2c&lr=&aq=f&rlz=..
2010/01/08	[보건소에서 주는 철분제] search.naver.com/search.naver?sm=tab_hty&..
2010/01/08	[자립격] search.daum.net/search?w=tot&t__nil_searchbox=btn&nil_id=..
2010/01/08	[가계부 위젯] images.google.co.kr/imglanding?q=가계부 위젯&imgurl=..
2010/01/08	[보건소 철분제] search.daum.net/search?nil_suggest=btn&nil_ch=&rtu..
2010/01/08	[19금 블로그] www.google.com/search?hl=en&safe=off&q=19금+블로그&s..
2010/01/08	[네이버의 신기한 광고] search.naver.com/search.naver?where=nexearc..
2010/01/08	[tot] www.slrclub.com/service/search/sa.php?oldw=tot&sw=tot&search..
2010/01/08	[자원오행 차 다] search.daum.net/search?nil_suggest=btn&nil_ch=&rt..

많은 주목을 받긴 하겠지만, 주목 받지 못하고 기억 속에서 사라져
가던 많은 포스트들도 검색을 통하여 노출되면서 제법 많은 방문을
유도하고 있다는 점을 알려준다. 소셜 웹 시대의 롱테일에는 검색엔
진의 역할이 매우 중요하다. 웹상에 존재하는 모든 콘텐츠는 언젠가
한 번은 조회될 것이고 그것들이 모여서 형성되는 긴 꼬리는 상당한
파급력을 갖게 될 것이다.

3장
소비자와 기업을 변화시키는 소셜 웹

1

소셜 웹이 만든
창조형 소비자

하루가 다르게 등장하는 신제품의 홍수 속에서 소비자들은 많은 선택권을 앞에 두고 고민에 빠지곤 한다. 그리고 시행착오와 구매의 노하우가 축적되면서 그 정보들을 웹으로 공유 및 확장시키고 있다. 소비자는 성숙해지고 있다. 이제 소비자는 기업의 제품홍보나 광고 등의 일방적인 상품 메시지에 의지하기보다 지인들 사이에 공유된 정보와 커뮤니티에 의한 정보, 자발적으로 습득된 정보를 더 신뢰한다. 보다 능동적이고 성숙된 소비자로서 소비활동 자체에 의미를 두게 된 것이다.

이와 같이 웹을 활용하여 능동적으로 소비에 임하는 새로운 형태의 소비자들은 몇 가지 특성을 갖고 있다. 소셜 웹 시대의 소비자의 소비패턴은 단순히 물건을 사는 것에서 구매한 물건을 통하여 파생되는 다양한 관계에 의미를 두는 쪽으로 변화하고 있다. 소비자의 기호, 소비패턴 등은 시시각각으로 변하고 있고 이에 따라 시장을 지배하는 게임의 법칙과 경쟁의 형태도 함께 변하고 있다. 소비자는 스스로 변하기도 하지만 이들을 둘러싼 제반 환경이 그들을 강제하며 변화시키기도 한다. 소셜 웹이라는 토양 아래서 자라고 있는 소비자들은 역사상 그 어느 때보다도 빠르고 격동적인 변화를 보여주고 있다. 그들은 지금까지와는 전혀 다른 새로운 소비자로 진화하고 있으며, 수동적인 소비자이기를 거부하고 능동적인 창조형 소비자로 새롭게 등장하고 있다. 이와 같은 창조형 소비자는 가격, 품질, 자신감, 우월성 등 소비를 통하여 발생하는 모든 것에 대한 만족을 기대하며 쌍방향적 교감을 중시한다. 또한 '가격대비 성능이 좋은 제품을 고른다'는 객관적 합리성을 넘어 '가격과 관계없이 나에게 중요한 제품을 선택한다'는 소비명분이 보다 중시되고, 소비를 통해 보람과 성과까지도 얻고자 노력하기에 이르렀다.

이와 같이 소셜 웹의 발달은 소비자가 단순히 일방적으로 소비하는 자리에서 벗어날 수 있는 환경을 만들었다. 물론 대부분의 소비자들을 창조형 소비자라고 이야기할 수는 없겠지만, 주어진 소비환경에 만족하지 않고 적극적으로 자신에게 맞는 소비정보를 찾는 단계에는 도달해 있다고 할 수 있다. 또한 자신의 소비 경험을 혼자 간직하지 않고 블로그, 카페, 트위터 등의 소셜 웹 서비스를 통해 적극적으로 알리고 있다. 이러한 소비자의 변화는 기업에게도 자극이 되고 있다. 많은 기업들이 소비자를 단순한 수용자로 보지 않고 소비자 한명 한명을 오피니언리더로 보고 있으며, 그들을 인정하고 대우하고 있다. 소비자로부터 의견을 듣기 시작했고, 이들을 마케터로 활용하기 위해 체험단을 운영하기도 한다. 체험단이 온라인, 오프라인상에서 퍼트리는 입소문은 엄청난 파괴력을 지니고 있다. 역시 최고의 마케터는 소비자다.

2

모두가 행복해지는
착한 소비와 소셜 웹

　우리가 무심코 마시는 커피를 만들기 위해 무슨 일들이 벌어지고 있을까?《식량전쟁》의 저자 라즈 파텔(Raj Patel)에 의하면, 스위스에 본사를 두고 있는 식품기업 네슬레가 판매하는 커피의 시장가격은 킬로그램당 평균 26달러이고, 원산지 커피의 매매가격은 킬로그램당 14센트에 불과하다고 한다. 가격차이가 무려 185배가 넘는 것이다. 에티오피아에서 커피 원두를 전량 수입, 판매하는 한 업체의 경우, 커피 농장에서 원두 1킬로그램을 약 300원에 사들여 전 세계 매장에서 평균 25만 원에 판매한다는 통계자료가 나와 있다. 유통비용과 인건비를 감안한다고 해도 엄청난 폭리를 취하고 있는 셈이다. 에티오피아에는 1,500만 명의 커피 노동자들이 있고, 이들 중 대부분이 하루 1달러 미만의 임금을 받고 있다. 커피콩 100파운드(45킬로그램)를 수확하고 커피 농가가 손에 쥐는 돈은 고작 3달러가 안 된다고 한다. 하루 종일 뜨거운 햇볕이 내리쬐는 커피 농가에서 일해도 식구들 먹을거리도 제대로 사지 못하는 빈곤한 생활의 악순환이 계속되고 있다. 이는 선진국과 후진국 간 가치교환의 생태계가 잘못 만들어져 있기 때문이다. 이와 같은 불공정무역은 착취에 가깝다.

'착한 소비'의 시발점은 공정무역이라고 할 수 있다. 공정무역은 한마디로 중간상을 거치지 않고 커피를 제 가격에 사들여와 커피를 공급하는 것이다. 즉 중간상이 취했던 폭리를 원주민에게 돌려주는 개념이다. 이와 같은 착한 소비는 소셜 웹의 이념과 일맥상통한다. 소셜 웹은 웹을 통하여 모두가 소통하고 연결되기 때문에 누구 하나만 잘 사는 세상이 아닌 모든 사람이 함께 잘 살 수 있는 행복한 세상을 꿈꾸고 있기 때문이다. 소셜 마케팅이 유독 사회공헌을 중요하게 생각하는 것도 기업이 자신만 배부르게 먹고 사는 데 그치지 않고 이익의 일부분을 사회에 환원함으로써 모두가 잘사는 사회를 만드는 데 기여하고, 이를 바탕으로 더 큰 기업으로 발돋움할 수 있기 때문이다.

문제는 어떻게 하면 착한 소비를 할 수 있는지에 대한 정보가 턱없이 부족하다는 것이다. 어떤 기업이 제조과정에서 노동력을 착취하고 있는지, 외국인 노동자들을 부당대우하고 있는지, 비위생적인 공장을 운영하는지 등의 정보가 있다면 그런 기업의 제품을 구매하지 않음으로 해서 착한 소비를 할 수 있다. 최근 들어 소셜 웹이 많은 사람에게 확산되면서 과거에 비해 이런 정보들이 많은 사람에게 알려지고 있으며 착한 소비를 권장하고 있다. 소셜 웹이 착한 소비를 이끌고 있다고 봐도 무방하다. 왜일까? 과거에는 불공정 거래를 하는 기업이 언론을 대상으로 로비를 하게 되면 일반 소비자들이 불공정 거래에 대한 내용을 알 길이 없게 된다. 기업에게 불리한 정보가 원천봉쇄 되는 것이다. 하지만 소셜 웹이 대중화되고 누구나 웹에 글을 올릴 수 있는 시대가 되면서 세상에는 알려지지 않은 비밀보다 알려진 사실이 많아졌다. 이제 나쁜 짓을 하는 기업을 보다 쉽게 판별할 수 있게 됐다. 나쁜 짓을 일삼는 기업의 제품을 구매하지 않음으로써 기업이 정신 차리도록 압력을 행사할 수 있다. 이렇듯 소셜 웹은 착한 소비를 이끌고 있다.

하지만 많이 부족하다. 조금 비싸더라도 공정거래 기업의 제품을 구매할 수 있는 소비자가 많아져야만 가능한 일이다. 2009년 7월 버슨-마스텔러(Burson-Marsteller)이 18세 이상 미국인 1,001명을 대상으로 실시한 설문조사 결과에 따르면, 75%의 응답자가 사회적 책임을 잘 이행하는 기업의 제품이 조금 비싸더라도 구매하겠다고 응답했다고 한다. 소비자의 마인드가 착한 소비로 변화하고 있음을 간접적으로 확인해볼 수는 있다.

나부터도 실천할 수 있을지 미지수이지만 모두가 친구가 될 수 있는 소셜 웹이 만들고자 하는 '누구나 행복하게 잘살 수 있는 세상'에 기대를 걸어본다. 나의 소비가 누군가를 도울 수 있다면 얼마나 좋은 일인가.

3

소셜 웹 중심의
사회와 기업

소셜 웹의 영향은 단순히 인터넷 산업 내부를 넘어 사회 전반, 연관 산업, 일반 기업의 영역에까지 미치고 있다. 웹 2.0 열풍이 사회와 기업에 미친 영향이 소셜 웹을 통하여 가속화되고 있는 것이다.

우선 경제적으로 소셜 웹은 다품종 소량생산 경제체제로의 전환을 촉진하고 있다. 특히 기존 오프라인 시장에서는 간과되었던 틈새 제품의 중요성이 커졌고, 중소상인의 경제활동 영역이 확장되었다. 여론과 문화 측면에서는 다양한 소수의견이 교환되고 문화의 저변도 넓어지고 있다. 소셜 웹으로 사회 · 경제적 다양성이 크게 증대되고 있는 것이다. 누구든지 웹을 통하여 자신의 의견을 개진하고 수많은 사람들과 소통할 수 있는 개방형 구조의 소셜 웹 시대가 도래하면서 더욱 큰 가치를 만들어가고 있다.

미디어 산업, 지식 산업, 출판 산업 등 다양한 산업 분야에서는 개인이 생산주체로 등장하는 등 생산 패러다임이 바뀌고 있으며, 온·오프라인 채널의 융합이 가속화되고 있다. IT산업에서는 인터넷을 중심으로 산업구도가 재편되고 있으며, 디지털 가전의 경우 웹과의 연계를 통해 고부가가치화를 시도하고 있다. 이와 같이 산업 부분에서는 웹을 중심으로 기존의 가치체계가 변화하고 있고 새로운 질서가 구축되고 있다.

기업에서는 소셜 웹 트렌드를 경영에 활용하는 방안을 모색하고 있다. 이제 본격적인 소비자 우위의 시대를 맞이하여 소비자의 역동성과 다양한 아이디어를 신제품 발굴에 활용하는 등 고객 밀착형 마케팅을 강화하고 있으며, 기존 제품의 업그레이드뿐만 아니라 나아가 기업의 개념을 재정립하고 비즈니스 모델을 전환하는 등 소비자 라이프스타일에 밀착된 경영을 구현하고자 노력하고 있다.

이와 같이 웹 2.0에서 이어진 소셜 웹 트렌드에 맞추어 사회와 기업이 변화하고 있다. 이제는 웹을 배제한 비즈니스 모델은 상상하기조차 힘든 상황이 되었다. 소셜 웹은 그 자체만으로도 큰 의미를 갖지만 소셜 웹의 여파로 전체 산업, 사회, 기업이 엄청난 부가가치를 창출할 수 있는 토양을 제공한다는 데 정말 큰 가치가 있다.

4
소셜 웹의
사회적 책임

    소셜 웹의 발달로 개인의 의견 개진이 쉬워지고 개인이 이슈를 만들고 여론을 형성할 수 있는 환경이 만들어지는 등 소셜 웹의 영향력이 커지면서 그에 따른 사회적 책임도 발생하게 되었다.

    특히 대표적인 소셜 미디어 서비스인 블로그는 정보와 콘텐츠의 생산, 유통, 확산에서 엄청난 영향력을 행사하고 있다. 블로거는 개인 블로그에 자신이 생각하고 있는 바를 자유롭게 포스팅하고 있을 뿐인데 왜 그걸 가지고 왈가왈부 하냐고 이야기할 수 있다. 하지만 사회가 급변하고 있다. 블로그에 올린 글은 나 자신에 대한 기록일 수 있지만 그 글이 발행되는 순간 누군가에게 읽힌다. 지인에게만 공개된 블로그에서 잘못된 정보를 제공한다면 큰 영향이 없을 수도 있겠지만, 일반 대중을 대상으로 정보를 제공하는 블로그에서 잘못된 정보를 전달한다면 그 파장은 생각보다 클 것이다. 블로그의 속성상 정보를 얻는 데서 그치지 않고 그 정보를 확대, 재생산하여 일파만파 퍼져나가기 때문이다. 후에 '아, 잘못된 정보를 올려서 죄송합니다!' 라고 사과할 수는 있겠지만 이미 확대, 재생산되어 퍼져나간 글들을 일일이 주워 담을 수 없는 노릇이니 그 사회적 책임이 없다고 할 수 없다. 이러한 현상은 소셜 웹 시대에 가장 큰 문제점 중의 하나이기도 하다.

블로그가 방문자 수로 평가되고, 방문자가 많아야 광고수익 등의 부가적인 수익도 발생하게 되면서 방문자 유치를 위한 블로그 어뷰징 문제 또한 심각한 수준이다. 어뷰징(Abusing)은 '남용하다, 학대하다'라는 뜻으로 웹에서는 부정적인 방법으로 방문자 트래픽을 늘리거나 클릭을 유도하는 행위를 의미한다. 대표적인 어뷰징으로는 기사 어뷰징이 있다. 네이버에서 기사를 클릭하면 각 언론사 사이트로 이동해서 본문을 보게 하는 '아웃링크제'를 시행하고 있는데, 비슷한 기사를 제목만 바꿔서 계속 내보냄으로써 언론사가 자사의 트래픽을 늘리려는 수법이 기사 어뷰징의 대표적인 사례이다. 이와 같은 어뷰징이 블로그에도 그대로 적용되고 있다. 블로그 제목에 현재 이슈가 되고 있는 키워드를 넣는다든지, 본문 내용과는 다른 선정적인 제목을 채택하기도 한다. '방문자 늘리는 제목 만들기'에 관련된 블로그 포스트가 있을 정도다. 물론 블로그를 운영한다면 방문자가 많을수록 좋을 것이다. 하지만 제목만 보고 클릭한 방문자는 제목과 다른 내용을 보고 이내 실망할 것이고 블로그 포스트에 대한 신뢰도도 떨어질 것이다. 이런 문제들이 지속된다면 대표적인 소셜 미디어인 블로그 자체의 존립이 흔들릴 수도 있다.

사회적으로 큰 영향력을 행사하는 블로거들이 있다. '고재열의

독설닷컴' 같은 블로그는 엄청난 영향력을 자랑한다. 비록 기자가 운영하는 블로그이기 때문에 글을 생산하는 과정이 일반 블로그와 다르겠지만 사회적으로 큰 영향력을 발휘하는 블로그임에 틀림없다. 이러한 블로그에 올라오는 글들을 '그냥 블로그에 올라온 글일 뿐이야'라고 치부하기에는 너무나 큰 영향력을 발휘한다. 물론 블로그의 주제에 따라 약간의 차이는 있을 수 있다. 시사나 경제 관련 블로그의 글들은 파장이 클 것이고 IT 관련 블로그나 일상생활을 다루는 블로그의 글들은 아무래도 파장이 작을 것이다. 하지만 잘못된 정보나 허위사실을 블로그를 통해 유포한다면 그 피해는 고스란히 블로그 독자에게 돌아갈 수밖에 없다.

이제는 개인 블로그도 매체로써 일정 수준의 영향력을 갖게 된다면 글을 발행하는 데 신중해야할 필요성이 생기고 있다. 첫 희생양이 바로 '미네르바'다. 미네르바가 읊조린 '나는 블로거일 뿐이고…'에서 느낄 수 있는 것은 '나는 그저 인터넷에 글을 올렸을 뿐이고…'이다. 하지만 미네르바라고 하는 필명이 갖고 있는 엄청난 영향력을 생각한다면 무책임한 발언이 아닐 수 없다.

이제는 블로그를 비롯한 소셜 미디어도 하나의 매체로 인정받는 시대가 되었다는 것을 인지해야 한다. 미디어 2.0을 표방하고 있는 블로그메타사이트인 블로그와이드도 블로그 글을 중심으로 하는 블로그 언론을 지향하고 있다. 블로그를 하나의 매체로 인정하고 대접한다는 의미다. 인정을 받는다는 것은 그에 따른 책임도 발생한다는 의미다. 개인 블로그라도 포스트를 작성하고 '발행' 버튼을 누르면서, '발행'의 의미를 다시 한번 생각해봐야 할 시점이다.

소셜 웹에서는
누구나 광고사업자

　블로그가 활성화되기 전, 개인 홈페이지를 운영해본 경험이 있는
사람이라면 누구나 광고를 통한 수익을 꿈꾸었을 것이다. 하지만 페
이지뷰가 웬만큼 나오지 않고서는 홈페이지에 광고를 게재한다는
건 꿈같은 이야기였다. 사실 CPM(Cost per Millenium)방식의 배너광고는
대규모 웹 사이트에서나 진행이 가능한 방식으로 중소규모 커뮤니
티 사이트도 광고영업이 쉽지 않던 시절이었는데 하물며 개인이 운
영하는 홈페이지에 광고를 게재할 광고주는 거의 없었다고 봐도 무
방하다. 물론 개인 홈페이지도 배너광고를 게재할 수는 있었다. 링
크프라이스, 아이라이크클릭과 같은 제휴마케팅업체에서 제공하는
광고제휴 플랫폼을 이용하면 가능했다. 광고주들이 제휴마케팅 업
체와 계약하고 배너를 등록해 놓으면 개인 홈페이지 운영자들이 배
너를 가져다가 자신의 홈페이지에 게재하는 형태다. 하지만 대부분

의 배너광고가 CPS(Cost Per Sale)방식이나 CPA(Cost Per Action)방식이어서 개인 홈페이지 방문자가 배너를 클릭하고 광고주 사이트로 넘어가서 회원가입을 하거나 물건을 구매하는 등의 실질적인 행위가 이루어져야만 일정금액이 적립되는 형태였기 때문에 큰 수익을 기대하기는 힘든 구조였다. 또한 제휴마케팅 업체를 통해서 일정 수익이 발생하더라도 수익을 받기 위해서는 최소 몇 만원 이상 적립되어야만 지급 받을 수 있다는 조건이 있기 때문에 대부분의 개인 홈페이지 운영자는 몇 달 진행해보다가 포기하기 일쑤였다. 물론 온라인 홍보나 마케팅을 전문적으로 진행하는 마케터들은 스팸 게시글 홍보 등을 통하여 많은 수익을 얻기도 했지만 순수하게 개인 홈페이지를 운영하면서 배너광고로 수익을 내고자 했던 사이트들에게 광고수익은 요원한 이야기일 뿐이었다.

하지만 구글이 애드센스 광고 플랫폼을 내놓으면서 개인도 광고수익을 올릴 수 있는 길이 열리게 된다. 사실 구글의 애드센스 광고 플랫폼도 제휴마케팅 업체와 비슷한 방식으로 광고주와 웹 사이트를 연결해주지만 가장 큰 차이점은 문맥을 분석하여 웹 사이트와 연관성이 높은 광고를 자동으로 매칭하여 게재해주는 최첨단 광고시스템이라는 것이다. 또한 가입당, 결제당이 아닌 클릭당으로 수익을 적립해주는 CPC(Cost Per Click)방식을 채택하여 클릭만으로 광고수익을 얻을 수 있는 길이 열리게 되었다. 게다가 개인 홈페이지 제작이 어려운 사람도 비교적 설치가 간편한 워드프레스, 테터툴즈와 같은 블로그 소프트웨어를 이용해 블로그를 개설하고 애드센스 광고를 게재하여 광고수익을 얻을 수 있었다. 어찌 보면 2006년부터 2007년까지 설치형 블로그가 전성기를 구가했던 진짜 이유는 구글 애드센스를 통해 광고수익을 얻고자 했던 많은 블로거들이 설치형 블로그로 몰렸기 때문이다. 설치형 블로그의 확산에 구글 애드센스도 한몫 단단히 했다.

이후에 구글 애드센스 게재가 가능한 티스토리 블로그 서비스가 등장하면서 마음만 먹으면 누구나 구글 애드센스를 통하여 광고수익을 얻을 수 있는 시대가 열리게 됐다. 사실 블로그 소프트웨어를 이용하면 블로그 설치가 쉽다고는 해도 일반인이 접근하기에는 어려운 측면이 있었다. 도메인을 구입해야 하고, 웹호스팅 계정을 만들어야 하고, 네임서버를 설정해야 하고, 블로그 소프트웨어를 웹호스팅 계정에 업로드 하고 나서야 비로소 설치 단계에 들어갈 수 있다. 설치형 블로그가 대부분 IT업계 종사자에 의해 운영되었다는 것만 봐도 일반인이 접근하기에는 어려운 영역이라는 것을 알 수 있다. 그러던 와중에 티스토리가 등장하면서 누구나 손쉽게 설치형 블로그와 유사한 형태로 블로그를 운영할 수 있게 되었고 애드센스 광고도 게재할 수 있게 되었다. 지금은 애드센스 광고가 없는 블로그가 거의 없을 정도로 많은 블로그에서 애드센스 광고를 게재하고 있다.

블로그의 활성화는 비단 애드센스와 같은 광고 플랫폼뿐만 아니라 다양한 형태의 수익 모델을 탄생시키기에 이른다. 프레스블로그와 같은 블로그 리뷰플랫폼은 광고주가 제공하는 정보를 바탕으로 블로그에 글을 작성하고 원고료를 받는 형태의 수익 모델이다. 광고주가 제시한 미션을 수행해야 하는데 블로그 포스트 내에 특정 키워드 입력, 광고주 웹 사이트 링크 게재, 이미지 및 동영상 활용 등의 미션을 제시하고 있다. 이와 같은 블로그 리뷰 플랫폼이 대중화되면서 기업에서도 블로그를 마케팅 채널로 활용하고 있고 블로그를 활용한 리뷰어도 급증하고 있다. 제품이나 서비스를 먼저 체험해보고 사용 후기를 블로그에 올리는 형태인데 블로거는 제품이나 서비스를 무상으로 이용할 수 있어서 좋고, 기업은 적은 비용으로 막강한 입소문을 일으킬 수 있기 때문에 블로거와 기업 간의 상부상조 관계가 형성된다.

이와 같이 일반 개인이 수익을 낼 수 있는 광고 플랫폼이나 리뷰 플랫폼과 같은 수익 모델이 많아지면서 마음만 먹으면 소셜 미디어 서비스를 통하여 얼마든지 수익을 만들 수 있게 되었다. 소셜 웹에서는 개인도 얼마든지 경제활동을 할 수 있다는 의미다. 물론 소셜 웹상에서 전업으로 경제활동을 하기에는 부족한 부분이 많지만 부업의 형태로 경제활동을 한다면 어렵지 않게 의미 있는 수익을 얻을 수 있다. 소셜 웹 시대에는 일반 개인들도 방문자에 머무르지 않고 직접 매체를 운영하는 광고사업자가 될 수 있다.

4장

소셜 웹과
온라인 마케팅

1

웹의 트렌드와 함께해온 온라인 광고

2005년만 해도 온라인 광고하면 배너광고를 제일 먼저 떠올렸다. 웹 사이트를 오픈하거나 이벤트프로모션을 진행할 때면 어김없이 포털 사이트나 대규모 커뮤니티 사이트에 배너광고를 내걸었다. 배너광고의 장점은 일순간에 많은 방문자를 유입시킬 수 있다는 점이다. 또한 CPM 방식의 배너광고는 광고비가 상당히 비쌌기 때문에 배너광고를 진행하려면 대규모의 광고비를 준비해야 했다. 반면 배너광고 기간이 지나면 썰물 빠지듯이 방문자가 줄어드는 현상이 지속적으로 발생하게 되면서 광고효과에 물음표를 찍게 된다. 예를 들어 광고비 1,000만 원 규모의 배너광고를 진행하여 10,000명을 회원으로 유치했다고 한다면 한 명의 회원을 가입시키기 위해 1,000원의 비용을 지불한 꼴이 된다. 회원 한 명을 가입시키는 데 1,000원의 비용이 발생했다는 것이 적다면 적을 수 있고 많다면 많을 수 있겠지만, 문제는 1,000만 원 규모의 배너광고로 회원 10,000명 모으기도 하늘의 별따기라는 것이다. 그렇기 때문에 최근의 배너광고는 클릭을 유도하기 보다는 TV 광고처럼 타깃이 된 이용자들의 시선을 집중시키고, 브랜드 인지도를 향상시킬 수 있는 디스플레이 광고로 진화하고 있다.

이렇듯 배너광고의 효과에 대한 의문점이 생기면서 온라인 광고는 검색광고에 주목하기 시작했다. 포털 사이트 이용자가 특정 키워드로 검색을 했다는 것은 우선적으로 특정 키워드에 대한 관심이 있다는 것을 의미한다. 그렇기 때문에 검색 결과 페이지 내에 키워드와 관련이 있는 광고를 게재하게 된다면 클릭율도 높고 회원가입이나 실질적인 구매로 이어질 확률이 높다. 이는 배너광고에 비해 폭발적인 수의 방문자를 기대하기는 어렵지만 실질적으로 매출에 영향을 미칠 수 있는 가망고객의 방문을 유도한다는 측면에서 매출에 더 큰 영향을 준다. 네이버, 다음 등의 포털 사이트에서는 이미 오래 전부터 검색광고 서비스를 제공하고 있었는데, 그 방식은 대체로 CPM 방식이었다. 이는 검색량에 따라 키워드 별로 광고비를 다르게 책정하는 방식으로 이전 달의 키워드 검색량을 체크하여 이번 달의 키워드별 광고비를 책정하는 것이다. 검색량이 많으면 광고비가 올라가고 검색량이 적으면 광고비는 내려간다. 경매 방식이 아닌 선착순으로 키워드를 구매하는 방식이었기 때문에 많은 업체들이 좋은 키워드와 자리를 차지하려고 경쟁했다. 검색 포털 사이트의 수익이 페이지뷰에 기초한 배너광고에 집중되면서 검색이 페이지뷰를 올리는 수단으로 인식되었던 시절이 있었지만, 이제는 검색 자체가 돈이 되는 시대가 된 것이다.

검색광고 시장이 팽창하면서 새로운 형태의 검색광고 시스템이 출현하게 된다. 오버추어의 등장이다. 오버추어 광고는 클릭당 과금되는 CPC 방식의 키워드 광고로써 한 번의 키워드 등록으로 네이버, 다음, 네이트, 야후 등의 대형 포털 사이트 검색 결과 페이지의 최상단에 스폰서링크라는 이름으로 동시 노출된다. 각종 포털 사이트의 최상단을 선점할 수 있기 때문에 광고주 간의 경쟁 또한 치열하다. 오버추어 광고는 경쟁 입찰 방식을 사용해 순위가 결정되는데, 초기에는 키워드별로 높은 광고비를 입찰한 업체가 1위가 되는 방식이었지만 최근에는 광고비와 광고운영점수에 따라 순위가 조정된다. 보통 광고운영점수는 클릭율이 높으면 올라가는데 광고운영점수를 높이기 위해 전문적인 광고 대행사를 찾기도 한다. 그 외에도 필요한 시간, 원하는 비용만큼, 업체 형편에 맞게 광고를 조율할 수 있기 때문에 합리적인 광고 시스템이라 할 수 있다. 하지만 오버추어 광고는 대형 포털 사이트 검색결과의 최상단을 차지하기 때문에 경쟁이 치열한 키워드는 클릭당 비용이 만원을 훌쩍 넘기기도 한다. 이는 키워드별 검색량이 광고비를 좌우하는 것이 아니라 검색을 통하여 발생되는 매출규모에 좌우되기 때문이다. '성형외과'라는 키워드를 예로 들면, 클릭당 비용이 비싸더라도 성형에 관심이 많은 고객이기 때문에 실제 계약으로 이어질 확률이 높다. 백 명이 방문해서 한 명만 계약이 성사되어도 성형외과 입장에서는 남는 장사다.

검색 결과 페이지에 노출해주고 클릭당 과금하는 CPC 방식의 광고는 구글 애드센스, 오버추어 콘텐츠매치와 같은 문맥광고 형태로 진화했다. 블로그나 카페 등의 커뮤니티, 뉴스 사이트 등 콘텐츠의 내용을 분석해 콘텐츠와 가장 관련이 높은 광고를 자동으로 게재하는 방식이다. 블로그 포스트든, 뉴스 사이트의 기사든, 방문자가 읽고 있다는 것은 관련 주제에 관심이 높다는 것이다. 문맥광고는 콘텐츠와 관련이 높은 광고가 게재되기 때문에 클릭율도 높고 광고효과도 높은 편이어서 많은 광고주를 확보하고 있다.

사실 배너광고든, 검색광고든, 문맥광고든 많은 광고비가 들어가는 온라인 마케팅 방식이다. 최근에는 유료 광고만 진행하는 것이 아니라, 동영상 UCC, 블로그, 트위터 등의 소셜 미디어를 활용하는 바이럴 마케팅이나 소셜 마케팅을 함께 진행하는 등 광고 효과를 높이기 위해 다양한 미디어믹스 전략을 시도하고 있다.

2
바이럴 마케팅과
입소문

우리는 광고홍수의 시대에 살고 있다. TV, 신문, 라디오, 지하철, 버스, 웹 사이트 등에서 수천, 수만 가지의 광고를 접하게 된다. 소비자들이 이것들을 모두 기억할 수는 없기 때문에 수많은 광고들은 서로 자기를 주목해달라고, 자기를 기억해달라고 치열한 경쟁을 벌인다. 하지만 아무리 광고도 정보가 되는 세상이라고는 하지만 광고는 광고일 뿐, 광고 자체를 신뢰하지는 않는다.

글로벌 시장조사 기업인 닐슨의 조사에 따르면 기업의 제품 및 서비스와 관련해 가장 신뢰하는 정보채널은 다름 아닌 주위 사람의 추천이나 온라인에 포스팅된 영향력 있는 콘텐츠라고 한다.

DMC미디어는 2008년 전국의 인터넷 이용자 1,352명을 대상으로 온라인 쇼핑에 대한 설문조사를 실시한 결과, 응답자의 85.5%가 온라인 쇼핑을 할 때 제품 이용 후기를 읽고 구매의사가 변화한 것으

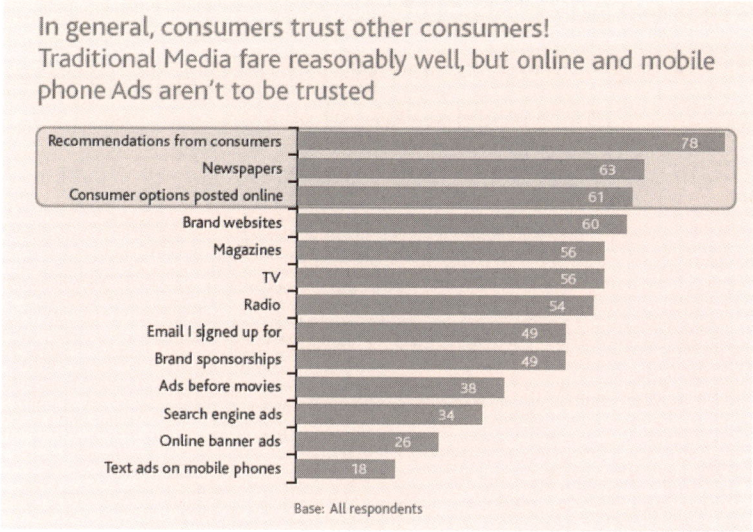

In general, consumers trust other consumers!
Traditional Media fare reasonably well, but online and mobile
phone Ads aren't to be trusted

Recommendations from consumers	78
Newspapers	63
Consumer options posted online	61
Brand websites	60
Magazines	56
TV	56
Radio	54
Email I signed up for	49
Brand sponsorships	49
Ads before movies	38
Search engine ads	34
Online banner ads	26
Text ads on mobile phones	18

Base: All respondents

로 나타났다고 밝혔다. 또한 구매 시 고려사항으로 52%가 가격을,
27%가 이용 후기를 꼽았다. '부정적인 내용의 후기로 구매를 보류
했다'고 답한 응답자가 61%이며, '긍정적인 내용의 이용 후기로 구
매를 결정했다'는 응답자가 44.4%로 상품에 대한 부정적 의견이 구
매의사결정에 미치는 영향이 더 큰 것으로 조사됐다.

닐슨과 DMC미디어의 조사에서 나타났듯 구매결정에는 광고보
다는 주위사람의 추천이나 블로그와 같은 소셜 미디어에 포스팅된
영향력 있는 콘텐츠가 더 큰 영향을 미친다. 광고는 신뢰하지 않지
만 블로그 리뷰는 신뢰할 수 있다는 것이다. 블로그의 포스트는 블
로거가 직접 작성한 것이기 때문이다. 특히나 어느 정도 영향력이
있는 블로거라면 그 영향력은 더욱 클 것이다. 물론 블로그 포스트
를 광고로 이해할 수도 있다. 기업에서 돈을 받고 포스트를 작성하
는 경우도 많이 있기 때문이다. 하지만 해당 제품의 장점이나 우위
성만 이야기 하는 것이 아니라 여러 제품을 비교 분석하여 명확하게

제품의 우위성을 알게 해주는 형태로 작성된 포스트라면 아주 유용한 정보가 될 수 있다. 그렇기 때문에 블로그나 커뮤니티 등의 소셜 웹을 활용한 바이럴 마케팅이 각광받고 있다.

소비자는 엄청난 양의 광고와 정보 속에서 선택을 해야 하기 때문에 믿을 만한 정보원과의 교류를 통해 신뢰할 수 있는 정보를 얻기 위해 노력하게 된다. 바이럴 마케팅은 소비자의 정보 탐색 길목에 도움이 될 만한 정보를 제공함으로써 소비자의 구매결정을 돕기 위한 마케팅 방식이다. 소비자가 구매결정을 위해 관련 정보를 검색할 경우 제품과 서비스에 대한 긍정적인 정보는 구매결정에 결정적인 역할을 하게 된다. 이와 같이 제품과 서비스에 대한 정보를 확산시키고 구매결정을 돕는 마케팅 기법이 바로 바이럴 마케팅이다.

바이럴 마케팅의 궁극적인 목표는 입소문

바이럴 마케팅은 인위적으로 제품과 서비스에 대한 정보를 웹상에 확산시킴으로써 구매에 영향을 주지만 궁극적으로는 소비자와 소비자 간에 자연스러운 입소문이 발생하도록 유도하는 것을 목표로 한다.

'입소문(word-of-mouth)'의 어원은 1954년 〈Fortune〉에 실린 '*The web of word of mouth*(William H. Whyte)'라는 논문에서 찾을 수 있다. 도심의 아파트 창에 설치되는 에어컨을 관찰한 결과, 이들이 임의로 설치되는 것이 아니라 일종의 군집의 형태를 이루며 점차 확산된다는 것을 발견한 것이다. 이 논문은 제품 구매에 이웃 간 일정한 사회적 커뮤니케이션 패턴이 반영되고 있다고 주장하면서 제품 구매에 대한 입소문의 영향력을 처음으로 밝혀냈다. 입소문은 '둘 이상의 소비자들이 특정 제품이나 서비스에 관해 의견과 정보를 주고받으면서 서로에게 영향력을 행사하는 인적 커뮤니케이션'이라고 정의할 수 있다.

제품 구매에 입소문이 강력한 영향력을 행사하는 이유는 소비자들이 보통 자신과 관련된 소셜 네트워크의 구성원들은 신뢰하는 데 반해 매스컴에서의 정보는 이익 창출을 위한 상업적인 것으로 여기는 경향이 있기 때문이다. 특히 이러한 주위 사람들에 대한 신뢰는 이들이 전달해주는 정보에 대한 신뢰감으로 이어져 결국 제품 구매와 의사결정에도 영향을 미친다. 또한 입소문은 먼저 구매해서 사용해본 사람들의 경험을 통해 구매와 관련된 위험을 감소시킬 수 있다. 즉, TV와 같은 일방적인 매스 커뮤니케이션과 달리 입소문은 쌍방향으로 의사소통 할 수 있는 장점이 있어 자신의 관심 분야에 대한 질문이나 피드백 등을 통해 제품 정보에 대한 확신을 갖게 된다. 예를 들어 사람들은 영화를 보기 전에 영화를 이미 본 친구에게 그 내용에 대해 질문을 하고 그 영화를 볼 것인지 말지를 결정한다. 특히 신제품 구매에 대한 불안감은 제품이 시장에 출시될 때 이 제품을 이미 사용해 본 사람들과의 의사소통을 통해 자연스럽게 감소될 수 있으며 이는 제품 구매에도 영향을 미치게 된다. 입소문에 의해 영향을 받은 소비자들은 제품 구매에만 그치는 것이 아니라, 또 다른 소비자에게 이를 다시 전달함으로써 입소문 정보가 계속 잠재 소비자들에게 확산되면서 지속적인 영향력을 갖게 된다. 즉 제품에 만족한 소비자들은 잠재 소비자들에게 긍정적인 정보를 전달하고, 불만족한 소비자들은 부정적인 정보를 전달함으로써 점차 더 넓은 잠재 소비자의 구매 여부에 영향을 미친다. 이와 같이 소비자들의 제품 구매에 입소문의 영향력이 점차 증가하고 있는 추세다.

온라인 입소문의 새로운 가능성

현실에 기반을 둔 많은 영역들이 온라인이라는 가상공간으로 그 영역을 확장하고 있듯이 입소문 활동 역시 온라인으로 확장되었고 결국 온라인 입소문이 사회 내에서 더욱 영향력 있는 커뮤니케이션 수단 중 하나로 부상했다. 인터넷 이전의 입소문은 일회적이고 저장할 수 없었던 반면 인터넷이 등장한 이후의 입소문은 저장이 가능하고 온라인을 통해 수많은 소비자들이 동시에 그 정보를 볼 수 있는 특징이 있다. 인터넷을 통해 소비자가 의도적으로 검색하는 정보의 양은 오프라인에 비해 크게 증가했다. 최근에는 소비자들이 자신의 경험이나 의견을 올리는 사용 후기 정보가 대표적인 온라인 입소문의 유형으로 자리매김하고 있다. 소비자가 필요한 정보를 얻기 위해서는 일정한 수준의 비용을 감수해야 하는데, 인터넷을 이용함으로써 소비자는 이러한 물리적, 심리적인 비용을 상당부분 줄일 수 있게 된 것이다. 특히 온라인 사용 후기는 이용자 개인이 자신의 경험을 인터넷이라는 공간에 게시하기도 하지만 다른 소비자에게 정보를 받기도 하기 때문에 정보를 제공하는 자와 받는 자가 서로 구분되지 않고 혼재된 방식으로 폭넓은 상호작용이 이루어지고 있다. 온라인에서 소비자들은 정보를 탐색할 뿐만 아니라 자신의 경험을 보다 적극적으로 제공하는 정보의 생산자 역할을 수행하게 되었다.

2006년 조선일보에서 인터넷 설문조사 전문업체인 폴에버와 함께 실시한 설문조사 결과 응답자의 60.5%가 인터넷에서 물건을 사려고 할 때 가격요인을 제외한다면 다른 구매 경험자들의 댓글을 가장 우선적으로 고려한다고 답변했다. 또 가장 많은 응답자들(53.5%)이 평소 자신이 사고 싶은 물건에 대한 구체적인 정보를 관련 댓글을 통해 얻는다고 답했다. 이제는 옷도, 아파트도 구매 후기를 보고 결정하는 시대가 되었다.

온라인 입소문은 신뢰할 만한가?

인터넷의 등장은 소비자의 정보 탐색에 획기적인 변화를 가져왔다. 인터넷을 이용한 소비자의 제품이나 서비스에 관한 정보 탐색 범위는 무한하게 넓어졌다. 그러나 많은 정보 중 믿을 수 있는 정보, 즉 신뢰성 있는 정보를 가려내는 데 많은 어려움이 존재한다. 그 이유로 인터넷의 특성 중 하나인 익명성을 들 수 있다. 익명성은 개인의 실제 정체를 드러내지 않음으로써 사회적 지위, 압력 또는 주변의 평가 등에 영향을 받지 않아 진실한 목소리를 낼 수 있다는 긍정적인 측면이 있다. 그러나 익명성은 개인을 압력으로부터 보호해주는 기능도 있지만 말과 행위에 대한 책임성을 약화시키기도 한다. 즉, 인터넷의 정보는 정보에 대한 약한 책임관계에 의해 정보의 신뢰성을 판단하기에는 어려움이 있다. 또한 개인 간의 커뮤니케이션인 오프라인의 입소문과는 달리 다(多) 대 다(多) 형태로 커뮤니케이션이 일어나는 온라인 입소문의 특성상 신뢰성 평가에 큰 차이를 보인다. 오프라인 입소문의 경우 신뢰성은 정보제공자에게 많은 영향을 받게 되는데 정보제공자의 매력성, 전문성, 진실성 등에 의해 입소문 효과는 커다란 차이를 나타낸다. 그러나 온라인 입소문은 정보제공자를 알 수 없는 약한 유대관계에서 일어나기 때문에 정보제공자의 영향력은 미비하다. 결국 온라인 입소문은 인터넷 게시판 및 블로그를 통하여 텍스트, 사진, 동영상 등의 멀티미디어를 기반으로 이루어지므로 소비자는 게시판이나 블로그의 콘텐츠를 읽고 정보 제공자의 신뢰성과 정보의 가치를 판단해야 한다. 그렇기 때문에 온라인 입소문 마케팅을 위해서는 수많은 사람과의 소통을 통하여 관계를 형성하고 신뢰를 만들어야 한다.

온라인 바이럴 마케팅은 인터넷이 대중화된 이후 그에 따른 기초 기반을 갖추게 되었고, 동영상과 블로그와 같은 웹 2.0 플랫폼이 자리를 잡아가기 시작한 2006년부터 바이럴 마케팅에 적합한 기반을 충족시키게 되었다. 그에 따라 2007년부터 바이럴 마케팅이 성장하기 시작했다. 웹 2.0 시대에 접어들면서 기업의 마케팅 메시지를 일방적으로 받아들이던 소비자는 적극적으로 자신의 경험과 의견을 웹에 공유하기 시작했다. 제품을 사용하는 장면을 동영상이나 사진과 같은 UCC로 제작하고 사용 후기를 작성하여 포털 사이트나 동영상 포털, 블로그, 커뮤니티를 통하여 배포하고 있다. 이제 기업들은 마케팅 대상이 아니라 마케팅 주체로 등장한 디지털 소비자를 두려움 섞인 시선으로 바라보게 되었다. 그리고 소비자의 스피드를 따라잡지 못하면 도태되고 만다는 위기의식을 갖게 되었다. 그러한 기업의 인식변화는 마케팅 패러다임의 근본적인 변화를 가져오고 있다. 기업이 고객에게 전달하는 일방적인 메시지가 아니라, 소비자가 자발적으로 입소문을 일으킬 수 있는 바이럴 마케팅 기법이 각광받고 있다.

바이럴 마케팅은 매체홍보를 통하지 않고 휴먼 네트워크상에서 자연스럽게 소문이 나고 바이러스처럼 전파가 되어 홍보가 되고, 구매동기를 유발하게 하는 마케팅 기법이다. 효과적인 바이럴 마케팅

결과를 얻기 위해서는 블로그, 동영상 포털, 커뮤니티, SNS와 같은 소셜 웹 플랫폼을 기반으로 이용자가 직접 작성한 콘텐츠를 활용하여 자발적인 바이럴을 유도하는 것이 매우 중요하다. 이렇게 소비자나 기업이 생성 및 가공한 콘텐츠를 활용한 바이럴은 또 다른 소비자의 구매의사결정에 중요한 영향을 미친다. 이것이 바로 바이럴 마케팅의 핵심이다. 그러므로 바이럴 마케팅을 통하여 브랜드에 대한 인지도를 높이고 구매결정에 긍정적인 영향력을 행사하기 위해서는 소비자들에 대한 지속적인 관리와 소통공간을 제공하고 자연스러운 입소문이 일어날 수 있는 전략적인 접근이 필요하다.

3

다양하게 시도되는
바이럴 마케팅

소셜 웹 시대에 접어들면서 바이럴 마케팅에 접목이 가능한 다양한 플랫폼과 서비스가 등장하고 있다. 블로그, 온라인 커뮤니티, 정보공유 전문 커뮤니티, 동영상 UCC, 소셜 네트워크 서비스 등 많은 플랫폼을 통하여 바이럴 마케팅이 시도되고 있다. 바이럴 마케팅은 콘텐츠의 확산이 중요하기 때문에 블로그와 같은 개방형 구조의 플랫폼이 각광받고 있으며 효과적으로 입소문을 일으키기 위해서는 커뮤니티와 소셜 네크워크 서비스를 무시할 수 없다. 또한 이슈로 부상하면 급속하게 확산이 가능한 동영상 UCC를 활용한 바이럴 마케팅도 활발하게 진행하고 있다.

블로그를 활용한 바이럴 마케팅

블로그를 활용한 바이럴 마케팅은 즉각적인 피드백이 어렵다는 온라인 입소문의 단점을 보완할 수 있어 많은 마케터가 주목하고 있다. 블로그는 개인의 지식과 경험을 기초로 다양한 분야에 대한 정보가 축적되고 특정 이슈에 대해 불특정 다수와 실시간으로 커뮤니케이션하며 즉각적인 피드백을 주고받을 수 있다. 블로그는 제품이나 서비스에 관심이 많은 블로그 이용자들을 대상으로 타깃 마케팅이 가능하다는 점, 이용자들이 블로그를 통해 기업과 커뮤니케이션하며 개인적인 유대관계를 느껴 친근감을 가진다는 점, 이용자 간의 상호교류가 쉬워 정보 전달력이 빠르다는 점 등의 기본적인 특성들 때문에 효과적으로 사용된다. 블로그가 바이럴 마케팅의 진원지로 활용되고 있다.

얼리어답터들의 블로그를 통한 개인의 평가는 소비자들의 구매에 무엇보다도 중요한 요인으로 자리 잡고 있는데 블로거들은 자신이 신뢰하는 블로그나 사이트에서 자신이 원하는 정보를 선별하며, 자신의 마음에 드는 상품이 있을 경우 이를 자신의 블로그나 온라인 커뮤니티 등을 통해 적극적으로 알리고자 한다. 따라서 기업들은 이와 같이 적극적인 블로거에게 단지 상품의 정보를 전달하는 수준을 넘어 이들의 적극성을 일으키고 활용할 만한 방안을 모색하고 있다. 또한 블로그는 '전파력'이라는 측면에서 엄청난 파워를 가지고 있다. 오프라인에서 지인을 상대로 전파되는 것과 달리 '검색'이나 '링크'를 통해 예상하지 못했던 다수의 잠재 고객층에게 메시지를 전달할 수 있기 때문이다. 검색을 통한 지속적인 유입은 물론이고 네이버나 다음 등 포털 블로그에서 사용되는 '블로그 이웃'이나 설치형 블로그, 티스토리의 블로그 링크를 통해 많은 방문자가 유입되고 다른 블로그에 걸어둔 트랙백으로 방문자가 증가하기도 한다. 기업이

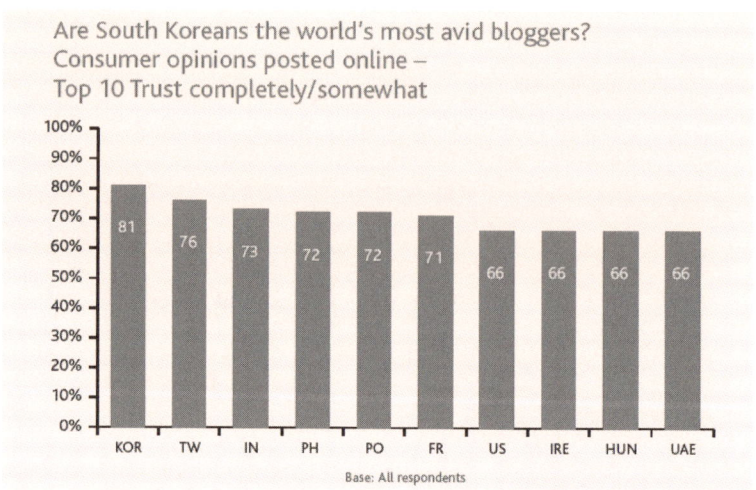

블로그를 입소문의 툴로 활용하기 위해서는 독자들이 공감할 수 있는 콘텐츠를 지속적으로 생산하면서 동시에 효과적인 전파 전략을 수립해야 한다.

글로벌 온라인 마케팅 회사인 닐슨(Nielsen)의 조사에 따르면 한국의 소비자는 블로그에 포스팅된 의견이나 정보를 세계에서 가장 신뢰하는 것으로 나타났다. 블로그에 포스팅된 의견이나 정보에 대한 신뢰도를 묻는 질문에 81%가 신뢰한다는 긍정적인 답변을 한 것이다. 한국인들은 정보를 얻기 위한 소스로 블로그에서 생산되는 콘텐츠를 적극 활용하고 있으며 블로거를 정보제공자로 신뢰하고 있다고 볼 수 있다.

이와 같이 블로그를 활용한 바이럴 마케팅은 마케팅 메시지의 확산에 따른 파급효과가 매우 크며, 포스팅된 정보에 대한 신뢰도가 높기 때문에 효과적인 바이럴 마케팅 기법으로 주목받고 있다.

온라인 커뮤니티를 활용한 바이럴 마케팅

온라인 커뮤니티는 공통된 관심사와 목적을 가진 사람들이 인터넷을 통해 정보를 공유하고 가치를 창출하는 하나의 사회적인 집합체다. 기업에서는 이러한 온라인 커뮤니티의 특성을 이용해 브랜드 커뮤니티를 구축하여 고객의 성향과 요구사항을 파악하고 고객의 요구에 신속히 대응하기 위한 수단으로 삼고 있다. 브랜드 커뮤니티는 개설 주체에 따라 소비자 중심 브랜드 커뮤니티와 기업 중심 브랜드 커뮤니티로 나눌 수 있는데, 근래에 들어서 기업이 제품 사용자들과의 관계를 형성하기 위하여 형성한 브랜드 커뮤니티의 개설과 운영이 확장되고 있다. 기존에는 자체적인 기업 홈페이지를 통해 브랜드 커뮤니티를 운영하는 경우가 대부분이었지만 UCC와 함께 카페, 블로그, 미니홈피 문화가 확산되면서 포털 사이트의 커뮤니티를 활용하여 운영되는 브랜드 커뮤니티가 늘고 있다.

브랜드 커뮤니티의 구축은 소비자와의 쌍방향 커뮤니케이션을 실현시키고, 고객과의 장기적인 관계를 형성하여 경쟁상의 우위와 관계 마케팅에서의 전략적인 커뮤니케이션 기회를 창출한다. 또한 브랜드 커뮤니티를 통하여 생산된 UCC는 다양한 경로를 통하여 확산되고 바이럴 되면서 입소문을 일으키게 된다.

정보공유 전문 커뮤니티 사이트를 활용한 바이럴 마케팅

정보공유 전문 사이트는 특정 분야의 전문가 및 얼리어답터를 중심으로 커뮤니티가 형성되는 사이트다. 디지털카메라, 노트북, 휴대폰 등 고가의 전자제품을 중심으로 커뮤니티가 형성되고 있으며 일반 사용자의 리뷰를 통하여 생산되는 UCC 보다는 전문가 및 얼리어답터의 리뷰에 의해 생산되는 PCC(Proteur Created Contents)가 신뢰를 얻고 있다. 고가의 제품을 구매하고자 하는 소비자는 전문가가 작성한 고급정보를 얻을 수 있으며 이는 구매결정에 많은 영향력을 행사한다.

동영상 UCC를 활용한 바이럴 마케팅

동영상 UCC의 등장으로 바이럴 마케팅은 과거에 비해 많은 발전을 이뤘다. 게시판, 블로그, 커뮤니티, 홈페이지 등 HTML 스크립트를 입력할 수 있는 곳이면 어디든지 자유롭게 공유할 수 있기 때문이다.

제품이 출시되면 체험단, 베타테스터를 모집해서 그들에게 제품을 평가받고 동영상 UCC를 통하여 제품을 알리려 한다. 사용자에 의한 평가가 훨씬 파급력이 크기 때문이다.

또한 소비자의 참여를 유도하여 브랜드와 소비자 간의 관계를 형성하는 방식인 동영상 UCC 콘테스트를 실시하고 있다. 기업은 상금 및 상품을 제공하며 입상한 동영상 UCC를 모티브로 한 광고 제작 등으로 보상함으로써 소비자들에게 동영상 UCC 제작 동기를 부여하고 있으며 소비자의 흥미를 유발할 수 있는 구조를 만들어 소비자들의 참여를 유도하고 있다. 소비자들이 UCC 제작에 참여하는 과정 속에서 브랜드와 제품의 핵심 콘셉트를 인지하게 되고, 이러한 프로모션 형태의 마케팅은 소비자의 자발적인 입소문을 유도한다는 데에 큰 의미가 있다.

4

여기,
블로그와 트위터를 활용한
소셜 마케팅에 주목

소셜 마케팅은 바이럴 마케팅과 매우 유사한 방식의 마케팅 기법으로 아직까지 명확하게 정의되지도 않은 상태다. 소셜 웹이 이슈가 되면서 생겨난 신조어로 '소셜 마케팅', '소셜 웹 마케팅', '소셜 미디어 마케팅' 등으로 다양하게 불린다. 바이럴 마케팅이 콘텐츠의 확산과 입소문에 집중하고 있다면 소셜 마케팅은 고객과의 직접적인 소통에 집중한다는 차이점이 있다. 제품 홍보보다는 소비자·환경·사회 등 따뜻하고 인간적인 면을 강조함으로써 장기적으로 제품이나 서비스, 나아가 기업의 이미지까지 높이는 마케팅 기법이다. 이와 같이 소비자와의 소통을 위해 블로그, 트위터와 같은 소셜 미디어 플랫폼을 적극 활용하고 있다. 하지만 소셜 마케팅으로 단기적인 성과를 기대하기는 어렵기 때문에 장기적인 관점에서 꾸준히 접근해야할 필요가 있다.

고객과의 진솔한 대화를 시도하는 블로그

기업에서 블로그를 운영하는 것도 소셜 마케팅의 한가지 방법이다. 최근에는 기업이 소비자와 직접 소통하기 위하여 브랜드 블로그를 운영하는 사례가 늘고 있다. 제품이나 서비스를 일방적으로 소개하는 홈페이지와는 별도로 트랙백, 댓글, 이용자 후기 등 소비자와의 의사소통을 원활히 하는 도구로 블로그를 활용하는 것이다. 블로그에 올라간 네티즌들의 정보는 '감정이 실린 정보'란 의미에서 '이모메이션(emomation=emotion+information)'이라고 한다. 사실적인 정보 외에 제품을 체험하는 동안 느낀 긍정적 또는 부정적 감정을 담은 스토리이고, 인터넷을 통해 급속히 전파되기 때문에 파급 효과가 매우 크다. 기업이 만든 공식적인 웹 사이트보다 블로그의 콘텐츠가 검색엔진에 더 쉽게 노출되며, 사람들은 그 콘텐츠를 더 신뢰한다. 따라서 고객을 불러들이려는 것이 아니라, 블로그를 활용해 고객과 소통하는 것은 필수적이다. 고객과의 진실하고 솔직한 이야기를 바탕으로 제품 및 서비스에 대한 신뢰도와 고객 만족도를 향상시킬 수 있다.

기업이 블로그를 소셜 마케팅의 툴로 활용하기 위해서는 독자들이 공감할 수 있는 콘텐츠를 지속적으로 생산하는 동시에 효과적인 전파 전략을 고민해야 한다. 많은 기업이 브랜드 블로그를 운영하고 있지만 방문자 수 확보를 위해 제품이나 서비스와 상관없는 오락성 콘텐츠를 다수 포스팅하고 있다. 기업이 블로그의 가능성을 이해하고 적극적으로 마케팅 도구로 활용하는 것은 바람직한 일이지만, 블로그를 기반으로 한 소비자와의 소통은 콘텐츠의 품질을 바탕으로 '만들어지는' 것이지 '만들어내는' 것은 아니다. 가장 중요한 것은 방문자 수가 아니라 고객과의 진실하고 솔직한 대화다.

기업의 소셜 마케팅에서는 진실성이 가장 큰 무기이다. 경쟁사가 더 나은 제품을 만들었다면 그것을 적극적으로 소개하고 좋은 뉴스와 나쁜 뉴스를 같은 비중으로 소개해야 한다. 이와 같은 소셜 마케팅을 통하면 장기적인 신뢰를 구축할 수 있다. 한때 '악의 제국'으로 묘사되었던 '마이크로소프트'는 공식 기업 블로그인 '채널 나인(9)'을 통해 기업 이미지를 크게 개선했다. 채널 나인은 인간적인 교류를 증대하여 친숙한 이미지로 개선하기 위하여 사내에 카메라를 가져와 개발자와 기술 전문가들이 일하고 있는 모습을 그대로 보여주려 노력했다. 또한 채널 나인을 고객들에게 응답하는 한 방식으로 이용했다. 고객이 알고 싶어 하는 것에 관한 동영상을 올렸으며 신제품 관련 동영상도 올리고 있다. 개발 중이거나 출시한 제품 및 서비스에 대해 개발자들의 목소리를 직접 전하고 있으며 다양한 개발자들의 수다 동영상을 통해 어렵고 딱딱한 개발 관련 이슈를 쉽고 재미있게 풀어서 이용자들의 이해를 돕고 있다. 또한 마이크로소프트

마이크로소프트의
블로그 '채널 9'

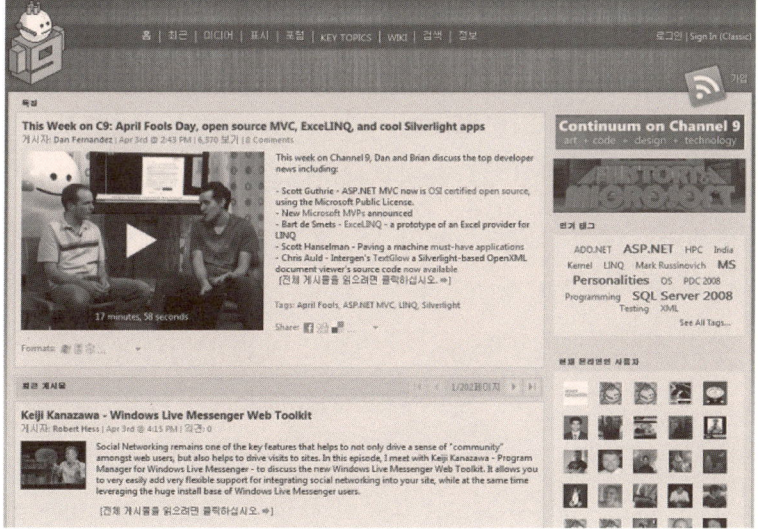

의 직원들은 개인 블로그를 통해 마이크로소프트의 고객들과 직접 대화하고 있다. 마이크로소프트에 대한 비난과 공격이 최고조에 달했던 2000년에 XML팀의 프로그램 매니저인 조슈아 알렌은 마이크로소프트에서 최초로 블로깅을 시작했다. 그는 개인 블로그인 'Living Through Software'를 통하여 고객과 대화하면서 마이크로소프트가 로봇이나 기계가 아닌 진짜 사람이라는 것을 보여주었고 이와 같은 직원의 진실한 블로깅은 마이크로소프트의 이미지를 크게 개선시켰다. 공식 기업 블로그인 채널 나인과 직원들이 운영하는 개인 블로그의 영향으로 마이크로소프트의 이미지는 친숙하고 인간적인 이미지로 바뀌고 있으며 '반독점재판'으로 형성된 반감이 크게 줄었다고 한다.

기업은 고객과의 관계를 개선하고 제품과 서비스를 홍보하기 위하여 블로그를 커뮤니케이션 채널로 활용하고 있다. 블로그를 통한 고객과의 진실하고 솔직한 대화는 기업을 변화시키고 브랜드 이미지를 변화시킬 수 있다.

소비자와 기업을 잇는 트위터

최근 가장 각광받고 있는 소셜 마케팅 툴은 뭐니 뭐니 해도 트위터다. 물론 기업의 상업적인 트위터 사용에 대한 소비자들의 반응은 냉담하다. 구글처럼 뉴스거리가 많은 경우나 CNN과 같이 유용한 뉴스가 실시간으로 올라오는 경우가 아닌 이상, 트위터 파워 유저가 되는 기업은 흔치 않다. 게다가 트위터를 잘못 활용하여 호되게 당하는 경우도 있다. 영국의 한 가구 회사는 트위터의 '해쉬(#)' 검색 기능을 이용해 당시 한창 화제를 몰고 있던 마이클 잭슨 사망이라는 키워드에 자사의 세일 광고를 하는 트윗을 내보낸 후, 성난 트위터리안들로부터 집중 공격을 받고 CEO가 직접 해명에 나서는 등 브랜드 이미지에 타격을 입었다.

어찌되었건 트위터를 통하여 소비자와 기업이 실시간으로 커뮤니케이션한다는 것은 큰 의미가 있다. 트위터는 블로그에 비해 전달 속도와 피드백 속도가 매우 빠르며, 관계를 형성하는 것도 매우 쉽다. 트위터를 통하여 기업과 연결되어 있는 소비자는 기업을 매우 친근한 존재로 인식할 수 있으며, 지속적인 커뮤니케이션을 통하여 좋은 관계로 발전할 수 있다. 또한 기업에 불만을 품고 있는 소비자라 하더라도 트위터에서 기업과 직접 커뮤니케이션하면서 진솔한 사람의 향기를 맡게 된다면 기업에 대한 인식에 긍정적인 효과를 발휘할 수 있다.

블로그, 트위터 등 각종 소셜 미디어들이 마케팅 채널로서 얼마나 효과적인지에 대해서는 논란의 여지가 많다. 소비자와의 적극적인 소통을 통하여 좋은 관계를 형성해 나간다고는 하지만 객관적인 측정이 거의 불가능하며, 단기적으로 매출향상에 큰 도움이 되지 않기 때문이다. 하지만 한명 한명의 소비자와 좋은 관계를 형성해 나가고, 꾸준히 넓혀나간다면, 이와 같은 좋은 관계가 입소문을 타고 바이러스처럼 일파만파 퍼져나갈 것이며 결국은 기업에게 돈으로는 환산할 수 없는 가치를 안겨줄 것이다. 무엇보다도 소셜 미디어를 바라보는 기업의 긍정적인 마인드가 필요하다.

3부

소셜 웹 경제의 시대

1장
소셜 웹과 비즈니스

1

소셜 웹,
비즈니스의 틀을 깨다

　블로그, 페이스북, 트위터와 같은 소셜 웹 서비스가 큰 인기를 끌고 있고, 언제 어디에서나 소셜 웹에 접속할 수 있는 스마트폰이 대중화되면서 사람들의 라이프스타일이 바뀌기 시작했다. 중요한 것은 사람들의 라이프스타일이 바뀌면서 기업들의 비즈니스에도 변화가 생긴다는 점이다. 많은 사람들이 인터넷을 이용하게 되면서 수많은 인터넷 관련 비즈니스들이 생겨나게 된 것을 보면 이해가 쉬울 것이다. 온라인뿐만 아니라 오프라인도 마찬가지다. 심지어는 온라인과 오프라인의 변화가 서로에게 영향을 주기도 한다. 이러한 라이프스타일의 변화는 비즈니스의 패러다임 변화로 이어지게 된다. 고객이 변하는데 기존 방식을 고수해가지고는 살아남을 수 없기 때문이다.

　웹의 등장과 검색서비스의 발달로 그동안 돈이 있어도 구하기 어려웠던 정보를 너무나 손쉽게 구할 수 있는 세상이 되었다. 웹의 등장으로 사람들의 라이프스타일이 변하게 된 것이다. 사실 웹의 등장은 혁명과도 같은 일대 변혁이었다. 그렇다면 소셜 웹은 대화와 소통, 관계를 맺는 방식의 변화, 콘텐츠와 정보의 공유와 확산 방식의 변화를 제공하면서 어떤 라이프스타일의 변화를 만들었을까?

소셜 웹은 기존에 알고 지내던 인맥을 관리하고 새로운 사람과의 관계를 만들어나가는 소셜 네트워크 서비스뿐만 아니라 콘텐츠, 지식, 정보를 만들어내고 공유하고 확산함으로써 또다시 새로운 사람과 관계를 형성해나가는 형태로 라이프스타일을 변화시키고 있다. 소셜 네트워크 서비스의 인기에 힘입어 '소셜'이 하나의 큰 트렌드가 되었지만 이제는 소셜 네트워크 서비스를 넘어 전체 웹 공간으로 '소셜'이 확대되고 있는 모습을 보이고 있다. 웹에서 이루어지는 다양한 활동들, 예를 들면 검색 · 메일 · 블로그 운영 · 콘텐츠 제작 및 유통 · 뉴스 제공 · 커뮤니티 활동 · 게임 등 웹에서 무엇을 하든지 '소셜'적인 요소가 가미되고 있다. 소셜 웹이 스마트폰과 같은 디지털기기와 접목되면서 언제 어디에서나 사람을 찾고, 관계를 맺고, 대화를 나눌 수 있게 되었으며 이와 같은 활동을 하는 데 들어가는 시간, 속도, 비용 또한 획기적으로 개선되고 있다. 소셜 웹이 발달하면 발달할수록 '실시간'은 생명과 같은 존재가 될 것이다. 소셜 웹은 소비자의 라이프스타일 또한 일거에 변화시키고 있다. 일명 디지털 소비자의 등장이다. 소셜 웹 시대의 소비자는 정보의 습득과 확산 측면에서 과거와는 비교도 되지 않을 정도로 막강한 파워를 갖게 되었다. 과거의 소비자는 TV, 신문과 같은 대중매체에서 제공하는 정보만을 무차별적으로 받아들여야 했지만 지금은 포털 사이트, 블로그, 소셜 네트워크 서비스 등을 통해 제공되는 다양한 정보를 선택적으로 받아들인다. 게다가 습득한 정보를 혼자만 갖고 있는 것이 아니라 소셜 웹을 통하여 공유하고 확산시키면서 입소문을 내고 있다. 어느 한 곳에서 발생한 경영상의 문제가 순식간에 기업이나 브랜드 전체에 영향을 미치게 된다. 이와 같은 소비자의 라이프스타일 변화는 기업 브랜드 관리에 많은 영향을 미치게 되어 이들 소비자와의 관계를 어떻게 형성하고 발전해 나가느냐가 큰 이슈다.

결국 소셜 웹 시대의 비즈니스는 사회적 가치를 극대화하는 방향으로 전개되고 있다. 소셜 웹의 핵심인 소통, 관계, 협업을 중심으로 하는 새로운 비즈니스가 생겨나고 있으며, 소셜 플랫폼을 이용해 개발한 애플리케이션을 판매하는 형태로 창업하는 1인 기업이나 소규모 기업이 늘어나고 있다. 기존 기업들은 현재의 비즈니스에 소셜 웹을 어떻게 접목하느냐에 많은 관심을 갖고 있다. 특히 일방적인 정보의 전달이 아니라 소비자와의 대화를 시도하는 등 기존의 권위적인 기업의 이미지가 아닌 친근한 기업의 이미지를 소비자에게 전달하려고 노력 중이다. 기업과 소비자 상호가 모두 만족할 수 있는 선순환구조를 바탕으로 하는 '소셜 생태계' 형성이 소셜 웹 시대의 새로운 비즈니스 패러다임이다.

비즈니스,
소셜 웹에 접속하다

소셜 웹은 개인의 라이프스타일뿐만 아니라 기업과 사회의 커뮤니케이션 방식, 마케팅 전략, 가치창조 방식 등에 획기적인 변화를 가져왔다. 또한 소셜 플랫폼을 이용한 새로운 비즈니스도 각광받고 있다. 이제는 소셜 웹을 활용하지 않으면 구시대의 기업으로 전락할 위기에 있다고 해도 과언이 아니다. 이는 소셜 웹상에서 비즈니스를 영위하는 인터넷 비즈니스 기업에 국한되는 이야기가 아니라 전체 기업에 해당된다. 인터넷 비즈니스 기업이 소셜 웹을 활용하는 것은 어쩌면 당연해 보이지만 인터넷 비즈니스를 하지 않는 일반 기업까지 소셜 웹을 활용해야 한다고 하면 언뜻 이해가 되지 않을 수도 있다. 하지만 이제 '굴뚝 기업'들 역시 소셜 웹을 적극 활용하지 않으면 고객들에게 외면을 당하게 될 것이다. 고객의 라이프스타일이 예전과는 판이하게 바뀌었기 때문이다.

무엇보다도 소셜 웹을 통하여 소비자와 기업이 실시간으로 커뮤니케이션 할 수 있다는 점이 중요하다. 기존에는 고객센터에 전화하거나 직접 방문해야 했다. 인터넷이 보편화되면서 웹 사이트를 개설한 기업은 온라인상에서 고객센터를 운영하여 Q&A 게시판을 제공하거나 이메일로 질문을 받고 답변을 하기도 했다. 하지만 답변을 받는 데 너무 많은 시간이 걸렸고 제대로 된 답변을 받기 또한 매우 어려웠다. 게다가 대부분의 고객센터가 비공개로 운영되다 보니 불성실한 답변을 받아도 어디 가서 하소연할 곳도 없었다. 기업이 소비자 위에 군림하던 시기였고 소비자의 힘은 미약했다. 하지만 소셜 웹 시대가 되면서 상황은 역전되었다. 소비자들이 기업에게 당한 사연과 함께 불평불만을 웹에서 토로하기 시작했다. 카페와 같은 커뮤니티, 자신의 블로그, 정보의 확산이 빠른 트위터와 같은 마이크로 블로그에서 이야기를 시작하면서 그 파급효과를 무시할 수 없는 상황이 되었다. 특히 예전 같으면 피해를 본 한 사람의 소비자만 보상해주고 넘어가면 끝이었다. 소비자와 기업만 알고 있는 이야기로 남는 것이다. 하지만 지금은 그 이야기가 웹에 올라오는 순간 온 세상에 공개되어 수많은 사람이 알게 되는 일이 비일비재하게 발생하고 있다. 특히나 잘못한 부분을 은폐하려다가 이 사실이 웹을 통하여 공개되는 순간 기업은 나락으로 떨어질 수 있기 때문에 주의를 기울여야 한다. 기업, 혹은 기업의 제품과 관련된 정보는 더 이상 기업의 전유물이 아니며 웹상에서 검색만 해봐도 무수히 많은 검색 결과물을 확인할 수 있다.

소비자가 기업에 대한 영향력을 확대하면서 권력의 중심이 기업에게서 소비자로 점차 이동하고 있는 양상이다. 소셜 웹을 통하여 기업이나 제품, 브랜드에 대해 개인적인 의견을 자유롭게 주고받으면서 그 영향력을 점점 확대하고 있다. 이제 기업이 소비자를 무시하기에는 그 힘이 너무 커졌다. 소셜 웹으로 소비자와 직접 대화를 시도할 수밖에 없게 된 것이다. 수많은 기업에서 기업 블로그나 트위터를 운영하고 있다. 특히 KT는 이마트, 대한항공, 동원참치, 기업은행, 팬택스카이, 매일유업 등과 함께 기업 트위터 연대를 결성하여 공동 프로모션과 사회공헌, 기업 트위터 포털 공동개발 등을 추진하고 있다. 기업 트위터 연대는 기업 트위터 운영자들의 모임에서 의견을 모아 진행된 것으로 아나바다 운동과 같은 사회공헌 활동은 물론 참여 기업 간 시너지를 높일 수 있도록 비즈니스 연계를 통한 공동 프로모션에도 적극적으로 나설 계획이라고 한다.

트위터뿐만 아니라 기업 블로그를 운영하는 기업도 늘고 있다. 트위터는 정보의 확산, 대화, 소통에 강점을 갖고 있지만 블로그는 양질의 콘텐츠 보급에 강점을 갖고 있다. 대표적인 블로그 운영 사례로 삼성의 기업 캠페인인 '두근두근 Tomorrow 캠페인(samsungcampaign.com)'을 들 수 있다. 삼성은 '두근두근 밴쿠버 2010'과 '두근두근 Green Tech' 캠페인을 일반 웹 사이트가 아닌 블로그에서 진행했다. 캠페인 주제에 따라 텍스트로 된 글뿐만 아니라 웹툰, 동영상 등을 적극 활용하여 제작된 양질의 콘텐츠를 제공했다. 또한 'Samsung Campaign(@samsungcampaign)' 트위터 계정을 개설하여 블로그와 트위터를 연동시키고 있다. 삼성에서 공들여 제작한 콘텐츠를 자사 웹 사이트에 묶어두지 않고 블로그와 트위터 등의 소셜 웹 서비스를 통해 널리 알리고 소비자와 소통하는 것이다.

특히 소셜 웹은 홍보에 막강한 파워를 갖고 있다. 2010년 4월 25

일 온·오프라인 홍보 전문매체인 '더 피알(The PR)'이 창간을 기념해 국내 200여 개 주요 기업 홍보담당 임직원을 대상으로 조사한 결과, 최근 영향력이 가장 많이 증가한 매체로 소셜 미디어를 꼽은 응답자(복수응답)가 전체의 절반인 51.5%에 달한다고 한다. 특히 조사 대상 기업의 31%가 소셜 미디어 같은 뉴미디어를 담당하는 직원을 두고 있는 것으로 나타났다. 인터넷 커뮤니티(38.0%), 모바일(35.5%), 포털(33.5%), 방송(16.5%), 신문(8.0%) 등이 뒤를 이었다. 응답자의 70% 내외는 소셜 미디어가 아직까지 전체 홍보에서 차지하는 비중이 10%미만에 불과하지만 향후 1~3년(74.0%)안에 활성화될 것으로 예상하고 있다. 블로그, 트위터와 같은 소셜 미디어의 영향력이 커지고 있기 때문에 어쩔 수 없는 현상이라 할 수 있다. 인터넷 비즈니스 기업이든 굴뚝 기업이든 소셜 웹을 가까이하지 않을 수 없는 이유다.

3

소셜 웹 비즈니스의
여섯 가지 특징

소셜 웹 비즈니스는 '소통', '관계', '실시간 정보', '핵심가치에 집중', '공동선 추구', '상생의 생태계' 등 크게 여섯 가지의 특징이 있다.

'소통'은 소셜 웹의 핵심으로써 소셜 웹이라는 큰 트렌드를 형성하는 데 가장 큰 역할을 한 중요한 요소다. 그렇기 때문에 소셜 웹에서 비즈니스를 영위하기 위해서는 소통을 가장 중요하게 생각해야 한다. 만약 고객과의 소통 없이 일방적인 메시지의 전달에만 그친다면 TV와 같은 대중매체와 별반 다르지 않을 것이다. 원활한 소통을 위해서는 고객과 고객 간, 고객과 기업 간의 자유로운 소통을 지원해야 한다. 또한 소통을 위해서는 고객의 입장에서 생각하는 것이 매우 중요하다. 참고로 고객은 기다리는 것을 매우 싫어하기 때문에 즉각적인 반응을 보여줘야 한다.

고객과 원활한 소통이 이루어지다 보면 '관계'는 자연스럽게 형성

소통

관계

상생의
생태계

소셜 웹
비즈니스

공동선
추구

실시간 정보

핵심가치에
집중

된다. 하지만 형성된 관계를 원만하게 유지하는 것은 관계를 형성하는 것보다 어렵다. 고객에게 안부를 묻고 불편한 것이 없는지 묻고 먼저 다가서야 한다. 그리고 다양한 이벤트를 수시로 진행하여 고객의 마음이 떠나지 않도록 해야 한다. 많은 경품을 걸고 진행하는 이벤트가 아닌 고객과 기업이 함께 만들어가는 아기자기한 이벤트면 충분하다. 매주 미션을 수행한 고객 중에서 추첨을 통하여 문화상품권이나 모바일상품권(기프티콘)을 지급하는 등의 아주 작은 이벤트라도 꾸준히 진행한다면 고객과의 관계를 원만하게 유지할 수 있을 것이다. 고객은 작지만 세심한 배려를 하는 기업을 잊지 않기 때문이다.

소셜 웹 비즈니스는 '실시간 정보'를 제공해야 한다. 사실 기업 입장에서는 고객과 소통하고 관계를 유지하는 것처럼 머리 아픈 업무보다는 기업의 정보를 실시간으로 제공하는 업무를 더 선호한다. 어찌 보면 기업이 소셜 웹을 통하여 이루고자하는 가장 원초적인 목적일 수도 있다. 소셜 웹 이전에는 기업의 최신정보를 알리기 위해 보도자료를 작성하여 배포하고 언론사에서 광고를 진행하거나 로비를 하고 기사화 해주기를 기다려야 했다. 어찌 보면 뉴스로 기사화가 되었을 때는 이미 최신정보가 아닌 것이다. 하지만 소셜 웹 시대에는 기업의 최신정보를 실시간으로 알릴 수 있다. 블로그, 트위터와 같은 소셜 미디어를 활용할 수 있기 때문에 가능한 일이다. 블로그에 최신정보를 업데이트하면 트위터에도 동시에 업데이트가 되고 트위터의 수많은 팔로워에게 실시간으로 전파된다. 물론 트위터에서 실시간으로 고객과 대화하면서 최신정보를 알릴 수도 있다. 이제 최신정보와 뉴스를 알리기 위해 언론사에 기대지 않고도 얼마든지 그 이상의 효과를 얻을 수 있다. 이것이 바로 소셜 웹의 위력이다.

또한 소셜 웹은 기업이 '핵심가치에 집중'할 수 있도록 다양한 인프라를 지원한다. 대규모 기업들이 핵심기술을 갖고 있는 기업과의 인수합병을 통해 회사의 규모를 키우고 혁신을 인수하는 방법을 이용해왔지만 협업이 강조되는 소셜 웹 시대에는 굳이 기업을 인수합병하지 않고도 원활한 협업을 통하여 성공을 이루어낼 수 있다. 보잉의 '787 드림라이너 프로젝트'가 대표적인 성공사례다. 보잉은 787 드림라이너 프로젝트를 통하여 항공기 제조자가 아닌 시스템 통합자로 거듭나는 데 성공했다. 787 프로젝트는 과거의 일방적인 주문-하청 구조에서 벗어나, 자신들이 시스템 통합자의 역할을 수행하고 나머지는 파트너들과 함께 프로젝트 전반의 비용과 위험을 같이 부담하는 협업 방식을 취했다. 이를 위해 전 세계에 산재해 있는 50개의 파트너사와 수많은 부품공급 업체와의 협업이 진행됐다. 실제로 보잉 787을 구성하는 모든 컴포넌트는 전 세계에 산재해 있는 파트너 사들이 제조하고 보잉은 이를 최종적으로 결합하여 비행기를 완성할 수 있게 되었다. 이러한 협업이 가능했던 것은 하나의 설계 디자인에 맞추어 실시간 업데이트와 작업을 진행할 수 있는 닷소 데이터베이스 소프트웨어가 있었기 때문이었다. 이와 같은 오픈형 협업 프로젝트에 참여한다는 것은 자신들의 핵심기술을 부분적으로 공개한다는 것이기에 큰 모험이다. 하지만 이들은 더 큰 목표를 위해 위험을 감수했고 엄청난 성공을 거뒀다.

이와 같이 협업 사례는 1+1=2가 아니라 3이 될 수도 있고 4가 될 수도 있고 그 이상이 될 수도 있다는 것을 보여준다. 이와 같은 협업 프로젝트는 대규모 기업보다는 소규모 기업에서 손쉽게 활용할 수 있다. 대규모 기업의 경우 비즈니스에 필요한 부분이 있으면 새로운 팀을 꾸리거나 하청을 주거나 인수합병을 시도할 수 있지만 소규모 기업이 시도하기에는 리스크가 너무 큰 것이 사실이다. 단순한 하청이나 아웃소싱이 아니라 기획 단계부터 참여하도록 하는 파트너십을 구축해 자신이 가장 잘할 수 있는 핵심가치에 집중하고 나머지 부분은 그 일을 가장 잘할 수 있는 파트너 사에게 맡기는 것이다. 서로가 가장 잘할 수 있는 핵심가치에 집중할 수 있기 때문에 시너지 효과가 발생할 것이고 성공하게 되면 참여한 모든 파트너가 큰 수익을 얻을 수 있고, 실패하더라도 리스크가 분산되기 때문에 피해를 최소화할 수 있다.

소셜 웹은 이와 같이 핵심가치에 집중할 수 있는 다양한 협업 시스템을 제공한다. 링크나우, 후즈라인과 같이 비즈니스 인맥관리가 가능한 비즈니스 SNS, 여러 사람이 함께 문서를 작성하여 완성해나가는 구글 오피스, 스프링노트, 마인드24, 손쉽게 일정을 만들고 관리하고 공유할 수 있는 구글 캘린더 등 소셜 웹에서 무료로 제공하는 서비스만 잘 활용해도 협업프로젝트를 성공적으로 수행할 수 있다.

소셜 웹 비즈니스는 사회공헌, 기부 등 '공동선을 추구'해야 한다. 소셜 웹 비즈니스에 있어서 고객의 공감을 얻는 것은 매우 중요하다. 기업과 고객이 함께 누군가를 돕는다는 것만으로도 고객들은 감동하게 된다. 그리고 자신의 작은 행동으로 누군가를 도울 수 있다면 적극적으로 동참하려 할 것이다. 포털 사이트인 다음에서 진행했던 불우이웃돕기 위젯 이벤트도 같은 맥락이다. 불우이웃돕기 위젯을 자신의 블로그에 게재하거나 관련 글을 작성하여 블로그에 노출하면 다음에서 일정 금액을 적립하여 불우이웃을 돕는다는 내용의 이벤트였다. 물론 수많은 블로거가 동참했고 다음은 자사의 위젯을 수많은 블로그에 퍼트리는 효과를 얻었으며 이익의 사회 환원 또한 동시에 이뤘다. 무엇보다도 이익을 사회에 환원함으로써 기업의 이미지가 눈에 띄게 개선되었다.

1트윗에 1원을 적립하여 굿네이버스와 아름다운재단에 기부하는 기부행사를 진행했던 트윗나눔(@twitnanum)도 의미 있는 행사였다. 1,247명의 트위터리안이 참여했고 총 1억 4,000만 원 가량을 모금했다. 이 행사에는 많은 기업들이 동참했다. 큰 금액의 기부가 아닌 작은 협찬품을 제공하는 수준이었지만 많은 사람들과 좋은 일에 참여한다는 기쁨이 남달랐을 것이며 기업의 이미지 향상 및 홍보에도

아동 성보호 위젯 (☞ 위젯 퍼가기)

나영이, 유리, 우리가 영원히 기억해야 할 이름입니다. 희망모금은 어린이날 캠페인을 통해 아이들이 위험상황을 인식할 수 있도록 성학대 예방 인형극과, 성폭력 피해아동 치료기금, 그리고 아이들을 위험상황에서 구출하며 제2차 위험에 빠지는 상담원들을 응원하고자 합니다. 아이들의 성(性)이 안전하게 지켜지는 세상을 희망합니다.

네티즌 여러분, 함께 외쳐주세요 "이젠 우리가 지켜줄게!
(위젯이 달릴 때마다 여러분을 대신해 Daum이 1,000원을 기부 합니다.)

좋은 영향을 미쳤을 것이다. 이렇듯 소셜 웹 시대에는 공동의 선을 추구해 이미지 향상, 홍보, 고객과의 교감 등 다양한 효과를 얻을 수 있다. 하지만 무엇보다도 사회공헌을 통하여 기업과 사회, 고객이 얻게 되는 나눔의 즐거움이 가장 큰 기쁨일 것이다.

소셜 웹 기반의 비즈니스는 '상생의 생태계'를 지향한다. 상생의 생태계란 경쟁관계와 상하관계로 승자와 패자, 강자와 약자가 존재하는 약육강식의 세계가 아닌 모든 기업이 승자가 될 수 있는 생태계를 의미한다. 그동안 기업의 생태계에서 대규모 기업은 그 정점에 있었다. 그렇기 때문에 생태계를 좌지우지할 수 있는 능력이 있고 실제도 그랬다. 하지만 도급, 하청, 파견, 불공정 아웃소싱 시스템 등 대기업의 횡포로 인해 기업 생태계가 파괴되고 있으며 그로 인한 사회적 부작용도 발생하고 있다. 소셜 웹 기반의 비즈니스는 이와 같은 상하구조의 기업 생태계를 상생의 생태계로 바꾸고자하는 노력을 해야 한다. 보잉의 사례에서도 알 수 있듯이 보잉과 수많은 파트너 사들이 구축한 상생의 생태계는 모두를 성공의 길로 인도한다. 이렇듯 상생의 생태계가 형성되면 모두가 행복할 수 있다. 소셜 웹이 지향하는 바이기도 하다. 소셜 웹은 모든 것이 유기적으로 연결되고 누구와도 소통하고 협력할 수 있는 상생의 생태계, 그 자체다.

소셜 웹 비즈니스의 목표

공동선을 추구하는
상생의 생태계 구축

가치창조와 교환을 통한
사회적 가치 형성

소통을 통한
사회적 네트워크 형성

4

대화를 시도하는 기업

　많은 기업들이 소셜 웹을 활용하고 있지만 잘하고 있는 기업도 있고 구색 갖추기만 하고 있는 기업도 있다. 최근 가장 성공적인 소셜 웹 활용사례로 손꼽히는 기업이 바로 트위터를 통해 고객과 대화 하고 있는 KT이다. 100만 명 규모로 추정되는 한국의 트위터리안들 사이에서 오후 세 시는 '올레타임'으로 통한다. 세시 정각이 되면 올레케이티(@ollehkt)가 이벤트를 벌이기 때문이다. 올레케이티가 올레타임에 벌이는 이벤트는 스무고개 퀴즈, 끝말잇기 등 다양하다. 당첨자에게는 작은 경품을 제공함으로써 재미를 배가시키고 있다. KT 서비스에 관해 질문하면 밤낮과 휴일을 가리지 않고 신속히 답변해 주기도 한다.

　현재(2010년 6월) 올레케이티의 팔로워 수는 3만 명 수준으로 이미 트위터 스타의 반열에 들어섰다. 올레케이티가 트위터 스타로 뜨면서

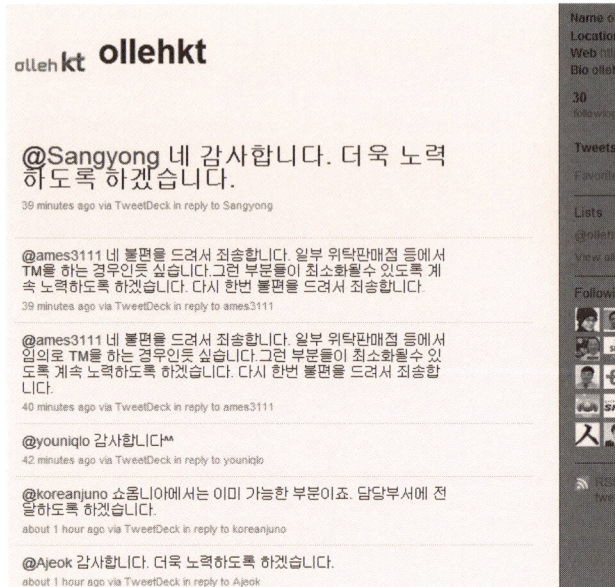

KT의 이미지도 눈에 띄게 좋아졌다고 한다. 올레케이티가 받는 다이렉트메시지도 KT를 비난하는 비중이 눈에 띄게 줄어든 반면 KT 서비스에 관한 질문이 주류가 되었고, 질문에 적극적으로 대응하면서 좋은 평가를 받고 있다. 서비스 관련 아이디어도 많이 들어오고 있다고 한다. 기업문화도 조금씩 달라지면서 고객과의 소통이 중요하다는 사실을 임직원들이 공감하기 시작했다. 공룡기업 KT가 고객과 눈높이를 맞추고 고객의 목소리에 귀 기울이기 시작하면서 놀라운 변화가 생기고 있는 것이다. 이제 KT는 소셜 웹에서 너무나 친근한 '기업 친구'로 거듭나고 있다.

2년 동안 트위터를 통해 총 650만 달러를 벌어들인 델(Dell)의 사례도 눈여겨볼 필요가 있다. 트위터를 기업이나 브랜드 홍보 수단 또는 고객서비스 용도로 이용할 수도 있지만 트위터를 통해 직접 제품을 판매하여 매출을 올릴 수 있다는 점에서 좋은 사례이기 때문이다. 델은 지난 2년간 트위터를 통해 판매한 컴퓨터, 액세서리, 그리고 소프트웨어로 총 650만 달러를 벌어들였다고 한다. 델은 현재까지 20개가 넘는 트위터 계정을 100명이 넘는 직원들을 고용하여 관리하고 있으며 12개국 소비자들과의 소통 창구로 이용하고 있다고 한다. 그 중 두 개의 계정은 판매를 위한 계정이고 나머지는 델의 고객들과의 대화를 위한 계정이다. 할인정보 제공은 물론 불만처리, A/S처리 등 다양한 고객서비스를 제공하고 있다. Delloutlet이라는 계정의 경우 할인 정보를 트위팅 해주는데 이는 오직 Delloutlet의 팔로워에게만 독점적으로 제공되는 혜택이라고 한다. Delloutlet의 팔로워 수는 160만 명에 육박하고 있다. 한 번의 트위팅 만으로 160만 명의 고객에게 메시지를 전달할 수 있다는 이야기이다. 너무나 매력적인 소통수단 아닌가?

하지만 트위터만 개설해 놓고 대화와 소통보다는 구색 갖추기에만 급급하는 경우도 많이 볼 수 있다. 서울시에서 운영하는 여성정책과(@women seoul) 트위터 계정은 '여성 가족 정책관'의 정책 홍보 용도로 운영되고 있다. 팔로워들의 대화는 거의 없는 상태이며

Dell의 트위터
델아울렛(@Delloutlet)

팔로워 수도 150명 수준이다. 보도자료나 정책을 홍보하는 무미건조한 트윗만 날리고 있을 뿐이다. 정부기관에서 트위터를 운영하고 있다는 대외명분만을 내세우기 위해 운영하고 있다는 생각이 들 정도다. 하지만 이와 같이 트위터를 운영하는 것은 아무 의미도 없을 뿐더러 트위터 운영에 소요되는 예산만 낭비할 뿐이다. 인터넷을 이용하는 수많은 사람에게 유용한 정보를 제공하고 싶고 여성이 행복한 도시를 만들고 싶다면 우선 다양한 이벤트와 적극적인 소통으로 팔로워 수를 늘려야 한다.

트위터가 최근 급부상하면서 소셜 웹 서비스의 대표주자가 되었고 그와 관련된 많은 사례들이 소개되고 있지만 기업에서는 오래 전부터 블로그를 이용해 고객에게 정보를 제공하고 대화하는 등의 소통활동을 진행하고 있었다. LG전자, 삼성전자, 국민은행 등 많은 기업들이 블로그를 운영하고 있는데, 그 중 풀무원의 '아주 사적인 이야기'가 눈길을 끈다. 풀무원 블로그에서는 풀무원 식구들이 풀무원의 진짜 이야기를 들려주고 있다. 社적인 이야기이자 私적인 이야기를 담아가고 있는 것이다. 생활 곳곳에서 만나는 풀무원의 친숙한 제품들이 탄생하기까지의 숨은 이야기들을 숨김없이 보여주고 있으며 특히 풀무원의 엄격한 제조공정이나 사회공헌 현장의 살아있는 이야기들, 그리고 블로거들 사이에서 인기 있는 갖가지 음식 이야기들도 소개하고 있다. 또한 고객의 댓글에 일일이 댓글을 달아주는 등 블로거로써의 친근함도 놓치지 않고 있다. 다양한 콘텐츠 전달과 함께 친근함까지 제공함으로써 기업 이미지 향상에 큰 기여를 하고 있다. 역시 블로그의 가장 큰 장점은 기업이 강조하고자 하는 메시지를 효과적으로 전달할 수 있다는 점이다. 동영상, 웹툰, 사진 등의 멀티미디어를 활용하여 수준 높은 콘텐츠를 제공할 수 있고, 단순한 재미보다는 유익한 정보를 전달할 수 있으며, 진솔한 이야기를 들려줄 수 있다는 것도 큰 매력 포인트가 될 수 있다.

이와 같은 기업의 성공사례를 보면 소셜 웹 활용 전략에 대한 몇 가지 시사점을 얻을 수 있다.

1. 진정성을 담아 고객을 대하라!
2. 고객의 한마디도 놓치지 마라!
3. 작은 이벤트를 지속적으로 진행하라!
4. 빠른 피드백을 제공하라!
5. 유익한 정보를 제공하라!

소셜 웹을 운영하기 위해서는 고객의 무서움을 알아야 한다. 고객은 절대로 관대하지 않다. 그리고 기다리는 것을 무척 싫어한다. 고객을 이해하고 고객의 입장에서 생각해본다면 기업의 소셜 웹 활용이 훨씬 쉬워질 것이다.

5
소셜 웹 접근전략

　블로그, 트위터, 페이스북 등 소셜 웹 서비스가 급격히 성장하면서 기업들은 이것을 어떻게 활용할 수 있는지 관심을 갖기 시작했다. 특히 전문성을 갖춘 전담인력이 필요하고 콘텐츠 제작 등에 적지 않은 비용이 발생하는 등 상대적으로 리스크가 큰 블로그에 비해 트위터는 운영이 매우 간단하고 운영에 따른 비용도 거의 들지 않기 때문에 많은 기업에서 관심을 갖고 도입을 시도하고 있다. 마케팅 담당자들은 저렴하고 잠재적 영향력이 높은 소셜 웹 서비스를 제품 및 서비스 프로모션의 한 방법으로 여기기 시작한 것이다. 미국 광고주 협회에 따르면, 2009년 약 66%의 마케팅 담당자들이 소셜 웹 서비스를 마케팅에 이용해 본 것으로 조사됐는데, 2007년 20%에 그쳤던 것에 비하면 비율이 상당히 높아졌다. 하지만 소셜 웹을 비즈니스에 접목함으로써 전체 사업이 변할 것이라고 기대해서는 안

| 구체적인
목표 수립 | 소셜 웹 채널
전략 수립 | 가이드라인
전략 수립 | 유용한 정보
및
콘텐츠 제공 | 고객과의
소셜
상호작용 |

된다. 기업이나 브랜드, 제품에 관심이 있는 사람들을 찾고, 이야기하며, 고객에게 관심을 가져야 한다. 그리고 소셜 웹을 비즈니스에 접목하는 것에 전체 비즈니스의 운명을 거는 것이 아니라 여러 가지 마케팅 전략 중 하나가 되어야 한다. 어떤 마케팅 채널에 비중을 높게 책정하느냐에 따라 다양한 마케팅 전략이 수립될 수 있다.

목표를 정하라

소셜 웹에 접근하기 위해서는 구체적이고 명확한 목표를 수립해야 한다. 아주 원론적인 이야기이지만 목표가 있어야 그에 따르는 전략이 나올 수 있기 때문이다. 누구와 대화하려는지, 무엇을 얻으려고 하는지, 기업의 이미지를 향상시킬 것인지, 브랜드 이미지를 향상시킬 것인지, 매출을 높일 것인지 등 구체적인 목표가 수립되어야 제대로 된 전략이 나올 수 있다. 또한 목표가 수립되어야 소셜 웹을 활용함에 따른 성과를 측정할 수 있고 성패여부를 판단할 수 있다.

소셜 웹 채널을 정하라

목표가 명확히 수립되었다면 그 목표를 달성하는 데 가장 이상적인 소셜 웹 채널, 일명 소셜 미디어를 결정해야 한다. 블로그, 커뮤니티, 트위터, 페이스북, 링크나우 등 무수히 많은 소셜 웹 채널이 있다. 하지만 모든 소셜 웹 채널은 그 성격이 다르며 각기 장단점이 있다. 이 가운데 하나를 선택하라는 것은 아니다. 어떤 채널을 메인으로 할 것인지, 어떤 채널을 서브로 할 것인지 등의 미디어 믹스 전략이 필요하다. 예를 들어 블로그에서 주요 콘텐츠와 정보를 제공하고 트위터와 페이스북을 통하여 업데이트 사실을 알리는 전략을 수립하게 되면 블로그가 메인 채널이 될 것이고 트위터와 페이스북은 서브 채널이 될 것이다. 트위터를 통하여 지속적으로 이벤트를 진행함으로써 많은 팔로워를 확보하는 한편 고객 불만처리 등의 고객서비스를 제공한다면 트위터를 메인 채널로 하는 전략이 수립될 수 있다. 사실 소셜 웹 채널의 성격과 장단점이 각기 다르기 때문에 단 한 번의 전략수립으로 목표를 달성하기는 쉽지 않다. 지속적으로 소셜 웹 채널을 활용하면서 성과를 측정하고 목표를 달성하기 위해 수시로 전략을 변경해야 한다. 가령 블로그를 메인 채널로 하는 전략을 수립했다가 고객이 식상해하고 지루해 한다면 트위터를 메인 채널로 하고 블로그를 서브 채널로 변경하여 운영해볼 수 있다. 물론 이 경우에도 수시로 성과를 측정하면서 목표 달성을 위해 제대로 나아가고 있는지 예의주시해야 한다.

가이드라인을 세워라

소셜 웹 채널을 결정했다면 소셜 웹 활용을 위한 가이드라인을 세워야 한다. 사실 소셜 웹을 처음 활용하는 기업이 가이드라인을 세우기는 매우 어렵다. 어떤 콘텐츠를 제공할 것인지, 어떤 정보를 제공할 것인지, 고객과 어떻게 대화할 것인지, 어느 정도 수준에서 고객에게 기업의 정보를 오픈할 것인지 등등 무수히 많은 결정사항이 포함된다. 하지만 사안이 발생할 때마다 보고체계를 통해 지침을 받을 수는 없다. 고객은 기다리는 것을 매우 싫어하기 때문이다. 그렇기 때문에 소셜 웹 채널 운영에 대한 가이드라인은 반드시 세워야 한다. 물론 가이드라인은 고객의 반응과 기업의 전략 변화에 따라 매우 유동적으로 변할 수 있다. 소셜 웹의 장점 중 하나는 상황에 따라 전략을 변경하여 발 빠르게 대처할 수 있다는 것이다. 그리고 소셜 웹 채널을 운영하는 직원이 여러 명일 경우 가이드라인이 없다면 각기 다른 목소리를 낼 수도 있다. 그렇기 때문에 소셜 웹을 활용한 전략을 수립했다면 그에 따른 가이드라인을 반드시 세워야 한다. 처음부터 완벽할 필요는 없다. 소셜 웹 채널을 운영해나가면서 잘못된 가이드라인이 있다면 하나하나 바꿔나가면 되기 때문이다. 이것이 바로 소셜 웹이기에 가능한 '완성을 향한 미완성의 미학'이다.

고객이 원하는 고객이 필요로 하는 정보와 콘텐츠, 이벤트를 제공하라

가이드라인이 세워졌다면 다음 단계는 고객과 만날 차례다. 소셜 웹 채널에 따라 정보나 콘텐츠의 형태가 각기 다르기는 하지만 원칙은 하나다. 바로 고객이 원하는, 고객이 필요로 하는 정보와 콘텐츠를 제공해야 한다. 물론 가이드라인에 위배되지 않는 선에서. 매력적인 정보와 콘텐츠를 주기적으로 제공한다면 고객들이 알아서 찾아올 것이다. 거기다가 지속적으로 이벤트를 제공한다면 금상첨화다. 이벤트를 하면 비용이 많이 들 것이라고 오해하기 쉬운데 절대 그렇지 않다. 문화상품권, 영화예매권, 모바일상품권(기프티콘) 등 저렴한 경품으로도 얼마든지 많은 고객에게 기쁨과 행복을 줄 수 있고 이벤트를 기다리게 할 수 있다. 정말 중요한 것은 경품의 규모가 아니라 꾸준함이다.

고객과 친해져라

　사실 가장 중요하면서도 간과하기 쉬운 부분이 고객과 친해지는 부분이다. 고객에게 진정성을 담아 다가서지 않고 업무의 일부분이라고 생각하거나, 고객이 블로그에 남긴 댓글에 형식적으로 댓글을 달거나, 트위터에 남긴 고객의 목소리에 회사의 공식 입장만을 전달하거나, 메마른 대화만을 한다면 고객과 친해질 수 없다. 고객과 웃고 즐기면서 소셜 웹 채널을 운영해야 한다. 고객과 희로애락을 같이 해야 한다. 고객과 가벼운 농담, 일상적인 이야기를 즐겨라. 물론 이 역시 가이드라인 내에서 해야 한다. 고객과 친해진다면 고객은 기업을 위해 그 이상을 해줄 것이다. 고객이 최고의 마케터라는 말이 있다. 기업에 호감을 갖고 있는 고객만큼 확실한 마케터도 없다는 이야기다. 오늘 한 사람의 고객과 친해진다면 기업의 미래가 달라질 것이다.

6

기업의 대표 소통채널이 된
소셜 웹

블로그, 트위터와 같은 소셜 웹 서비스가 사회적으로 이슈가 되면서 소셜 웹이 대표적인 소통채널로써 각광받고 있다. 사실 소셜 웹 이전에는 기업이 고객에게 혹은 사회에 어떤 메시지를 전달하는 데 제약이 많았다. 게다가 비용도 많이 소요됐다. 신제품 출시를 알리려면 거액의 광고예산이 있어야 가능한 TV 광고를 하거나 신문기사를 내보내야 했다. 신문기사를 내보내기 위해 울며 겨자 먹기로 신문광고를 진행하기도 했다. 포털 사이트에서 배너광고를 하고 대규모 경품 이벤트를 진행해야 했다. 하지만 소셜 웹 서비스의 등장으로 기업은 아주 손쉽게, 시도 때도 없이 고객과 사회에 메시지를 전달할 수 있게 되었다.

2010년 2월7일, 세계에서 가장 높은 TV 광고비가 책정되는 것으로 유명한 슈퍼볼 광고에서 23년간 지속적으로 참여해왔던 브랜드

하나를 볼 수 없었다. 그 주인공은 다름 아닌 펩시다. 슈퍼볼 광고에 지출될 비용을 'Pepsi Refreshing'이라고 하는 소셜 프로그램에 투자했기 때문이다. 사람들이 세계를 리프레싱 할 수 있는 아이디어를 제안하고, 제안한 당사자가 자신의 소셜네트워크에 알려 사람들에게 평가받고, 그 결과의 호응도에 따라 해당 아이디어를 실행할 수 있는 펀드를 지원하는 소셜 프로그램을 런칭한 것이다. 슈퍼볼 광고 30초에 몇 백 억 원을 사용하는 것보다, 더 많은 사람들이 참여하는 새로운 개념의 소셜 마케팅이 더 의미 있고 값지다고 판단했기 때문이다.

이와 같이 소셜 웹은 기업이 사회, 혹은 고객과 소통할 수 있는 다양한 방법을 제공한다. 펩시와 같이 획기적인 아이디어가 아니더라도 소셜 웹을 활용하는 데 부담을 가질 필요는 전혀 없다. 그저 진정성을 갖고 고객과 대화할 준비가 되어 있으면 된다. 특히 스마트폰이 대중화되면서 언제 어디에서든지 온라인에 접속할 수 있는 시대가 펼쳐지고 있다. 언제 어디에서나 기업, 고객, 사회를 연결시켜 정보와 경험을 공유하고 이야기를 나눌 수 있도록 도와주는 것이 바로 소셜 웹이다. 소셜 웹은 색다른 것이 아니라 우리의 일상이 되고 있다. 이제 소셜 웹 서비스를 이용해 고객과, 나아가 사회와 소통하라! 팔로워 수가 만 명이면 1트윗 하나에 만 명에게 메시지를 전달할 수 있다. 그 만 명은 또 자신의 팔로워에게 리트윗(RT)을 날릴 수 있다. 그 파급효과는 상상을 초월한다. 이제 소셜 웹이 기업, 고객, 사회를 연결해주는 가장 대표적인 소통채널로 각광받기 시작하고 있다.

또한 기업은 이익의 사회 환원에도 관심을 가져야 한다. 펩시의 'Pepsi Refreshing'도 이익의 사회 환원과 무관하지 않다. 물론 기업은 사회 환원을 통해 기업 이미지를 향상시키고 브랜드 가치를 높일 수 있는 기회로 활용함으로써 부가적인 성과도 올릴 수 있다. 나눔의 문화를 실천한다는 자체만으로도 기업에 대한 호감도는 향상되기 때문이다. 기업의 입장에서는 사회와 소통할 수 있는 방법 중 하나가 바로 이와 같은 이익의 사회 환원이다. 마케팅 담당자 입장에서는 같은 금액의 예산으로 어떻게 하면 가장 효과적으로 좋은 일에 사용할 수 있을지를 고민해야 한다. 모두가 펩시와 같은 프로그램을 만들어낼 수는 없다. 다만 사회적인 웹을 지향하는 소셜 웹에서 사회와 소통할 수 있는 프로그램을 하나하나 만들어 나가면서 선례를 남긴다면 언젠가는 새로운 문화를 만들어낼 수 있지 않을까?

7

소셜 웹과
소규모 경제활동

소셜 웹에서는 여러 가지 형태로 경제활동이 가능하다. 새로운 소셜 웹 서비스를 기획하여 런칭 할 수도 있으며, 기존 소셜 웹 서비스를 이용하여 마케팅 활동을 전개해 나갈 수도 있다. 또한 소셜 웹을 이용하여 1인 기업을 운영할 수도 있으며, 개인이 소규모의 경제활동도 영위할 수 있다. 사실 1인 기업이나 개인에게 소셜 웹은 기회의 땅이다. 소셜 웹에서 제공하는 수많은 플랫폼과 서비스를 제대로 활용한다면 혼자서도 비즈니스 활동을 전개할 수 있으며 개인도 여러 가지 형태의 수익 플랫폼을 활용하여 수익을 발생시킬 수 있다.

최근 정부에서 '1인 창조기업'을 육성하기 위해 많은 지원책을 마련해놓고 있다. 무엇보다도 사업을 하고 싶어도 여러 가지 여건이 허락하지 않아서 실행에 옮기지 못하고 있는 많은 사람들에게는 좋은 창업의 기회가 될 수 있다. 또한 청년실업이 사회적으로 큰 문제가 되자 취업을 할 수 없으면 1인 기업으로 창업할 수 있도록 지원하고 있기 때문에 대학교를 갓 졸업한 사회 초년병에게도 좋은 기회가 될 수 있다. 1인 기업이라고 하면 쉽게 떠올릴 수 있는 직업군이 프리랜서다. 어느 한 기업에 얽매이지 않고 자유계약을 통하여 자신을 필요로 하는 기업에서 일을 하고 계약이 종료되면 다른 일을 찾아 떠나는 자유로운 직업이다. 하지만 최근에 나타나고 있는 현상은 이전과는 조금 다르게 전개되고 있다. 사실 기존에는 프리랜서를 할 수 있는 분야가 한정되어 있었다. 프로그램 개발, 디자인 등 고부가가치를 낼 수 있는 분야에 한정되어 있었지만 최근에는 거의 전 분야에 걸쳐 1인 기업의 창업이 이뤄지고 있다. 대표적으로 자신이 갖고 있는 지식과 노하우를 활용하여 기업이나 개인에게 도움을 줄 수 있는 지식 서비스를 비즈니스 모델로 하는 코칭이나 컨설팅과 같은 분야가 각광받고 있다. 아무리 그래도 1인 기업으로 창업한다는 게 쉽지만은 않은 일이다. 사무실도 꾸려야 하고, MS오피스와 같은 소프트웨어도 구매해야 하는 등 창업에는 이것저것 많은 비용이 발생한다. 하지만 소셜 웹을 적절히 활용한다면 창업에 소요되는 비용을 획기적으로 절감할 수 있다. 사업 초기에 가장 큰 리스크가 될 수 있는 사무실을 꾸리기보다는 언제 어디에서나 웹에 접속하여 업무를 볼 수 있도록 유비쿼터스 오피스를 구축하면 된다. 소셜 웹에서는 업무에 필요한 다양한 서비스와 무료 애플리케이션을 제공한다. 대표적인 서비스로는 구글 오피스, 구글 애플리케이션, 스프링노트 등이 있다. 특히 구글 오피스는 웹에 접속하여 바로 문서를 생성, 저장, 수정할 수 있으며 협업하기를 원하는 사람을 초대하여 문서를 같이 작성할 수 있는 등 유비쿼터스 오피스 구축 시 가장 유용하게 활용할 수 있는 서비스다. 이와 같이 소셜 웹 서비스를 이용하게 되면 큰 리스크 없이 1인 기업을 창업해 사업을 시작할 수 있다.

1인 기업의 형태가 아니어도 개인이 소셜 웹 서비스를 이용하여 수익을 올릴 수 있는 다양한 방법이 있다. 대표적으로 블로그를 운영하면서 광고수익을 올리거나, 체험단처럼 리뷰를 통하여 수익을 올릴 수도 있으며, 언론사 등에 글을 기고하여 원고료 수익을 얻을 수도 있다. 페이스북, 싸이월드와 같은 소셜 플랫폼을 이용하여 개인이 개발한 애플리케이션이나 소셜 게임을 판매함으로써 수익을 얻을 수도 있을 것이며, 스마트폰 애플리케이션을 개발하여 앱스토어에서 판매할 수도 있다. 소셜 웹상에서 개인이 경제활동을 영위할 수 있는 수익모델이 다양해졌다.

소셜 웹은 1인 기업이나 개인이 경제활동을 영위할 수 있는 다양한 서비스와 플랫폼을 제공한다. 소셜 웹을 적절히 활용한다면 누구나 손쉽게 창업을 할 수 있으며 블로그를 활용하여 생업 이외에 부가적인 수익을 얻을 수도 있다. 소셜 웹은 대규모 기업에게만 기회의 땅이 아니라 소규모 기업, 나아가 개인에게도 뿌리칠 수 없는 기회의 땅이다. 이 기회의 땅을 내버려 두느냐 개척하느냐는 전적으로 당신의 선택에 달렸다.

2장
기업의 새로운 기회,
소셜 마케팅

소셜 마케팅믹스 'Social 5C' 전략

세계적인 석학들에 의해 연구되고 공식화되어 마케팅원론에서 가르치는 마케팅 전략이 있다. STP전략, SWOT분석, 마케팅믹스 4P전략 등이 그 대표적인 전략이다. 이와 같이 공식화된 툴에 따라 마케팅 전략이 수립되게 마련이다. 기업은 마케팅 전략을 통하여 소비자에게 알리고자 하는 상업적 메시지를 효율적으로 전달함으로써 기업의 목적을 달성하고자 한다. 그에 반해 소셜 마케팅은 기업과 소비자가 동등한 입장에서 관계를 형성하고, 대화하고, 소통하면서 각자의 목적을 달성해 나가는 마케팅이다. 소셜 마케팅의 공통적인 특징은 단순히 상업적인 목적 보다는 일반 사용자들에게 유용한 지식이나 정보를 제공하여 그들의 욕구를 충족시켜주고 사회적으로 널리 공유함으로써 보다 많은 사람들이 지식과 정보의 혜택을 누리게 한다는 것이다. 여타의 마케팅 기법이 사회공헌과는 거리가

먼 반면 소셜 마케팅의 최종목표가 사회공헌이라는 점이 의미하는
바는 매우 크다.

소셜 마케팅의 특징과 프로세스를 분석해보면 소셜 마케팅 전략
수립을 위한 다섯 가지 요소를 도출할 수 있다. 이른바 '소셜 마케팅
믹스 Social 5C' 전략이다. Social 5C는 'Social Channel', 'Social
Content', 'Social Communication', 'Social Confidence', 'Social
Contribution'으로 정리된다. 'Social 5C'를 믹스해서 다양한 소셜
마케팅 전략을 수립할 수 있다.

Social Channel 전략

소셜 마케팅의 목적을 명확히 설정하고, 그 목적을 달성하기에 가
장 적합한 소셜 채널을 선정하는 미디어믹스 전략이다. 블로그, 트
위터, 페이스북, 싸이월드, 카페, 커뮤니티 사이트 등 고객과 대화
할 수 있는 곳이면 어디든 소셜 채널, 혹은 소셜 미디어가 될 수 있
다. 소셜 마케팅의 목적을 명확히 설정했다면 이제는 대화하고자 하
는 고객의 타깃을 설정해야 한다. 그리고 그 타깃과 대화하기에 가
장 적합한 소셜 채널을 선정한다. 여기서 주의할 점은 소셜 채널을
딱 하나만 선정할 필요는 없다는 점이다. 다양한 소셜 채널을 활용

소셜 마케팅믹스 'Social 5C' 전략

Social Marketing Mix 5C		
Social **C**hannel	→	소셜 마케팅 목적에 가장 적합한 소셜 채널(소셜 미디어)전략수립
Social **C**ontent	→	소셜 채널을 통해 제공하고자 하는 정보 및 콘텐츠 전략수립
Social **C**ommunication	→	소셜 채널을 통해 고객과 소통하기 위한 전략수립
Social **C**onfidence	→	고객과의 신뢰관계를 구축하기 위한 전략수립
Social **C**ontribution	→	기부 및 공익사업 등 사회에 공헌할 수 있는 전략 수립

하되 효과가 가장 좋은 소셜 채널을 선정하여 메인 채널로 활용하고 다른 소셜 채널들은 주기적으로 모니터링하면서 관리해주는 수준으로 미디어믹스 전략을 수립하면 된다. 미디어믹스 전략은 기업마다 제품이 다르고, 고객이 다르고, 기업문화가 다르고, 추구하는 바가 다르기 때문에 기업마다 다른 전략이 나올 수밖에 없다. 기업 입장에서는 소셜 마케팅을 시작하면서 수립한 미디어믹스 전략을 끝까지 고수하기보다는 지속적으로 효과를 측정하고 고객과 대화하면서 더욱 효과적인 미디어믹스 전략을 수립하는 등 전략을 변화시키는 노력이 필요하다.

Social Content 전략

소셜 채널을 통해 제공하고자 하는 정보 및 콘텐츠에 대한 전략을 수립한다. 소셜 채널마다 콘텐츠의 형식도 각기 다르기 때문에 미디어믹스 전략에 따라 콘텐츠의 형식도 다르다. 블로그를 메인 채널로 선정했다면 블로그에 적합한 콘텐츠를 제작해야 하고 트위터를 메인 채널로 선정했다면 트위터에 적합한 콘텐츠를 제작해야 한다. 물론 트위터는 140자의 텍스트만 업데이트할 수 있기 때문에 특별히 콘텐츠를 제작할 필요는 없겠지만 대신 고객을 위한 다양한 이벤트를 기획해야 한다. 그리고 정보나 콘텐츠를 제공하기 위해서는 명확한 전략이 필요하다. 기업이 제공하고자 하는 정보나 콘텐츠가 무엇인지, 텍스트·사진·동영상·웹툰 등 어떤 형식의 콘텐츠를 제작할 것인지, 콘텐츠 업데이트 주기는 어떻게 할 것인지, 어떤 이벤트를 주기적으로 제공할 것인지 등 전반적으로 콘텐츠에 대한 전략을 수립해야 한다. 소셜 콘텐츠 전략이 제대로 수립되지 않으면 소셜 마케팅을 실시하면서 소셜 채널에 무엇을 채워 넣어야 할 것인지 우왕좌왕하게 되며 콘텐츠 업데이트가 제대로 이루어지지 않을 수 있다. 또한 기업이 추구하는 바가 명확하지 않으면 기업이 전달하고자 하는 메시지가 중구난방으로 전달될 수 있기 때문에 주의해야 한다.

Social Communication 전략

소셜 채널을 통해 고객과 소통하기 위한 전략을 수립한다. 미디어 믹스 전략에 따라 커뮤니케이션 전략도 천차만별이 될 수 있다. 트위터를 메인 채널로 선정하고 블로그, 카페, 커뮤니티 사이트를 서브 채널로 선정했다면 트위터를 통해 고객과 수시로 대화하면서 다양한 이벤트를 제공하는 등 적극적으로 고객과의 대화를 시도한다. 이에 반해 서브 채널은 주기적으로 모니터링하면서 고객의 질문에 답변하는 수준으로 운영할 수 있다. 소셜 웹에서는 무슨 일이 벌어질지 모르기 때문에 상황이 발생하면 즉각적인 대처가 필요하다. 그렇기 때문에 주기적인 모니터링이 필요하며 고객과의 대화는 항상 신중해야 한다. 기업에서는 커뮤니케이션에 대한 가이드라인을 반드시 수립하여 직원교육을 실시해야 하며, 수립된 가이드라인 내에서는 자유로운 대화를 최대한 허용해야 한다. 소셜 마케팅 담당자도 사람이기 때문에 기업 대 사람이 아닌, 사람 대 사람으로 고객을 대해야만 고객이 기업의 마음을 이해할 수 있을 것이다.

Social Confidence 전략

고객과의 신뢰관계를 구축하기 위한 전략을 수립한다. 고객과 관계를 맺고 대화하고 소통한다고 해서 끝이 아니다. 소셜 마케팅은 고객과의 대화를 통해 신뢰관계를 구축해가는 과정이라고 해도 과언이 아니다. 그만큼 고객과의 신뢰관계 구축은 매우 중요하다. 신뢰관계에서 무엇보다 중요한 것은 진정성을 갖고 고객을 대하는 것이다. 고객은 기업이 진심으로 대하고 있다고 생각한다면 기업의 입장을 이해하고 오히려 기업을 도와줄 수 있는 존재다. 그들의 마음을 사로잡을 수 있는 신뢰구축 전략이 필요하다. 고객과의 약속은 무슨 일이 있어도 지켜야 한다. 철저한 A/S는 기본이고, 고객에게 답변을 주기로 한 시간은 반드시 엄수해야 한다. 체험단, 본사초청 행사 등 고객과 직접 만날 수 있는 다양한 프로그램을 실행하게 되면 고객과의 신뢰 형성에 긍정적인 영향을 미치게 된다.

Social Contribution 전략

기부 및 공익사업 등 사회에 공헌하기 위한 전략을 수립한다. 기업의 이익을 고객, 혹은 사회에 환원함으로써 모두가 잘 살 수 있는 사회를 만들어 나가는 것이다. 한국 기업이 기부에 인색한 것이 사실이지만 기업이 소유하고 있는 것을 나누어야 더 큰 기업으로 발전할 수 있다는 인식을 가져야 한다. 소셜 마케팅에는 기업, 고객, 사회가 함께 할 수 있는 프로그램이 필요하다. 그래야만 고객과의 유대관계가 형성되고 기업이나 브랜드의 이미지도 향상될 수 있다. 하나의 마케팅 프로그램이 끝났다고 해서 소셜 마케팅이 끝나는 것이 아니다. 소셜 마케팅은 지속적이어야 한다. 소셜 마케팅은 기업이 고객, 더 나아가 사회와 소통하기 위한 커뮤니케이션 채널이자 그 과정 자체이기 때문이다.

2

소셜 웹과
브랜드 전략

소셜 웹은 수많은 소비자들의 자유로운 대화를 가능하게 한다. 소비자들은 제품과 서비스에 대해 대화하면서 체험기를 공유하는 등 리뷰 콘텐츠를 만들고 공유한다. 특히 기업이나 브랜드에 부정적인 콘텐츠는 더욱 빠르게 퍼져 나가게 마련이다. 이제는 기업이 브랜드와 관련된 부정적인 정보를 통제하기가 점점 어려워지고 있다. 기업의 브랜드 전략도 소셜 웹 시대에 맞춰 변화해야 한다.

소셜 웹의 활성화는 소비자가 정보를 얻을 수 있는 채널이 많아지고 있고 자신이 갖고 있는 정보를 보다 쉽게 공유할 수 있는 환경이 조성되고 있음을 의미한다. 소비자의 권력이 커지고 있다는 증거다. 소비자들은 더 이상 기업의 일방적인 메시지에 귀를 기울이지 않는다. 필요하다면 자신이 직접 찾을 수 있기 때문이다.

소셜 웹 시대의 브랜드 전략을 이야기함에 앞서 미디어의 변화에 대해 살펴볼 필요가 있다. 브랜드는 미디어를 통해 형성되고 미디어를 통해 붕괴되기 때문이다.

미디어는 크게 '전통 매스 미디어'와 '인터넷 미디어'로 크게 나누어 볼 수 있다. 하지만 소셜 웹 이전과 소셜 웹 이후의 미디어 특성이 판이하게 다르기 때문에 '인터넷 미디어'는 '인터넷 매스 미디어'와 '소셜 미디어'로 다시 나뉜다. 대표적인 전통 매스 미디어로는 TV, 라디오, 신문, 잡지 등이 있으며 커버리지가 넓기 때문에 단기간에 폭넓은 브랜드 인지도 확보가 가능하다. 쌍방향을 강조하는 인터넷 미디어도 초창기에는 전통 매스 미디어와 별반 다를 게 없었다. 쌍방향 커뮤니케이션이 가능하기는 했지만 배너광고 등의 매스 마케팅을 실시하면서 단방향 커뮤니케이션에 그치고 있었다. 이후 웹 2.0 시대를 지나 소셜 웹 시대로 접어들면서 소셜 미디어가 급부상하게 된다. 소셜 미디어는 사람들이 자신의 생각과 의견, 경험, 관점

미디어의 변화

	전통 매스 미디어	인터넷 매스 미디어	소셜 미디어
개요	불특정 대중에게 공적·간접적·일방적으로 많은 정보와 콘텐츠를 전달할 수 있는 미디어로써 쌍방향이 가능한 인터넷 미디어가 등장하기 전까지 광고, 홍보 채널로써 각광받았음	인터넷 이용자들이 증가함에 따라 등장한 인터넷 매스 미디어는 쌍방향 커뮤니케이션이 가능하다는 장점이 있으며 주로 대규모 회원과 페이지뷰를 확보하고 있는 포털 사이트나 커뮤니티사이트를 의미함	사람들이 자신의 생각과 의견, 경험, 관점 등을 서로 공유하고 참여하기 위해 사용하는 개방화된 온라인 툴과 미디어 플랫폼으로, 쌍방향성을 활용하여 사람들이 참여하고 정보를 공유하며 사용자들이 만들어 나가는 미디어
주요 미디어	TV, 라디오, 신문, 잡지	포털 사이트, 커뮤니티사이트 배너광고, 이메일, 검색, 키워드 광고, 검색 최적화	블로그, 마이크로 블로그, SNS, 카페
특성	단방향 커뮤니케이션 커버리지가 넓음 단기간에 폭넓은 브랜드 인지도 확보 가능 조작, 은폐가 가능 타깃팅 불가능	쌍방향 커뮤니케이션이 가능한 미디어이지만 배너광고 등의 매스 마케팅을 실시하면서 단방향 커뮤니케이션에 그치고 있음 자동화 타깃팅 가능 기술 중심	활발한 쌍방향 커뮤니케이션이 이루어져야 마케팅 효과를 볼 수 있는 미디어임 이용자의 경험을 공유하고 공감하는 것이 큰 가치임 소셜 상호작용 타깃팅 가능 사람 중심

등을 서로 공유하고 참여하기 위해 사용하는 개방화된 온라인 툴과 미디어 플랫폼을 의미하며 쌍방향성을 활용하여 사람들이 참여하고 정보를 공유하며 이용자들이 만들어 나가는 미디어다. 이용자의 경험을 공유하고 교감하는 것이 큰 가치이며, 활발한 쌍방향 커뮤니케이션과 소셜 상호작용이 이루어져야 마케팅 효과를 볼 수 있다. 소셜 미디어의 등장으로 브랜드 전략의 패러다임 자체가 바뀌고 있다.

브랜드 전략은 매스 미디어를 통한 브랜드 구축에서 고객과의 진솔한 대화를 통한 브랜드 구축으로 변화하고 있다. 또한 기업의 긍정적인 정보만 선별하여 전달했던 것에 반해 부정적인 정보도 은폐하거나 축소하려는 것이 아니라 고객과의 대화를 통해 이해시키고 공감을 유도하는 형태로 바뀌고 있다. 이는 소셜 웹이 활성화되면서 부정적인 정보를 은폐한다는 것 자체가 불가능하게 되었기 때문에 기업 입장에서는 모든 것을 인정하고 고객에게 선처를 구하는 것 밖에는 방법이 없게 되었기 때문이다. 게다가 소셜 웹 시대가 되면서 기업 브랜드 관련 부서뿐만 아니라 전사적으로 전 직원이 소셜 미디어를 활용하여 브랜드를 구축하기 위해 노력하고 있다. 소셜 미디어를 통한 브랜드 구축은 한두 명의 담당자가 해결할 수 있는 문제가 아니기 때문이다. 전사적으로 많은 직원들이 소셜 미디어를 활용해

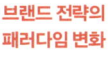

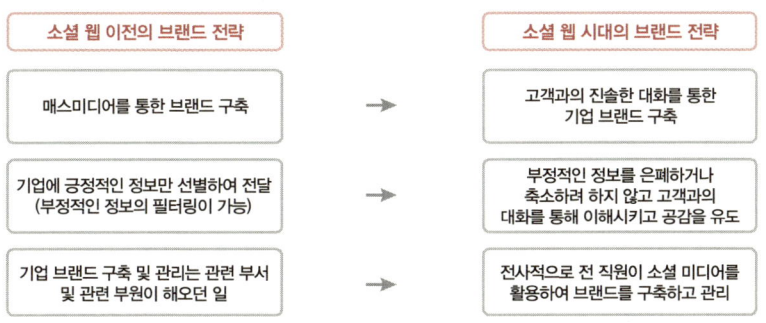

브랜드 전략의 패러다임 변화	소셜 웹 이전의 브랜드 전략		소셜 웹 시대의 브랜드 전략
	매스미디어를 통한 브랜드 구축	→	고객과의 진솔한 대화를 통한 기업 브랜드 구축
	기업에 긍정적인 정보만 선별하여 전달 (부정적인 정보의 필터링이 가능)	→	부정적인 정보를 은폐하거나 축소하려 하지 않고 고객과의 대화를 통해 이해시키고 공감을 유도
	기업 브랜드 구축 및 관리는 관련 부서 및 관련 부원이 해오던 일	→	전사적으로 전 직원이 소셜 미디어를 활용하여 브랜드를 구축하고 관리

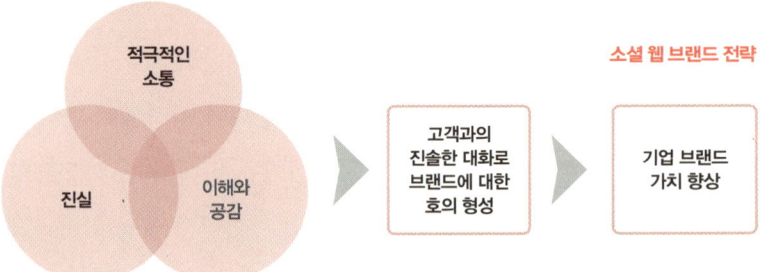

적극적인
소통

진실

이해와
공감

고객과의
진솔한 대화로
브랜드에 대한
호의 형성

기업 브랜드
가치 향상

야만 소셜 미디어에서 자연스럽게 여론이 형성되고 브랜드 인지도도 향상될 수 있다.

소셜 웹 시대의 브랜드 전략은 고객과의 대화에서 시작된다. 진실한 마음을 갖고 고객과의 적극적인 소통을 시도하여 이해와 공감을 얻도록 해야 한다. 누누이 강조하지만 진심으로 대화를 나누려는 진정성을 갖고 고객을 대해야 한다. 또한 고객의 신뢰를 확보하기 위해 기업은 부정한 방법으로 경영을 해서는 안 될 것이고 항상 투명한 경영을 해야 한다. 고객의 이해와 공감을 얻기 위해서는 고객과 견고한 유대관계를 구축해야 하며 그들을 항상 존중하고 배려하는 모습을 보여야 한다. 이와 같은 고객과의 진솔한 대화를 통해 기업과 브랜드에 대한 호의가 형성될 것이며 나아가 기업 브랜드 가치가 향상될 수 있다. 결국 고객과 적극적으로 대화하면서 끈끈한 유대관계를 구축하는 기업이 브랜드 가치를 향상시키는 데 그만큼 유리한 고지에 올라설 수 있을 것이다.

3

고객과 일상을 공유하는
소셜 마케팅

    기업에게 마케팅은 고객과 소통하는 하나의 방법이다. 브랜드를 알리기 위해, 매출을 올리기 위해 광고를 하고 이벤트를 하고 프로모션을 진행한다. 하지만 철저하게 과학적으로 이루어지는 기업의 마케팅 활동에 대한 비판의 목소리도 적지 않다. 이슈를 만들기 위한 노이즈마케팅이나 고객의 지갑을 열기 위한 무차별적인 마케팅의 경우 더더욱 그렇다. 이제는 마케팅에 대한 인식도 바뀌어야 한다. 단순히 브랜드를 알리고 어떻게 하면 고객의 지갑을 열게 할 것인지 고민할 게 아니라 고객과 어떻게 하면 친밀해질까를 고민해야 한다. 고객과 대화하고 소통하면서 자연스럽게 친해진다면 그들은 기업을 위해 무엇이든지 해줄 수 있다. 기업의 제품 구매는 물론이고 기업을 위해 입소문을 내줄 수도 있을 것이고 심지어 기업의 입장에서 변론을 해줄 수도 있다.

소셜 웹이 전 세계를 강타하고 있는 현시점에서, 기존의 마케팅 방식과 같이 철저히 과학적으로 계산된 마케팅이 아니라 고객과 일상을 공유하는 소셜 마케팅은 어떨까? 소셜 마케팅은 일상이 되어야 한다. 끊임없이 고객과 대화하고 그들과 친구가 되기 위해 많은 노력을 해야 한다. 사실 소셜 마케팅에는 전략 자체가 필요 없을 수도 있다. 최고의 전략은 고객과의 진솔한 대화이기 때문이다. 물론 기존의 마케팅 방식과 소셜 마케팅 방식은 접목되어야 한다. 어느 한 가지의 효과가 더 좋다고 다른 것을 없앨 수는 없다. 기존의 마케팅 전략에 덤으로 소셜 마케팅을 추가하는 형태라고 보면 된다. 지금은 소셜 마케팅이 이제 막 태동하고 있는 시점이기 때문에 전사적인 마케팅 전략의 메인이 되기에는 불안한 감이 없지 않을 것이다. 하지만 소셜 마케팅만으로 번창하고 있는 기업도 있으니 언젠가는 소셜 마케팅이 마케팅 전략의 주류로 자리 잡게 되지 않을까?

소셜 마케팅은 배너광고처럼 광고구좌를 돈 주고 사는 것이 아니라 고객과 대화를 하는 것이다. 대부분의 소셜 미디어는 무료로 운영이 가능하다. 기업 전용 서비스를 유료로 제공하는 소셜 미디어도 있지만 거의 대부분은 별도의 비용 없이 얼마든지 이용할 수 있다. 그렇기 때문에 소셜 마케팅은 예산의 문제가 아니라 진실성과 지속성의 문제다. 소셜 마케팅은 쌍방향 커뮤니케이션과 소셜 상호작용을 핵심으로 하고 있다. 고객과 매일매일 대화하고 안부를 묻고 일상을 공유하게 된다면 그들은 기꺼이 기업의 친구가 되어줄 것이다.

4

이것만은 지키자!
소셜 미디어 가이드라인

    IBM은 임직원들의 소셜 미디어 활용 가이드라인과 윤리 코드를 만들어 배포하여 임직원들의 자율성을 최대한 존중하면서 잘못된 소셜 미디어 운영으로 기업 이미지에 해를 끼치지 않도록 했다. 결과적으로 IBM은 임직원 간의 활발한 의사소통을 유도해 열린 조직 문화를 만들 수 있었다. 인텔은 아예 자사 홈페이지에 '인텔 소셜 미디어 지침'을 공지하여 임직원 뿐 아니라 인텔과 관계된 모든 사람들이 이 지침에 대해 교육받고 이해하고 준수할 것을 당부하고 있다. 자유롭게 소셜 미디어를 이용할 수는 있지만 기업에 해를 끼치는 행위는 하지 말라는 뜻이다. 이처럼 기업의 임직원이 소셜 미디어를 제대로 활용할 수 있도록 확실한 가이드라인을 제시해야 한다. 그래야만 기업에 도움이 되도록 소셜 미디어 운영을 유도할 수 있으며, 문제가 발생하더라도 가이드라인에 따라 대처하도록 교육되어 있다면 피해를 최소화할 수 있을 것이다.

진실한 대화가 최선이다

소셜 마케팅은 고객과 쌍방향으로 커뮤니케이션하면서 기업이 전달하고자 하는 메시지를 효과적으로 전달해야 한다. 하지만 고객은 기업의 메시지를 공해라고 생각한다. 그렇기 때문에 광고도, 홍보도 별 효과를 보지 못하고 있는 것이다. 기업의 말을 믿을까, 제품을 써본 사람의 말을 믿을까? 당연히 제품을 실제로 써본 사람의 말을 믿을 것이다. 그리고 소셜 웹 시대에는 이와 같은 정보가 넘쳐나고 있기 때문에 정보를 찾아내는 것도 시간문제일 뿐 누구나 찾아낼 수 있다. 문제의 핵심은 고객에게 메시지를 전달하는 것이 아니라 고객과 어떻게 하면 친해지는가이다. 고객과 진실한 대화를 나누라. 진심을 담아 고객과 웃고, 떠들고, 즐기고, 슬퍼하라. 그러면 고객은 기업의 진정한 친구가 될 것이다.

민감한 정보를 알릴 때는 신중하라

문제는 항상 순간의 판단 실수로 일어나게 된다. 문제의 소지가 있는 메시지를 남길 때는 여러 가지로 고민을 하게 된다. 이것은 문제가 될 수도 있고 아닐 수도 있다. 하지만 이와 같은 고민을 유발하는 메시지는 무턱대고 공개하지 말고 기업의 의견을 들어보는 게 중요하다. 그리고 기업에게 의견을 묻는 순간 모든 책임은 기업에게 넘어가게 될 것이고 기업은 공개여부를 판단하게 된다. 소셜 마케팅에서는 한순간의 방심이 걷잡을 수 없이 큰 문제로 발전될 수 있다. 방심은 금물이다.

자연스럽게 대화하라

소셜 마케팅은 고객과의 대화다. 하지만 아직도 많은 기업들이 소셜 미디어에서 너무나 사무적으로 대화하고 있다. 개성을 드러내고 자신의 생각을 말하는 것을 두려워하면 안 된다. 기업의 입장에서 대화를 할뿐 소셜 마케팅 담당자도 사람이고 다른 기업에게는 또 다른 고객일 뿐이다. 고객과의 대화를 재미있게 즐겨라.

가치를 창출하라

소셜 마케팅은 새로운 가치를 창출할 수 있어야 한다. 그것은 고객과의 관계 형성, 새로운 기업문화 정립, 공동체 의식 형성, 자아의 발전에 기여하게 될 것이다. 사람들은 자신이 갖고 있는 지식이나 경험을 공유하면서 발전하게 된다. 머릿속에만 있는 지식은 정리가 안 된 상태로 존재하기 때문에 쉽게 잊혀지고 발전할 수 없다. 하지만 이 지식과 경험을 글로 기록하는 과정에서 스스로 머릿속에서 정리가 되고 많은 사람에게 공개된다면 수많은 사람의 집단지성이 결합되어 더 큰 가치를 창출할 수 있게 된다. 이와 같이 자아를 발전시키고, 업무를 수행하고, 문제를 해결해 나간다면 소셜 마케팅은 이미 충분한 가치를 창출하는 것이다.

고객의 참여를 이끌어내라

소셜 마케팅은 기업의 메시지를 일방적으로 전달하는 것이 아니라 고객과 대화를 주고받는 것이다. 대화를 주고받는 것 자체가 고객의 참여를 이끌어내고 있다고 할 수 있다. 대화뿐만 아니라 고객을 이벤트에 참여하게 하고 입소문 마케팅에 참여하도록 해야 한다.

그러기 위해서는 다양한 마케팅 프로그램과 소셜 마케팅의 접목이 필요하다. 기업이 제공하는 마케팅 프로그램에 흥미를 느낀다면 고객은 스스로 알아서 찾아와 참여하게 될 것이다.

경쟁업체를 비방하지 마라

소셜 미디어에서 대화하면서 저지르기 쉬운 실수가 바로 경쟁업체를 비방하는 것이다. 물론 의식적으로 비방하지는 않더라도 은연중에 비방할 수도 있다. 하지만 소셜 미디어에서의 대화는 모두 기록으로 남게 된다. 한번 글을 업데이트하는 순간 돌이킬 수 없게 된다. 그렇기 때문에 순간순간 대화하면서 행여나 경쟁업체를 비방하는 발언을 하게 되는 건 아닌지 돌아봐야 한다. 상생의 생태계를 지향하는 소셜 웹에서 경쟁업체와 설전이 벌어진다면 그 피해는 고스란히 업계 전체로 번질 수밖에 없기 때문이다.

실수했다면 빨리 인정하고 정정하라

소셜 웹 시대의 특징 가운데 하나는 뉴스와 정보의 빠른 전파다. 하나의 뉴스가 삽시간에 번져나가는 것이다. 물론 좋은 뉴스보다는 나쁜 뉴스의 전파 속도가 더 빠르고 파급효과도 더 크다. 그렇기 때문에 소셜 마케팅 과정에서 실수를 하게 되면 삽시간에 걷잡을 수 없을 만큼 문제가 확대되기도 한다. 이미 문제가 확대되었다면 방법은 단 하나다. 빨리 인정하고 정정하는 것이다. 소셜 마케팅을 통해 고객과 끈끈한 유대관계가 형성되어 있다면 기업의 실수를 웃으면서 받아들일 것이다. 내가 운영하고 있는 블로그메타사이트인 블로그와이드가 해킹을 당한 일이 있었다. 한국인터넷진흥원에 해킹 신고를 하게 되면 웹 취약점을 분석하여 조치를 취해준다는 것을 알고 있었기에 해킹신고를 했다. 하지만 몇 달이 지나도 아무런 답변을 들을 수 없었다. 그래서 블로그에 한국인터넷진흥원이 업무처리를 제대로 하고 있지 않다는 내용의 글을 남겼다. 그러자 곧바로 한국인터넷진흥원에서는 불편을 끼쳐 죄송하다면서, 사태를 파악하고 조치를 취하겠다는 댓글을 남겼다. 그것도 김희정 원장이 직접! 이후 담당자에게 한국인터넷진흥원의 해킹 신고 시스템에 문제가 있어서 접수가 제대로 안된 것 같다는 답변을 들었고 향후 시스템을 개선하겠다는 약속을 받았다. 한국인터넷진흥원의 실수 인정과 발 빠른 대처로 오해를 풀 수 있었고 한국인터넷진흥원도 내가 올린 블로그 글로 인한 이미지 실추를 막을 수 있었다. 만약 한국인터넷진흥원이 끝까지 실수를 인정하지 않았다면 내가 운영하는 블로그 글을 읽는 사람이 계속 늘어났을 것이고, 한국인터넷진흥원의 이미지에 지속적으로 악영향을 미쳤을 것이다. 하지만 한국인터넷진흥원은 실수를 빨리 인정하고 개선함으로써 피해를 최소화할 수 있었다.

소셜 마케팅에서의 가이드라인은 어두운 밤바다를 항해하는 배에게 나침반과도 같은 존재다. 그리고 소셜 마케팅 가이드라인은 직원들과 함께 고민해가면서 지속적으로 업데이트되어야 한다. 그리고 많은 경험, 교육, 토론을 통해 완성될 것이다. 그렇기 때문에 소셜 마케팅은 항상 미완성인 상태이며 끝이 있을 수 없다. 기업이 존재하는 한 고객과의 대화는 항상 현재진행형이다.

3장
소셜 웹은 플랫폼의 경제

1

자연스럽게 형성되는
소셜 웹 경제권

웹 2.0의 흐름을 이어받은 소셜 웹으로 웹 생태계가 재편되면서 소셜 웹 경제권이 형성되고 있다. 사회적인 웹을 지향하는 소셜 웹은 오픈소스와 무료 애플리케이션, 다양한 수익모델을 제공한다. 불과 몇 년 전만 해도 개인이 할 수 있는 일이 제한되어 있었지만 소셜 웹에서 제공하는 오픈소스와 무료 애플리케이션, 오픈 API를 활용하여 손쉽게 웹 사이트도 구축하고, 다양한 수익모델을 적용하여 수익도 발생시키고 있다. 또한 블로그, 트위터, 페이스북, 링크나우와 같은 소셜 웹 서비스를 통하여 개인도 직접적인 쌍방향 소통력을 갖게 되었고 기업에 의존하지 않고도 가치교환을 할 수 있는 위치에 도달하게 되었다. 이로써 일반 개인도 소셜 웹을 통하여 수익을 창출할 수 있게 되었으며 1인이 운영하는 기업이 현실적으로 가능하게 되었다. 소셜 웹에서 제공하는 다양한 서비스와 플랫폼을 이용하여 개인이 경제활동의 주체가 되고 있는 것이다.

소셜 웹에서는 누구나 쉽게 웹 사이트를 제작하여 웹 서비스를 시작할 수 있도록 제공되는 수많은 무료 프로그램이 있다. 오픈소스로 제공되는 웹 사이트 제작 프로그램으로는 제로보드, 그누보드, 테크노트, 킴스노트 등이 있으며, 블로그 제작 프로그램으로는 워드프레스, 텍스트큐브 등이 있다. 이외에도 블로그메타사이트를 제작할 수 있는 넘즈허브, 블로그라운지 등의 프로그램도 오픈소스 기반으로 제공되고 있다. 이외에도 무수히 많은 오픈소스 기반의 프로그램이 있다. 누구나 오픈소스로 제공되는 프로그램을 이용하여 웹 사이트를 제작할 수 있고 웹 서비스를 제공할 수 있다. 오픈소스로 제공되기 때문에 프로그램 소스 수정에 제한이 없으며 재배포도 가능하다. 이와 같이 오픈소스로 제공되는 무료 프로그램은 디지털 콘텐츠의 생산, 소비, 유통, 공유의 정보 선순환 구조에 기여하고 있다.

그렇다면 프로그램 개발자들은 왜 애써 개발한 프로그램을 오픈소스로 공개하는 것일까? 게다가 프로그램을 이용하는 많은 사람들이 대부분 프로그램을 잘 다루는 개발자가 아니기 때문에 문제도 많이 발생하고, 혼자 해결할 능력은 없고, 비용을 들여 개발자를 고용할 수도 없는 개인이 대부분이기 때문에 결국은 프로그램을 개발하고 공개한 개발자에게 매달릴 수밖에 없다. 결국 프로그램을 오픈한 개발자는 지속적으로 기능 업데이트를 해야 하고, 웹 트렌드에 맞게 프로그램을 업그레이드해야 하며, 거기다가 프로그램을 이용하고 있는 많은 사람들의 질문에 일일이 답변을 달아야 한다. 물론 이런 과정 속에서 커뮤니티가 형성되기는 하지만 사명감이 없으면 결코 해낼 수 없는 일이다. 오픈소스로 프로그램을 공개하는 개발자들은 공유의 재미에 흠뻑 빠져 있다고 볼 수 있다. 부수적으로 수익이 발생할 수는 있겠지만 돈 벌기가 1차적 목적은 아니다. 자신이 개발한 프로그램이 널리 알려지고, 공개한 프로그램으로 구축한 사이트가 많아짐으로써 느껴지는 성취감 같은 것이 있을 것이다. 또한 아무래도 개인이 단독으로 개발하다 보니 충분한 테스트를 거치지 못했을 것이고, 프로그램 곳곳에 오류가 있을 수 있는데 프로그램을 이용하여 사이트를 구축하는 사람들을 테스터로 활용한다는 의미도 있다. 미완성의 프로그램을 많은 사람들이 이용하면서 점차 완벽해지고 있는 것이다. 이것이 오픈소스가 지향하는 집단지성의 힘이 아닐까?

오픈소스로 제공되는 무료 프로그램 이외에도 구글, 네이버, 다음에서 제공하는 다양한 무료 애플리케이션과 오픈 API를 활용하여 웹 사이트에 생명력을 불어넣을 수 있다. 특히 구글에서 제공하는 애플리케이션 서비스는 이메일, 캘린더, 문서도구, 주소록, 구글사이트 등 웹 사이트 운영에 필요한 애플리케이션을 무료로 제공하고 있기 때문에 아주 유용하게 활용할 수 있다. 또한 구글, 네이버, 다음 등의 포털 사이트에서 제공하는 검색, 지도, 콘텐츠 등의 오픈 API를 활용하여 메쉬업하게 되면 포털 사이트와 똑같은 기능을 구현할 수 있으며, 나아가 전혀 새로운 형태의 서비스를 만들어낼 수도 있다. 이와 같은 애플리케이션과 오픈 API를 적절히 활용한다면 비용을 전혀 들이지 않고도 웹 사이트를 운영할 수 있으며, 다양한 기능과 콘텐츠를 보강할 수 있다.

소셜 웹 경제가 가능한 것은 다양한 수익 플랫폼이 있기 때문이다. 돈을 들이지 않고 웹 사이트를 제작하여 웹 서비스를 제공할 수는 있겠지만 그것으로 수익을 발생시키지 못한다면 지속적으로 운영할 수 없다. 물론 수익을 목적으로 하지 않는 개인 홈페이지를 운영하는 경우도 있겠지만 대부분의 웹 사이트는 수익을 목적으로 한다. 하지만 개인이나 소규모 기업의 경우 웹 사이트를 운영하면서 수익을 발생시키기는 어려운 것이 현실이었다. 상품을 거래하는 쇼핑몰이나 유료회원제와 같은 자체 수익모델을 갖고 있는 사이트가 아닌, 커뮤니티 사이트의 경우에는 광고가 유일한 수익모델이지만 소규모 웹 사이트에서 광고를 수주하기는 거의 불가능했다. 하지만 소셜 웹 환경으로 발전하면서 수많은 수익 플랫폼이 생겨나고 있다. 구글 애드센스와 같은 광고 플랫폼, 아이라이크클릭과 같은 제휴마케팅 플랫폼 등이 있다. 직접적인 광고수주는 어렵지만 다양한 수익 플랫폼을 통해서 광고를 게재할 수 있으며 수익을 발생 시킬 수 있다. 웹 사이트뿐만 아니라 블로그를 활용하여 수익을 발생시킬 수 있는 수익 플랫폼도 있다. 대표적인 것으로 리뷰 플랫폼이 있다. 커뮤니티와 같은 웹 사이트나 블로그를 운영하고 있다면 소셜 웹에서 제공하는 다양한 수익 플랫폼을 통해 돈을 벌 수 있다.

오픈소스 기반의 웹 사이트 제작 프로그램, 무료 애플리케이션과 오픈 API, 수익 플랫폼을 통하여 개인도 손쉽게 웹 사이트를 제작할 수 있고, 웹 서비스를 제공할 수 있으며, 수익을 발생시킬 수 있다. 이는 혼자서도 얼마든지 인터넷 사업을 영위할 수 있다는 것을 의미한다. 개인이나 소규모 기업이 운영하는 수많은 웹 사이트 하나하나, 인터넷을 이용하는 사람이면 누구나 하나쯤은 갖고 있는 블로그 하나하나가 다양한 경제활동을 전개해나가면서 자연스럽게 소셜 웹 경제권을 형성하고 있는 것이다.

2

서비스에서 플랫폼으로

일반적으로 포털 사이트나 커뮤니티 사이트와 같은 웹 서비스는 회원에게 서비스를 제공하는 형태다. 대부분의 웹 사이트들은 서비스를 제공하고 있다고 볼 수 있다. 하지만 웹 2.0 시대가 되면서 서비스 제공자보다 플랫폼 제공자가 주목받고 있다. 서비스를 제공하는 쪽으로 접근하는 방식은 웹 1.0이라 할 수 있고, 플랫폼을 제공하는 쪽으로 접근하는 방식은 웹 2.0이라 할 수 있다. 특히 웹 2.0이 사회성을 강조하는 소셜 웹으로 진화하면서 경제활동이 가능한 플랫폼은 더욱 각광받고 있다. 경제 플랫폼은 광고주와 광고매체(블로그 포함), 기업과 소비자, 개발자와 사용자가 자유롭게 가치를 교환하여 경제활동을 영위할 수 있도록 시스템을 제공하는 것이다.

대표적인 경제 플랫폼으로는 구글이 제공하는 애드워즈와 애드센스를 들 수 있다. 구글은 자신의 뛰어난 검색엔진을 이용하여 엄청난 광고매출을 기록하고 있다. 일반적인 기업이라면 보다 많은 매출을 올리기 위해 검색량이 많은 대형 포털 사이트와 제휴하거나 광고주를 늘리는 데 주력할 것이다. 하지만 구글은 광고 플랫폼을 오픈하여 광고주와 광고매체를 연결시켰다. 무수히 많은 광고주와 광고매체가 구글 광고 플랫폼을 통하여 서로가 갖고 있는 가치를 교환한다. 광고주는 광고효과가 좋은 매체에 선별적으로 광고할 수 있어서 좋고, 광고매체는 광고수익을 얻을 수 있어서 좋다. 사실 구글의 시스템이 완벽하지 못했다면 무수히 많은 광고주와 광고매체를 모두 관리하면서 플랫폼을 유지할 수는 없었을 것이다. 시스템적으로 완벽하게 처리하지 못한다면 관리 인원만 해도 엄청날 것이며 여기저기서 문제가 터져 나올 것이기 때문이다. 특히 광고 매칭 시스템과 부정클릭 방지 시스템은 매우 훌륭하다. 광고매체의 콘텐츠를 분석하여 콘텐츠와 관련된 광고를 게재하는 문맥 광고는 광고효과를 높이고 있으며, 부정클릭 방지 시스템을 통하여 부정한 방법으로 광고수익을 올리려 하는 광고매체들을 관리하고 있다. 이와 같이 새로운 생태계를 형성하면서 서로가 상생할 수 있는 시스템이 바로 구글 광고 플랫폼이다. 구글은 광고 플랫폼을 운영함으로써 별도로 광고주와 계약하지 않아도 되고, 별도로 광고매체와 제휴하지 않아도 된다. 광고주는 애드워즈를 통하여 광고를 진행하면 되고, 광고매체는 애드센스를 통해 손쉽게 자신의 웹 사이트나 블로그에 광고를 게재할 수 있다. 이렇듯 광고주와 광고매체의 선순환구조가 만들어지면서 구글은 가치교환의 중심에 서게 되었다. 전 세계인을 대상으로 플랫폼을 제공하고 있기 때문에 구글을 중심으로 형성된 경제권의 규모는 짐작조차 할 수 없을 만큼 어마어마하다.

대부분의 포털 사이트는 웹 1.0 방식을 고수하고 있다. 서비스를 일방적으로 제공할 뿐, 이용자가 경제활동을 할 수 있는 플랫폼은 제공하지 않는다. 물론 블로그나 카페와 같은 커뮤니티 공간은 제공하지만, 검색 DB를 얻기 위한 수단으로 이용하고 있다고 볼 수 있다. 서비스 제공자인 포털 사이트는 경제 플랫폼을 제공해 수익을 나누는 데는 인색한 반면 이용자들이 만들어내는 양질의 콘텐츠에만 관심을 갖는다.

　네이버와 같은 포털 사이트도 엄청난 규모의 광고 매출을 올리고 있지만 경제활동이 가능한 플랫폼을 제공하는 쪽으로는 인색하다. 최근에는 네이버도 블로거와 수익을 나눌 수 있는 문맥 광고인 애드포스트를 서비스하고 있으나, 일정 수준의 방문자나 페이지뷰가 없는 블로그는 가입심사를 통과하지 못하고 있기 때문에 실효성에 의문점이 많은 게 사실이다. 그나마 다음이 애드클릭스와 같은 광고 플랫폼을 내놓았지만 블로그에만 광고를 게재할 수 있으며, 아직은 광고주가 많지 않아서 블로거들이 큰 수익을 기대하기는 어렵다.

　최근에는 기업에서 바이럴 마케팅 캠페인을 많이 진행하게 되면서 프레스블로그와 같은 리뷰 플랫폼이 인기를 얻고 있다. 프레스블로그는 바이럴 마케팅을 원하는 광고주와 블로그를 연결해주는 플랫폼을 제공한다. 블로거는 광고주가 제공하는 미션에 준하는 글을 작성하여 블로그에 올리면 약정된 원고료를 받게 된다. 프레스블로그 자체는 아무런 매체 파워도 없지만 수많은 블로그를 네트워크로 엮어서 새로운 플랫폼을 만들어낸 것이다. 플랫폼을 통하여 웹 사이트나 블로그가 네트워크를 형성하게 되면 플랫폼이 얻게 되는 매체 파워도 엄청나게 성장할 수 있다. 이것이 플랫폼의 힘이다.

경제 플랫폼은 광고주와 광고매체(블로그 포함), 기업과 소비자, 개발자와 사용자를 연결하여 서로가 갖고 있는 가치를 교환할 수 있는 공간과 시스템을 제공한다. 이와 같은 플랫폼을 통해 새로운 부가가치가 만들어질 수 있다. 소셜 웹은 서비스 제공자가 아니라 플랫폼 제공자에게 주목하고 있다. 소셜 웹에서는 가치 있는 플랫폼을 제공하는 자가 이기는 것이다.

3

소셜 웹에서
개인이 형성하는
경제규모는?

대형 포털 사이트 vs 개인. 과연 소셜 웹에서 개인이나 소규모 웹 사이트들이 형성하고 있는 경제규모는 얼마나 될까? 대형 포털 사이트들의 경제규모와 견줄 수 있는 규모가 될까?

만약 소셜 웹 경제권에 포괄적으로 롱테일 법칙이 적용된다면 개인이나 소규모 웹 사이트들이 차지하는 경제규모는 대형 포털 사이트들이 차지하는 경제규모를 뛰어넘을 수 있을 것이다. 롱테일 그래프에서 대형 포털 사이트들은 가파른 상승곡선을 그리는 머리 부분을 차지할 것이고, 개인이나 소규모 사이트는 길게 늘어선 꼬리 부분을 차지하게 될 것이다. 롱테일 법칙에 따르면 길게 늘어선 꼬리 부분의 매출 합이 머리 부분의 매출 합을 앞지른다. 크리스 앤더슨의 《롱테일 경제학 *The Long Tail*》을 보면 음악 판매업체인 랩소디의 자료를 근거로 롱테일 법칙을 설명하는 부분이 등장한다. 소수의 히트곡들은 수요곡선의 정점에서 엄청나게 팔려나가다가 그보다 인기가 덜한 곡들과 함께 판매량이 급감한다. 하지만 흥미로운 점은 한번이라도 팔리지 않은 곡은 없다는 점이다. 판매순위 10만 번째 곡을 찾아 확인해보니 매달 온라인으로 수천 번이나 다운로드 되고 있으며 그러한 추세는 20만 번째, 30만 번째, 40만 번째 곡에서도 동일하게 나타난다. 거의 마지막 순위에서도 매월 4~5회는 다운로드가 되고 있으며, 여전히 수요곡선은 0이 아니었다고 한다. 이처럼 꼬리 부분은 무한대의 다양성을 나타낸다.

이와 같은 롱테일 법칙이 소셜 웹에 그대로 적용된다면 개인이나 소규모 웹 사이트들이 차지하는 경제규모가 대형 포털 사이트들이 차지하는 경제규모보다 크다는 결론을 내릴 수 있다. 물론 어디까지나 소셜 웹 경제권에 포괄적으로 롱테일 법칙이 적용된다는 가정 하에 내린 결론이다.

이런 결론이 현실적으로 가능할까? 소셜 웹에서 개인이나 소규모 사이트의 경제활동이 활발히 이루어지고 있는 것은 분명한 사실이

롱테일 법칙 그래프

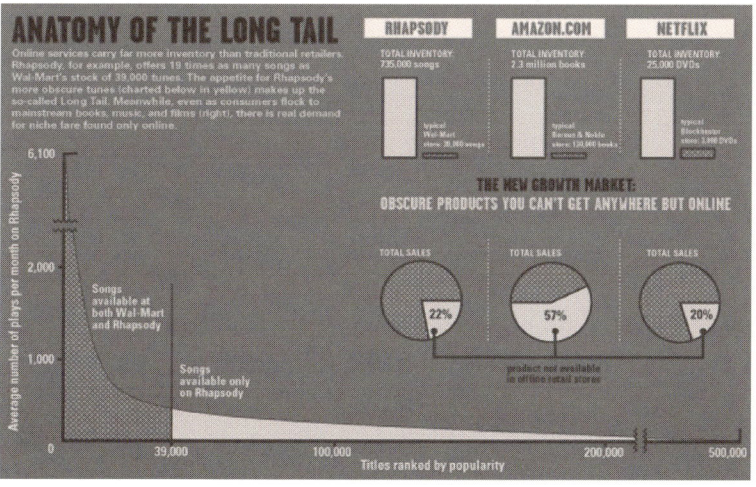

다. 구글 애드센스, 다음 애드클릭스와 같은 광고 플랫폼을 통한 광고 수익, 아이라이크클릭과 같은 제휴마케팅 플랫폼을 통한 광고 수익, 프레스블로그와 같은 리뷰 플랫폼을 통해 발생하는 수익을 모두 합하게 된다면 어마어마한 규모가 될 것이다. 특히 개인이 운영하고 있는 블로그나 커뮤니티와 같은 소규모 웹 사이트를 통해 발생하는 매출의 합은 상상을 초월할 수 있다. 하나하나의 블로그, 소규모 웹 사이트의 매출은 적을 수밖에 없겠지만 그 수가 무수히 많기 때문에 이것들의 매출을 모두 합하게 되면 대형 포털 사이트의 매출을 앞지를 수 있다. 말 그대로 롱테일의 법칙이 성립한다면 말이다. 실제로 구글 애드센스 게재가 가능한 티스토리 블로그만 보더라도 대부분의 블로그에 구글 애드센스 광고가 게재되어 있다. 오히려 구글 애드센스 광고가 없는 블로그를 찾기가 쉽지 않다. 이렇듯 수천만 명의 개인들이 소셜 웹에서 작게나마 경제활동을 하고 있다면 그 규모는 무시할 수 있는 수준을 뛰어넘어 대형 포털 사이트들이 차지하고 있는 위상을 뛰어넘을 수도 있다.

충분히 가능성이 있는 이야기이지만 아직까지는 현실적으로 개인이 형성하는 경제규모가 네이버, 다음과 같은 포털 사이트가 형성하는 경제규모를 앞지르지는 못할 것 같다. 하지만 앞으로 계속해서 소셜 웹이 활성화되고 개인들의 경제활동이 늘어나게 된다면 언젠가는 개미군단이 공룡을 넘어서는 날도 오게 되지 않을까?

4

경제활동을 위한
소셜 웹 서비스 구축과 운영

    소셜 웹을 통하여 경제활동을 하기 위해서는 블로그나 커뮤니티와 같은 소셜 웹 서비스를 구축해야 한다. 블로그 소프트웨어를 직접 설치하여 블로그를 운영할 수도 있지만 티스토리, 워드프레스닷컴과 같은 전문 블로그 서비스를 이용하게 되면 손쉽고 자유롭게 경제활동을 할 수 있다. 더 전문적으로 커뮤니티와 같은 웹 사이트를 구축하여 서비스를 하고 싶다면 제로보드, 그누보드와 같은 오픈소스를 이용하면 된다. 사실 PHP, ASP와 같은 웹 프로그램을 어느 정도 다룰 줄 알아야 하지만 문제가 발생할 경우 커뮤니티를 통해 많은 회원들의 도움을 받을 수 있기 때문에 누구나 마음만 먹으면 커뮤니티 사이트를 구축할 수 있다.

    대부분의 포털 사이트에서 블로그 서비스를 제공하고 있지만 광고를 게재할 수 있는 블로그 서비스는 그리 많지 않다. 최근 네이버 블로그에서도 외부 배너광고를 위젯 형태로 게재할 수 있도록 개방하고 구글 애드센스와 비슷한 문맥 광고 플랫폼인 애드포스트를 오픈하면서 티스토리로 급속하게 유출되고 있는 파워 블로거의 마음을 잡기 위해 노력하고 있다. 하지만 아무래도 블로그를 이용하여 경제활동을 하기 위해서는 블로그를 직접 설치하여 운영하거나, 티스토리와 같이 스킨 수정이 자유로운 전문 블로그 서비스를 이용하는 편이 더 유리할 것으로 보인다. 대표적인 설치형 블로그 소프트웨어로는 전 세계적으로 유명한 워드프레스가 있으며 한국에는 테터툴즈, 텍스트큐브 등이 있다. 텍스트큐브는 테터툴즈의 상위 버전으로 현재는 텍스트큐브로만 기능 업그레이드가 이루어지고 있다. 전 세계적으로 워드프레스가 가장 많이 쓰이나 소프트웨어 자체가 영문으로 구성되어 있고 거의 대부분의 디자인 테마, 플러그인, 위젯 등이 외국에서 제작되어 영문으로 제공되기 때문에 영어에 익숙하지 않은 사람들이 접근하기에는 어려운 부분이 있다. 하지만 국내 토종 블로그 소프트웨어인 텍스트큐브는 워드프레스 못지않은 기능을 제공하고 있으며 국내 사용자들의 접근이 용이한 이점 때문에 많은 사랑을 받고 있다. 이와 같은 블로그 소프트웨어는 설치가 간단하고 제공되는 스킨, 테마, 플러그인, 위젯을 적용하기가 쉬워 많이 애용되고 있다. 단순히 블로그를 설치하는 것에서 한발 나아가 워드프레스 μ (mu)는 한번 설치로 가입한 회원 모두에게 블로그를 제공할 수 있는 멀티 블로그 프로그램으로써 서버용량과 회선만 뒷받침 해준다면 티스토리와 같은 블로그 서비스를 구축할 수도 있다.

 광고 게재가 가능하며 스킨의 수정이 자유로운 티스토리, 워드프레스닷컴과 같은 전문 블로그 서비스를 이용하면 아주 손쉽게 블로그를 이용하여 경제활동을 영위할 수 있다. 중요한 점은 호스팅 비용이 발생하는 설치형 블로그에 비해 호스팅 비용과 같은 부대비용이 전혀 들지 않으면서 설치형 블로그 못지않게 광고 게재, 스킨 수정 등의 운영이 자유롭다는 것이다. 게다가 2차 도메인 서비스를 제공해주기 때문에 독립도메인으로 블로그를 운영할 수 있다. '깜냥이의 웹2.0 이야기!' 블로그도 독립 도메인 'ggamnyang.com'을 티스토리 블로그에 연결하여 설치형 블로그와 같은 형태로 운영하고 있다. 최근에는 네이버, 다음, 파란 등의 포털 사이트 블로그도 광고를 게재할 수 있는 기능을 제한적으로 제공하고 있지만 티스토리와 같이 파격적이지는 않다.

커뮤니티와 같은 웹 사이트를 손쉽게 제작할 수 있도록 제공되는 프로그램으로는 제로보드가 가장 유명하다. 1999년 말에 버전 1이 처음으로 배포되었고, 2007년에는 NHN에서 인수하였으며, '제로보드XE' 버전을 발표했다. 오픈소스로 제공되는 제로보드는 누구나 쉽고 편리하게 게시판, 커뮤니티 등을 제작, 운영할 수 있도록 지원하고 있다. 이외에도 그누보드, 테크노트, 킴스노트 등의 웹 사이트 제작 프로그램이 있다. 특히 그누보드는 배추빌더와 같은 포털형 홈페이지 빌더까지 등장하여 초보자도 쉽게 포털 사이트 형태의 웹 서비스를 구축하고 서비스할 수 있다. 또한 홈페이지 빌더를 이용하게 되면 PHP와 같은 웹 프로그램에 대한 지식이 없더라도 웹 사이트를

주요 블로그 소프트웨어 및 서비스
(왼쪽부터)
워드프레스,
텍스트큐브,
티스토리

구축할 수 있다. 이와 같이 오픈소스로 제공되는 웹 사이트 제작 프로그램은 개발자 커뮤니티가 활성화되어 있기 때문에 프로그램 설치 시 발생하는 문제 등 웹 사이트 운영 시 직면하게 되는 수많은 문제를 커뮤니티에 공유하고 도움을 요청할 수 있으며 많은 회원의 도움을 받아 해결할 수 있다. 이와 같이 프로그램 제작자와 사용자가 만들어가는 끈끈한 커뮤니티는 제작자와 사용자가 상생의 관계이기에 가능하다. 프로그램을 이용하면서 발생하는 문제점, 버그 등을 제작자에게 리포팅하면 제작자는 이를 보완해 나가면서 완성도가 점점 높아진다. 집단지성을 발휘하여 문제를 같이 해결하면서 서로 간에 상승작용이 일어난다.

넘즈허브, 블로그라운지와 같은 무료 프로그램을 이용하여 블로그메타사이트도 손쉽게 만들 수 있다. 프로그램을 서버에 설치하고 스킨만 적용해주면 아주 멋진 블로그메타사이트, 블로그 뉴스 사이트를 만들 수 있다. 내가 운영하고 있는 블로그메타사이트인 블로그와이드(blogwide.kr)도 넘즈허브를 이용하여 만든 것이다. 넘즈허브 프로그램 제작자가 꾸준히 기능을 업그레이드하고 있기 때문에 블로그와이드의 기능도 점점 좋아지고 있다. 넘즈허브도 마찬가지로 프로그램 제작자와 사용자 간에 끈끈한 커뮤니티가 형성되어 상생의 관계로 발전하고 있다.

이외에도 구글에서 제공하는 구글 사이트 서비스를 이용해도 클릭 몇 번으로 웹 사이트를 제작할 수 있다. 'Project Wiki', 'Family Site', 'Classroom Site' 등의 다양한 템플릿을 제공하기 때문에 용도에 따라 템플릿만 고르면 웹 사이트를 만들 수 있다. 구글에서는 웹 사이트 운영에 필요한 이메일, 캘린더, 문서도구, 주소록 등의 애플리케이션도 무료로 제공하고 있다. 또한 웹 사이트 로그 분석 서비스인 'Google Analytics'는 웹 사이트 운영에 아주 유용한 서비스로서 무료로 제공되지만 유료로 제공되는 웬만한 로그 분석 프로그램을 능가한다. 이와 같이 무료로 제공되는 애플리케이션만 잘 활용해도 웹 사이트 운영을 위하여 별도의 프로그램을 구매하거나 유료 서비스에 가입할 필요가 없다.

쇼핑몰을 운영하고 싶다면 '카페24 쇼핑몰' 서비스를 이용하면 된다. 쇼핑몰 구축 자체를 무료로 제공하는 카페24 쇼핑몰은 호스팅 비용도 무료이고 트래픽과 하드용량 또한 무제한으로 제공된다. 쇼핑몰 디자인도 본인이 직접 수정할 수 있으며, 기본으로 제공되는 쇼핑몰 스킨 이외에 스킨 디자이너와 쇼핑몰 운영자 간에 스킨을 거래할 수 있는 오픈마켓이 활성화되어 있어 수많은 디자이너들이 제작한 스킨 중 본인의 쇼핑몰과 콘셉트가 맞는 스킨을 구매하여 적용할 수 있다. 쇼핑몰도 운영하고자 하는 의지만 있다면 큰 돈을 들이지 않고 얼마든지 시작할 수 있다.

이와 같이 오픈소스와 무료 애플리케이션, 무료 서비스를 이용하게 되면 소셜 웹에서 경제활동을 할 수 있는 소셜 웹 서비스를 손쉽게 구축할 수 있다. 사실 위에 언급된 오픈소스와 무료 애플리케이션은 빙산의 일각이다. 웹을 이용해서 경제활동을 해보겠다는 확고한 의지와 마음만 있다면 소셜 웹이 적극적으로 도와줄 것이다.

5
소셜 웹 경제의 중심,
수익 플랫폼

　대규모 포털 사이트나 커뮤니티 사이트의 매출에서 가장 많은 비중을 차지하는 수익모델은 역시 광고다. 페이지뷰를 기준으로 웹 사이트의 등급을 매기고 광고비를 책정한다. 그리고 광고대행사를 통해 광고주를 모집하고 현란한 배너광고를 내건다. 이게 바로 전형적인 한국 대형 사이트들의 모습이다. 하지만 웹 2.0 시대를 거치면서 이와 같은 천편일률적인 광고 방식에 문제점이 노출된다. 대형 사이트에 배너광고를 게재한다면 어느 정도의 광고효과는 얻을 수 있겠지만 그저 광고는 광고일 뿐이라는 것이다. 기계적으로 노출되는 배너광고에 광고주도 식상해하고 사이트 이용자들도 더 이상 배너광고를 신뢰하지 않는다. 이제 온라인 광고는 대중매체와 같이 거대해져 일방적으로 광고를 틀어대는 포털 사이트를 넘어서 사람 냄새가 물씬 풍기는 블로그, 커뮤니티 사이트와 같은 소규모 웹 사이트에

눈을 돌리게 되었다.

페이지뷰가 적게 나오는 블로그나 커뮤니티 사이트와 같은 소규모 웹 사이트는 사람과 사람이 모이고 커뮤니티를 형성하는 곳이기 때문에 광고효과가 높게 나타날 수 있다. 사람과 사람이 모이고, 관계를 형성하고, 정보를 공유하고, 서로를 신뢰하는 소셜 웹 사이트의 광고효과는 페이지뷰만을 신봉하는 대형 포털 사이트와는 격이 다른 무언가가 있었다. 사실 광고주들이 소규모 웹 사이트에 광고를 게재하고 싶어도 절차적 어려움이 있었다. 소규모 웹 사이트는 대형 포털 사이트에 비해 페이지뷰가 워낙 적기 때문에 많은 웹 사이트를 연합해 광고를 진행해야 하는데 관리적인 측면이나 운영적인 측면, 비용적인 측면에서 문제가 있기 때문에 섣불리 진행할 수 없었다. 그 반대로 블로그나 커뮤니티 사이트와 같은 소규모 웹 사이트는 광고를 게재하고 싶어도 광고주 영업이 제대로 이루어지지 않아 속만 태우고 있었고, 페이지뷰를 늘리는 데만 혈안이 되어 있었다.

이와 같이 광고주와 소규모 웹 사이트는 서로의 니즈(needs)를 충족시켜줄 수 있는 그 무엇인가를 간절히 바라고 있었다. 광고주와 소규모 웹 사이트를 시스템적으로 연결시켜줄 수 있는 그 무엇, 바로 수익 플랫폼의 등장을 절실히 원하고 있었던 것이다.

광고 플랫폼의 원조는 제휴마케팅 플랫폼

개인에게 개방된 광고 플랫폼의 원조는 역시 제휴마케팅 플랫폼으로써 세계 최대의 인터넷 서점인 아마존이 1996년 7월에 'Associates Program'이란 제휴 프로그램을 도입하면서 대중에게 처음 알려졌다. 우선 웹 사이트 운영자가 아마존의 제휴 프로그램에 가입한 이후 웹 사이트에 아마존으로 연결되는 여러 링크, 배너, 상품을 올린다. 이런 링크, 배너 등을 통해 아마존 홈페이지를 방문하여 책이나 상품을 구매할 경우 웹 사이트 운영자는 판매수익의 일정 부분에 대해 커미션을 지급받게 된다. 이것이 제휴마케팅 플랫폼의 시초다.

아마존과 같이 광고주가 제휴 파트너를 직접 모집할 수도 있지만, 파트너의 수가 많아지게 되면 광고관리, 매체관리, 수익정산 등의 관리업무가 많아지게 되기 때문에 광고주가 직접 제휴마케팅 플랫폼을 운영하기는 쉽지 않다. 이와 같이 제휴마케팅을 원하지만 현실적으로 추진하기 어려운 광고주의 니즈에서 탄생한 것이 제휴마케팅 대행업체다. 바로 링크프라이스, 아이라이크클릭과 같은 제휴마케팅 플랫폼을 제공해주는 업체가 등장하게 된 것이다. 제휴마케팅 대행업체는 보다 많은 파트너 웹 사이트를 유치하기 위해 만화, 영화, 운세 등의 무료 콘텐츠를 제공하며 검색서비스를 제공하기도 한다. 물론 무료로 제공되는 콘텐츠와 검색서비스에는 광고가 포함되어 있으며, 파트너 웹 사이트와 아주 손쉽게 연동할 수 있다. 웹 사이트는 무료 콘텐츠를 활용하여 사이트를 풍성하게 포장할 수 있어서 좋고, 제휴마케팅 대행업체는 보다 많은 광고 수익을 창출할 수 있어서 좋은 상생의 구조다. 하지만 소규모 웹 사이트에서 제휴마케팅을 통하여 의미 있는 수준의 매출을 올리기는 쉽지 않다. 방문자가 배너광고를 클릭하고 광고주 웹 사이트에 들어가 회원가입이나 상품을 구매해야 하는데 여기까지 도달하는 확률이 매우 낮기 때문이다.

CPC 광고 플랫폼의 등장으로 활성화된 소셜 웹 경제권

소규모 웹 사이트나 블로그가 제휴마케팅 플랫폼을 통하여 의미 있는 수준의 매출을 올리지 못했기 때문에 웹을 통한 개인의 경제활동은 활성화되지 못했다. 하지만 구글 애드센스와 같은 CPC(Cost per Click; 클릭당 지불) 광고 플랫폼이 등장하면서 상황은 역전되었고, 개인이 중심이 되는 소셜 웹 경제권이 시대의 흐름을 주도하게 된다.

CPC 광고 플랫폼은 기존 제휴마케팅 대행업체와 비슷한 방식으로 서비스를 제공하지만, 제휴마케팅 대행업체에서 꺼리던 클릭당 지불 보상기법을 전면에 내세우고 소규모 웹 사이트와 블로그를 끌어들이기 시작했다. 광고주와 웹 사이트를 연결해주는 방식은 동일하기 때문에 큰 의미에서 구글도 제휴마케팅 대행업체라고 할 수 있다. 하지만 구글은 세계에서 가장 강력한 검색기술을 자랑하는 검색엔진인 구글(google.com)을 직접 운영한다는 점에서 가장 큰 차별성을 내세울 수 있다. 소규모 웹 사이트나 블로그로 구성된 네트워크로 충족될 수 없는 부분을 자신들의 구글 검색엔진을 통하여 커버하고 있다. 즉 일반적인 제휴마케팅 대행업체는 광고를 게재할 수 있는 매체를 직접 보유하거나 운영하지 않지만 구글은 세계에서 가장 광고효과가 좋은 구글 검색엔진을 매체로 보유하고 있는 것이다. 이 부분이 구글 애드센스의 최대 경쟁력이자 차별점이다.

구글 애드센스와 같은 CPC 광고 플랫폼의 등장으로 소셜 웹 경제권은 활성화에 성공했고 그 영향력은 더욱 확장되고 있다. 이제는 구글 애드센스 이외에도 다양한 형태의 CPC 광고 플랫폼이 등장하고 있다. 하지만 이미 많은 광고 플랫폼이 생겨났다가 이내 사라지곤 했다. 많은 광고주와 매체 사이트를 확보해야만 선순환 구조가 만들어지고 자생적인 생태계를 형성할 수 있는데, 선순환 구조가 만들어질 때까지 버티지 못하고 무너지고 마는 것이다. 그렇기 때문에 신생 광고 플랫폼이 살아남기 위해서는 양질의 광고주와 매체사이트 확보가 절실하다. 소셜 웹 경제권이 지금의 여세를 몰아 세력을 더욱 확장하기 위해서는 구글 애드센스에 버금가는 신생 광고 플랫폼이 출현해야 한다. 그래야만 소규모 웹 사이트나 블로그 운영자들에게도 선택의 폭이 넓어지게 되고, 광고 플랫폼들은 경쟁 관계를 형성하면서 발전할 수 있으며, 전체적인 시장규모도 커지게 될 것이다. 차려놓은 밥상이 풍성해야 골라먹는 재미가 있는 법이다.

블로거라면 관심을 가져 볼만한 리뷰 플랫폼

블로그, 카페, 커뮤니티를 활용한 바이럴 마케팅에 기업이나 정부의 관심이 높아지고 있다. 리뷰 플랫폼은 제품을 먼저 체험하고 블로그나 카페, 커뮤니티 게시판 등에 리뷰를 작성하거나 광고주가 원하는 형태의 콘텐츠를 작성하여 웹에 게재함으로 해서 수익을 얻거나 체험한 제품을 제공받는 형태의 플랫폼이다.

리뷰 플랫폼은 블로그나 커뮤니티에 관련 콘텐츠를 작성하여 올리고 수익을 얻는 구조이기 때문에 많은 돈을 벌 수 있는 구조는 아니다. 콘텐츠를 작성해야 하기 때문에 많은 시간을 투자해야 하고, 노력만큼 원고료 등의 수익이 많지 않기 때문이다. 물론 제품을 무상으로 받는다면 그만큼 이익을 얻을 수는 있겠지만 큰 도움은 안 될 것이다. 리뷰 플랫폼은 학생이나 주부층의 부업꺼리나 직장인의 '투 잡' 거리로 안성맞춤이다. 많은 수익을 올리기에는 부적합하지만 노력한 만큼 확실한 수익을 얻을 수 있기 때문이다. 특히 리뷰 전문 블로거 중에 주부층이 많은데 일명 '와이프로거', '아줌마 블로거'라고 불린다. 이들은 왕성한 소비력을 자랑하는 주부층을 타깃으로 하는 제품이나 서비스 기업에게는 없어서는 안 될 마케팅 파트너다. 특히 육아, 패션, 주방용품 등의 제품군은 와이프로거를 활용한 체험단 운영이 마치 공식처럼 통용되고 있다. 리뷰 플랫폼은 기업과 블로거를 연결해주는 상생의 소셜 웹 경제를 실현하고 있다.

개발자들의 무한 수익 플랫폼 앱스토어

'아이폰'이 출시되면서 스마트폰이 선풍적인 인기를 얻고 있다. 스마트폰이 일반 대중에게 빠르게 확산되면서 스마트폰 내에 들어가게 되는 다양한 애플리케이션에 대한 수요도 증가하고 있다. 물론 애플이나 삼성과 같이 스마트폰 제조 기업에서 기본적으로 제공하는 애플리케이션이 있지만 다양한 고객의 입맛에 맞는 애플리케이션을 모두 개발할 수는 없는 일이다. 스마트폰의 고객층이 많아지고 다양해지면서 애플리케이션 시장도 무한대로 확장되었으며 스마트폰 제조사는 개발자들과 개발사들에게 공동사업을 제안하게 된다. 개발한 애플리케이션을 거래할 수 있도록 애플리케이션 오픈마켓 플랫폼을 구축하고 거래에 따라 발생하게 되는 매출을 나누는 형태의 공동사업이다. 고객은 수많은 애플리케이션 중에서 입맛에 맞는 애플리케이션을 선택할 수 있어서 좋고, 개발자는 애플리케이션을 판매함으로써 수익을 얻을 수 있어서 좋다. 제조사는 고객에게 수많은 애플리케이션을 제공할 수 있어 고객을 만족시킬 수 있고 이탈을 방지할 수 있다. 다양한 애플리케이션이 스마트폰의 경쟁력을 향상시킨다고 할 수 있다. 또한 애플리케이션 판매에 따라 수수료 수익도 챙기게 되니 제조사 입장에서 앱스토어는 황금알을 낳는 거위다. 시장조사 전문기업인 가트너는 전 세계 스마트폰 애플리케이션 시장이 2010년 68억 달러에서 2013년 295억 달러로 약 네 배 이상 확대될 것이라 전망하고 있다. 총 다운로드 건수도 2010년 45억 건에서 2013년 216억 건으로 크게 늘어날 것으로 내다보고 있다. 스마트폰 시장은 이제 막 태동기를 지나 성장기에 접어들고 있다고 볼 수 있다. 그만큼 스마트폰의 가능성은 무궁무진하다.

국내에서도 스마트폰 가입자가 늘어가면서 앱스토어가 활성화되고 있다. 휴대폰 시장이 폐쇄적으로 운영되던 시절에는 휴대폰에 애플리케이션을 탑재하기 위해 이동통신 사업자와 개별적으로 계약을 해야 하는 등 기업이 아닌 개인이 서비스를 제공하기에는 여러 가지로 어려운 점이 많았다. 하지만 애플리케이션 오픈마켓이 활성화되면서 기업이 아닌 개인이 직접 애플리케이션을 개발하여 자신의 이름을 걸고 서비스를 제공하는 것이 훨씬 쉬워졌다. 앱스토어를 통하여 개인이나 소규모 프로젝트팀이 애플리케이션을 개발하고 판매하는 형태로 사업을 진행하는 프로젝트도 활발히 시도 중이다.

사실 소셜 웹 분야에서는 애플리케이션 오픈마켓 플랫폼이 활성화된 지 이미 오래다. 앱스토어보다도 먼저 활성화되었다. 세계적으로 가장 큰 성공을 거둔 페이스북 소셜 플랫폼인 'F8'이 있으며, 국내에서도 네이트 앱스토어가 출범했고, 네이버에서도 소셜 앱을 베타 오픈한 상태다. 소셜 웹 분야의 오픈마켓 플랫폼은 애플리케이션 자체를 거래하는 형태라기보다는 개발한 애플리케이션이나 서비스를 오픈마켓 플랫폼에 런칭하고, 유료 아이템을 판매하거나 광고수익을 얻는 구조다. 서비스 개발만 잘하면 그것의 유통, 프로모션 등은 걱정하지 않아도 되는 것이다.

하지만 한국에서 애플리케이션 시장이 활성화될 수 있을지는 미지수다. 한국 소비자들에게는 애플리케이션이 공짜라는 인식이 뿌리 깊게 박혀있다. 이것 때문에 앱스토어에서 애플리케이션을 유료로 다운 받는 것을 꺼릴 수 있다. 또한 언어의 장벽 때문에 영어가 하닌 한글로 만들어진 애플리케이션일 경우 그 수요층이 한국 국민에 국한되는 것도 문제다. 수요층이 적기 때문에 외국의 사례처럼 대박으로 이어질 확률도 그만큼 낮다. 그렇기 때문에 애플리케이션 개발자들에게 글로벌한 애플리케이션을 만들기 위한 많은 노력이 필요하다.

물론 애플리케이션을 만든다고 해서 모두 성공할 수는 없다. 마찬가지로 소셜 웹을 통해 경제활동을 한다고 해서 모두 돈을 벌 수는 없다. 하지만 개인에게 철저히 닫혀있던 시장이 서서히 열리고 있다. 이제 능력과 열정만 있다면 개인도 소셜 웹 수익 플랫폼을 통하여 성공할 수 있는 무한한 가능성이 열려있는 시대가 다가오고 있다.

4장
소셜 웹과 창업

1

창업의 꿈, 그리고 성공

　직장인에게 창업은 영원한 로망이다. 기회만 된다면 당장 회사 그만두고 창업해서 상사 눈치 안 보고, 스트레스도 안 받고, 돈도 많이 벌고 싶다. 자신이 원하는 일을 하면서 꿈을 펼쳐보고 싶다. 하지만 애초에 사업이라는 것이 쉬웠다면 누구나 성공했을 것이다. 지금 이 순간에도 수많은 기업들이 만들어지고 있지만 그 반대로 수많은 기업들이 문을 닫는 것이 현실이다.

　창업은 누구나 할 수 있지만 성공은 아무나 할 수 없다. 물론 창업을 결심한다는 것 자체가 쉬운 일은 아니다. 대부분은 시도도 해보지 못하고 생각만 하다가 세월을 보내기 일쑤다. 역시 가장 큰 문제는 '돈'이다. 직장을 다니면서 안정적으로 월급을 받던 직장인이 창업을 하게 되면 수익이 발생하기 전까지 수입이 끊기게 된다. 게다가 결혼을 했거나 아이가 있을 경우에는 더더욱 쉬운 일이 아니다.

또한 대개의 경우 사업을 실패하게 되면 후유증도 심각하다. 투자자금을 잃는 것뿐만 아니라 빚더미에 앉을 수도 있고 살고 있는 집이 채권자에게 넘어갈 수도 있다. 이와 같은 위험요소 때문에 창업을 결심하고 실행하는 데는 신중할 수밖에 없다. 한마디로 창업 자체는 쉽지만, 그 창업을 결심하기는 매우 어렵다. 물론 창업하고 성공에 이르기는 더더욱 어려운 일이라는 것은 두말할 필요도 없다.

일차적으로 창업을 하기 위해서는 사업 아이템과 자금이 있어야 한다. 가장 중요한 것은 사업 아이템이다. 성공할 수 있는 사업 아이템이 아니고서는 고전할 것이 불 보듯 빤하기 때문이다. 사업 아이템이 참신하지 않고 흔한 아이템이라도 자금이 풍부하다면 승산이 있겠지만 개인이 사업을 시작하면서 자금을 풍부하게 확보하기는 힘든 게 현실이다. 사업자금은 초기 사무실을 세팅하고 사업진행에 필요한 직원을 채용하는 등 사업 준비와 사업운영에 쓰이게 된다. 물론 좋은 사업 아이템으로 사업자금을 투자 받으면 금상첨화겠지만 사업자금을 투자 받을 수 있는 사업 아이템은 그리 많지 않다. 사업은 남의 돈으로 해야 하는 것이라고 생각하는 직장인이 많이 있지만 조금만 들여다보면 이와 같은 생각이 얼마나 허황된 생각인지 알 수 있다. 창업자 본인도 자기 자신에게 투자하는 데 주저하는 사업 아이템에 그 어떤 사람이 믿고 투자를 할까? 또한 투자를 받기 위해서는 사업 계획서, 사업 타당성 분석, 시장성 분석 등 많은 서류가 필요하다. 전문적인 지식이 있다면 문제가 없겠지만 일반 직장인이 준비하기에는 매우 어려운 것으로 경영컨설팅을 받아야 가능한 부분이다. 이와 같이 투자를 받아서 사업을 하겠다는 생각은 매우 허황된 것이며 투자를 받기 위해서도 엄청난 노력이 필요하다는 사실을 명심해야 한다. 게다가 최근에는 사업 아이템만으로 투자 유치에 성공하는 사례는 극히 드물며, 실제 사업을 진행하면서 회원, 페이지뷰, 매출 등 의미 있는 실적을 거둔 이후에야 원활하게 투자를 유치할 수 있는 경우가 대부분이다. 벤처 회사만 설립하면 투자하겠다고 몰려드는 사람들로 즐거운 비명을 지르던 벤처 열풍이 허망하게 지나가면서 투자자들도 많은 학습을 하게 되었고 그만큼 투자 환경은 척박해졌다.

그렇다면 가장 이상적인 형태의 창업으로는 어떤 게 있을까? 가장 이상적인 창업의 형태는 사업 초기에 생존을 위해 안전한 전략을 수립하고 중반기에는 성장 전략을 구사하는 것이라고 본다. 사업 초기에 많은 직원을 뽑게 되면 사업을 본궤도에 올려놓는 데 걸리는 시간을 단축시킬 수 있지만 인건비 부담으로 사업 초반 창업자금을 모두 소진하고 좌초될 수 있는 위험성이 매우 크다. 그렇기 때문에 사업 초기에는 창업자가 멀티플레이어가 되어 혼자 모든 일들을 처리해야 하며, 자신의 힘으로 처리하지 못하는 일들은 협업 프로젝트를 이용하거나, 아웃소싱으로 해결해야만 운영비 부담을 줄여가며 사업을 영위해 나갈 수 있다. 혼자이기 때문에 운영에 들어가는 비용이 거의 없고 인건비와 같은 고정비도 줄일 수 있다. 이와 같이 혼자의 힘으로 회사를 설립하고 사업을 꾸려나가면서 어느 정도 안정기에 접어든 이후에 직원을 채용하거나 투자를 유치하는 등의 성장 전략을 구사한다면 보다 안정적으로 사업을 영위하여 성공에 이를 수 있을 것이다.

이와 같이 사업 초기에 운영비를 최소화하는 것은 무엇보다도 중요하다. 매출이 발생하지 않는 상태에서 지출이 지속적으로 발생하게 되는 구조는 위험성이 매우 크다. 물론 사업 운영에 사업 아이템이 가장 중요하다는 데에는 이견의 여지가 없다. 다만 아무리 사업 아이템이 좋아도 운영 전략이 잘못되었다면 꽃을 피우기도 전에 메말라 버릴 것이다.

2

언제 어디서나,
유비쿼터스 오피스

어렵게 창업을 결심하고 사업을 시작했다면 이제부터는 창업자의 열정과 노력, 그리고 운영 전략에 따라 성패가 결정된다. 사업 초기에는 직원채용을 최대한 자제하고 운영비를 줄이기 위해 불필요한 지출 요소를 최소화해야 한다. 창업자 혼자 사업을 시작했다면 인건비보다는 사무실 임대료와 같은 운영비가 더 큰 비중을 차지하게 된다. 창업을 결정하게 되면 가장 먼저 고민하는 것이 사무실을 어디에 얻느냐 하는 것이다. 대부분은 으레 사무실을 얻고 사업을 시작한다. 하지만 사무실이 정말 필요할까?

물론 사업을 시작하면서 많은 직원을 채용했다면 사무실이 당장 필요하겠지만 창업자 혼자 사업을 꾸려나가려고 한다면 사무실은 필요가 없다. 특히 소셜 웹에서 무료로 제공하는 다양한 서비스를 이용하면 언제 어디서나 사무를 볼 수 있는 '유비쿼터스 오피스'를 손쉽게 꾸밀 수 있기 때문에 물리적인 환경의 사무실은 더더욱 필요가 없다.

　사실 소셜 웹에서 무료로 제공하는 서비스도 중요하지만 유비쿼터스 오피스를 꾸미기 위해서는 언제 어디에서든지 웹에 접속할 수 있는 유비쿼터스 인프라가 우선 구축되어야 한다. 일단 웹에 접속해야 소셜 웹에 꾸며놓은 유비쿼터스 오피스를 이용할 수 있기 때문이다. 이와 같이 언제 어디서나 웹에 접속할 수 있는 유비쿼터스 사회로 진입하기 위한 사회 인프라가 빠르게 확충되고 있다. 무선 인터넷을 이용할 수 있는 와이파이 존(wi-fi zone)이 확대되고 있으며, 정지 및 이동 중에도 언제 어디서나 고속으로 무선 인터넷 접속이 가능한 와이브로도 서비스 지역을 확대하고 있다. 와이파이 존이란 무선 공유기, 무선 랜이 잡히는 지역에서 무료로 마음껏 무선 인터넷을 이용할 수 있는 공간이다. 노트북을 이용해 '네스팟' 서비스 지역에서 무료로 인터넷을 이용하는 것과 같은 맥락이다. 무선 인터넷 이용이 자유로운 스타벅스 같은 곳을 생각하면 이해가 쉽다. 이렇듯 IT 기술이 빠르게 발전하면서 랜(LAN)선이 없어도 언제 어디서든지 인터넷을 즐길 수 있는 유비쿼터스 인프라가 구축되고 있다. 또한 노트북, 넷북, 태블릿PC와 같이 휴대가 간편한 개인용 컴퓨터가 대중화되는 중이며, 무선 인터넷 접속이 기본으로 제공되는 스마트폰이 인기를 끌면서 언제든지 웹에 접속하여 업무를 볼 수 있게 되었다. 우리 사회는 점점 유비쿼터스 사회로 진화하고 있다.

　특히 스마트폰 시장의 급성장은 유비쿼터스 사회로의 진화를 가속화하고 있다. 스마트폰은 문서작성, 트위팅, 동영상 편집 등의 기능은 물론 바코드를 읽어 상품의 최저가를 검색해주고, 위치를 인식하여 주변 '맛집'을 추천해주는 등 참신하고 새로운 애플리케이션들이 지속적으로 추가되고 있다. 심지어 노래를 부르면 노래 제목을 찾아주고 스마트폰으로 영화관을 비추면 상영하는 영화 안내까지 해주는 증강현실이 접목되는 등 스마트폰의 상승세는 끝이 없어 보인다.

최근 3세대(3G) 이동통신 및 와이파이 인프라가 확충되고 있으며, 고속의 무선망을 저렴하게 이용할 수 있는 환경이 구축되면서 스마트폰 이용자는 지속적으로 증가하고 있다. 컴퓨터로 처리하던 업무를 스마트폰으로 수행할 수 있게 되면서 유비쿼터스 오피스의 구현이 현실화되고 있다. 기본적인 문서편집 이외에도 웹 오피스와 같은 클라우드 컴퓨팅을 활용한 다재다능한 오피스환경을 구축할 수 있다. 스마트폰에서 문서를 편집하여 바로 이메일로 보내는 유비쿼터스 세상이 바로 눈앞에 펼쳐지고 있다.

이와 같이 유비쿼터스 인프라가 확충되면서 언제 어디서든지 웹에 접속하여 사무를 볼 수 있는 유비쿼터스 오피스 환경도 함께 구축되고 있다. 유비쿼터스 환경에서 물리적인 사무공간은 의미를 잃어가고 있다. 비싼 사무실 임대료를 내는 대신 웹에 사무실을 꾸리고, 언제 어디에서든지 웹에 접속하여 사무를 볼 수 있다. 이제 사무실을 바라보는 시각에 대한 발상의 전환이 필요하다. 그리고 번듯한 사무실이 없어도 충분히 사업을 영위할 수 있는 시대가 열리고 있다.

3

소셜 웹으로 구축하는
무료 오피스

　　소셜 웹에는 구글 오피스와 같은 웹 오피스, 스프링노트와 같은 무료 협업 서비스, 프리버전으로 제공되는 무료 프로그램들이 즐비하다. 이와 같은 서비스와 프로그램을 잘 활용하면 사무에 필요한 프로그램을 별도로 구매할 필요가 없다. 또한 웹 오피스의 경우에도 웹 브라우저를 통해서 문서 작업을 진행하지만, 자신의 컴퓨터가 아닌 문서가 저장된 서버에서 프로그램이 구동되기 때문에 컴퓨터의 사양이 낮아도 아무 문제없이 이용할 수 있다. 또한 프리버전으로 제공되는 프로그램의 경우에도 고급기능이 많이 빠져서 배포되기 때문에 컴퓨터 사양이 낮아도 활용하는 데 전혀 지장이 없다. 이와 같이 문서 작업을 웹에서 진행하고 무료 프로그램을 이용하게 되면 컴퓨터 내의 불필요한 프로세스와 메모리를 줄일 수 있어서 저사양의 컴퓨터로도 얼마든지 사무가 가능하다. 스마트폰으로도 웹 오피스를 이용하는 데 전혀 불편함이 없을 정도이니 웬만큼 사양이 떨어지지 않고서는 문제가 없을 것이다.

컴퓨터에서는 운영체제와 웹 브라우저만 실행되고 나머지 프로그램은 서버에서 구동되는 시대가 다가오고 있다. 서버 내에서 프로그램이 구동되고 문서도 서버 내에 위치해 있기 때문에 언제 어디서든지 서버에 접속하면 문서를 생성할 수 있고 수정할 수 있다. 이른바 '클라우드 컴퓨팅'이다. 클라우드 컴퓨팅은 컴퓨팅 자원을 관리할 수 있도록 특화된, 제3자가 제공하는 인프라를 저렴하고 쉽게 사용할 수 있도록 제공되는 서비스를 의미한다. 클라우드(Cloud, 구름)는 인터넷 기반이라는 의미이고 컴퓨팅(Computing)은 컴퓨터 기술을 사용한다는 의미이다. 컴퓨터 네트워크 구성도에서 인터넷을 구름으로 표현하기 때문에 IT에서 클라우드는 인터넷을 상징한다. 클라우드 컴퓨팅은 한마디로 IT 관련된 기능들이 서비스 형태로 제공되는 컴퓨팅 스타일이라고 할 수 있다. 클라우드 컴퓨팅은 인프라의 혁신을 주도하고 있다. 인프라 비용을 자본비용에서 운영비용으로 바꿀 수 있을 뿐만 아니라 사용비용도 90%까지 절감이 가능하다고 한다. 가장 대표적인 서비스가 구글 오피스와 같은 웹 오피스다. 구글 오피스는 100% 무료로 제공되는 서비스로 누구나 쉽게 접근하여 이용할 수 있다.

클라우드 컴퓨팅은 다음과 같은 장점을 갖고 있다. 첫째, 언제 어디서나 인터넷만 접속 되면 문서의 생성·작성·편집·저장이 가능하다. 물론 컴퓨터에 오피스 프로그램이 설치되어 있지 않아도 사용이 가능하다. 둘째, 여러 사람과 공유가 가능하기 때문에 협업에 최적화되어 있다. 만약 동문회 주소록을 만든다면 기존에는 총무가 동문의 주소를 취합하여 주소록을 만들었지만, 구글 오피스를 활용하면 동문이 직접 문서에 접속하여 자신의 주소를 입력할 수 있다. 일일이 취합할 필요 없이 자신의 주소만 입력하면 주소록이 만들어진다. 협업의 방식이 바뀌고 있는 것이다. 하지만 아주 큰 단점이 있다. 웹에 접속이 안 되면 무용지물이라는 것이다. 게다가 클라우드 컴퓨팅 서비스를 제공하는 업체의 서버가 다운되기라도 하는 날에는 손 놓고 복구되기만을 기다려야 하는 상황이 발생하게 된다. 즉, 클라우드 컴퓨팅을 과신하면 안 된다는 이야기다. 주기적인 백업이 필요한 부분이다. 하지만 클라우드 컴퓨팅은 마약과 같은 존재여서 한번 쓰기 시작하면 그 편리함과 유용함에 중독되게 마련이다.

그리고 중요한 것은 대부분의 웹 오피스가 무료로 이용이 가능하다는 점이다. '마이크로소프트 오피스'나 '한글과컴퓨터 오피스'는 업무에 꼭 필요한 프로그램이지만 1인 기업이나 소규모 기업에서 구매하기에는 부담이 되는 게 사실이다. 하지만 구글 오피스나 싱크프리 오피스를 이용하면 대부분의 오피스 프로그램을 구매하지 않아도 웹상에서 무료로 이용할 수 있다. 문서를 작성해 다운로드 받을 수 있으며, 다운로드 받은 문서는 전용 뷰어로 언제든지 열람할 수 있다. 오피스 프로그램을 구매하지 않아도 얼마든지 업무를 볼 수 있다. 만약 웹 오피스가 불편하다면 '오픈오피스'를 이용할 수 있다. 오픈오피스는 오픈 소스 기반으로 오래전부터 무료로 제공되고 있는 공개형 오피스 프로그램이다. 워드프로세서(writer), 표계산(Calc), 프레젠테이션(Impress), 데이터베이스(Base), 드로잉/일러스트 편집기(Draw), 수학공식 편집기(Math)가 포함된 오피스 패키지로 풍부한 기능과 호환성은 상용 오피스에 버금가는 수준이다.

'스프링노트'와 같은 소셜 노트 서비스도 유용하다. 특히 여러 사람과 협업 프로젝트를 진행할 때 아주 유용하다. 스프링노트는 정보를 기록하고 관리하는 웹상의 노트다. 웹 브라우저가 있는 곳이라면 언제 어디서나 아이디어를 쉽게 기록하고, 키워나가는 개인의 정보 관리도구다. 스프링노트의 가장 큰 특징 중 하나는 자신이 원하는 사람들과 특정 페이지를 함께 쓸 수 있다는 점이다. 개인노트를 만들어서 특정 페이지를 사람들과 공유할 수 있으며 처음부터 그룹노트를 만들어 여러 사람과 같이 작성할 수도 있다. 스프링노트는 협업에 아주 유용한 웹 서비스다.

스프링노트를 이용하면 온라인상에서 여러 사람과 협업하여 유기적으로 업무를 수행할 수 있다. 여러 사람이 참여하여 마인드맵을 작성할 수 있는 소셜 마인드맵 서비스인 '마인드42'도 협업에 유용한 서비스다. 이외에도 트윗캠, 유스트림 등의 서비스를 이용하면 전 세계인을 대상으로 실시간 라이브방송과 VOD 동영상 서비스가

스프링노트
협업에 유용한 소셜
노트 서비스

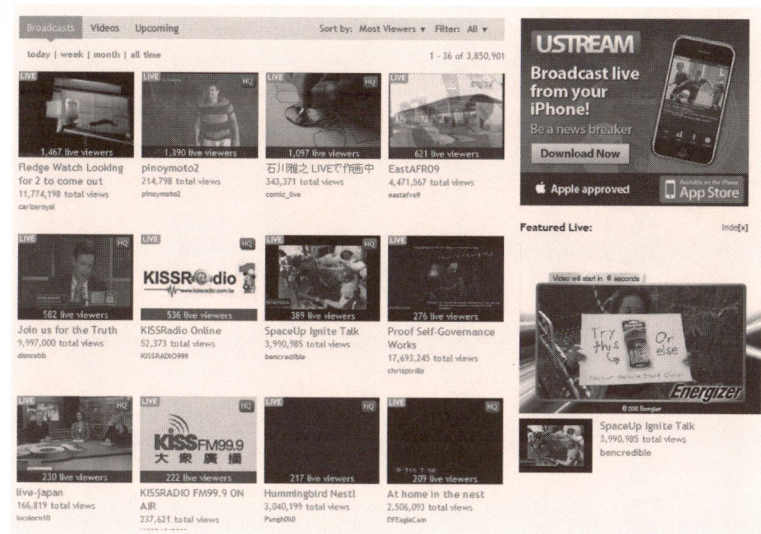

가능하며, 트위터 계정과 연동할 수 있기 때문에 자신의 팔로워에게 실시간으로 서비스를 홍보하고 참여를 유도할 수 있다. 이 모든 것들이 소셜 웹에서는 무료로 제공되고 있다.

이와 같이 웹에서 이용이 가능한 오피스 서비스와 협업 서비스를 이용하면 특별히 돈 들이지 않고도 손쉽게 유비쿼터스 오피스 환경을 구축할 수 있다. 이렇게 오피스 환경을 구축한 노트북, 넷북, 스마트폰을 갖고 있다면 언제 어디서든 컴퓨터 전원을 켜는 순간 나만의 작은 사무 공간이 열린다.

4

협업 프로젝트를 통한
가치교환

사업을 전개해 나가기 위해서는 여러 분야의 인재가 필요하다. 물론 창업자 자신이 멀티플레이어가 되어 많은 일들을 처리할 수는 있겠지만 감당하지 못하는 부분도 생기게 마련이다. 사업 초기에는 소셜 웹에서 제공하는 다양한 서비스와 오픈소스 프로그램을 활용하여 어느 정도는 감당할 수 있다. 하지만 사업이 진행되다 보면 전문성을 요구하는 일들이 생긴다. 관련 분야의 직원을 채용하는 것이 가장 이상적이지만 직원을 채용하게 되면 매월 인건비가 발생되기 때문에 직원 채용은 항상 신중히 판단해야 한다. 이와 같이 자신이 갖고 있는 능력으로 해결할 수 없을 때는 업무 수행을 위한 프로젝트 팀을 구성하여 해결할 수 있다.

소셜 웹은 디지털 협업을 통한 프로젝트 수행에 최적화된 환경을 제공한다. 소셜 웹이 활성화되지 않았을 때는 웹에서 친분을 쌓은 사람들과 상업적인 프로젝트를 진행하기가 쉽지 않았다. 가장 큰 이유는 직접 만나서 이야기를 해야 일을 진행할 수 있고, 한 공간 안에서 일을 해야 잘할 수 있다고 생각했기 때문이다. 한마디로 오프라인 유대관계를 중시했던 한국 국민의 성향 때문이다. 또한 능력을 검증할 수 있는 방법이 제한적이었던 것도 하나의 이유가 될 수 있다. 하지만 구성원 간의 믿음을 기반으로 하는 소셜 웹이 활성화되면서 웹에서 만나 웹에서 일하는 게 자연스러운 세상이 되었다. 커뮤니티나 소셜 네트워크 서비스에서 친구가 되고, 친분을 쌓고, 나아가 상업 프로젝트까지 진행할 수 있다.

소셜 웹 협업 프로젝트는 프로젝트의 특성에 맞게 팀원을 구성하고, 업무를 배분하여 프로젝트를 진행하고, 프로젝트를 통하여 발생하는 수익을 나누는 것이다. 직원을 채용하여 고정비로 지출하는 것이 아니라 프로젝트 단위로 용역비를 지출하는 형태라고 할 수 있다. 그만큼 고정비를 줄일 수 있으며 프로젝트팀이 잘 짜여진다면 업무효율도 높아질 수 있다. 특히 진행하는 프로젝트가 많아질수록 팀워크가 향상되어 결과물도 좋아지고 업무효율도 높아진다. 이것이 소셜 웹 협업 프로젝트의 최대 장점이다.

소셜 웹에는 협업을 위한 서비스들이 많이 있다. 가장 쉽게 접할 수 있는 서비스가 바로 카페다. 네이버, 다음 등의 포털 사이트에서 제공하는 카페를 이용하여 협업 프로젝트를 진행할 수 있다. 또한 구글 그룹스, 스프링노트 등의 서비스를 이용하면 성공적인 협업 프로젝트를 진행하는 데 많은 도움이 된다.

대표적인 소셜 웹 협업 프로젝트 사례로는 소비자 체험단을 오픈 프로젝트로 진행한 '도너츠 2.0'이 있다. 여덟 명의 블로거가 뭉쳐 디지털 도어록 체험단 모집부터 리뷰 등록까지의 전 과정을 수행했다. 체험단 운영을 통해 발생한 수익금의 일부는 어려운 이웃을 위해 기부되었다. 웹에서 만나 웹에서 일한 협업 프로젝트를 나눔의 문화로까지 승화시킨 대표적인 소셜 웹 협업 프로젝트다. 또한 대표적인 비즈니스 SNS인 '링크나우'의 내책쓰기 커뮤니티에서는 회원들이 공동집필한 책을 정기적으로 발간하고 있다. 책 주제에 대한 기획안을 모집하고, 회원들의 의견을 수렴하여 책의 주제를 선정한다. 세부 차례가 결정되면 집필에 참여하는 회원은 자신이 집필할 부분을 할당받아 집필하면 된다. 혼자서 책 한권 쓰기는 버겁지만 여러 명이 모여 파트별로 집필하게 되면 단기간에 발간할 수 있다. 또한 여러 사람의 목소리를 반영할 수 있고, 집필에 참여하는 회원 간에 서로 의지가 되고 합심할 수 있기 때문에 중도에 포기하지 않고 뜻을 이룰 수 있다. 협업 프로젝트를 이용하면 책을 내기가 훨씬 수월해지기 때문에 누구나 조금만 노력한다면 저자라는 타이틀을 얻을 수 있다. 소셜 웹은 이와 같은 협업 프로젝트를 원활하게 진행할 수 있는 최적의 환경을 제공한다.

소셜 웹에서의 협업 프로젝트는 가치교환의 차원에서 큰 의미를 갖고 있다. 자신이 갖고 있지 못한 부분, 부족한 부분을 협업 프로젝트로 채우는 것이다. 기획은 자신 있지만 디자인이나 프로그램 개발 능력이 떨어진다면 디자이너와 프로그래머를 팀원으로 받아들이면 된다. 물론 프로젝트로 발생하는 수익은 분배되어야한다. 이와 같이 자신이 해결할 수 없는 부분을 협업 프로젝트로 해결함으로써 고정비를 줄이면서 사업을 진행해나갈 수 있다. 어찌 보면 프로젝트에 참여하는 팀원들은 자신이 갖고 있는 가치를 팀원에게 나눠 주고,

팀원들이 갖고 있는 가치를 자신이 받아들이는 가치교환을 통하여 프로젝트를 완성해 나간다고 할 수 있다. 자신이 갖고 있는 재능으로는 다른 팀원에게 도움을 주고 자신에게 없는 재능은 다른 사람에게 도움을 받는 것이다. 이것이 협업 프로젝트의 궁극적인 가치다.

5

비즈니스 인맥은
비즈니스 SNS로

    사업이 본궤도에 올라오고 사업 영역이 넓어지게 되면 인맥의 중
요성을 새삼 느끼게 된다. 특히 한국은 인맥을 중시하는 정서가 있
기 때문에 사업을 전개해 나가는 과정에서 인맥은 매우 중요한 성공
요소 중 하나다. 하지만 대부분의 인맥은 자신이 몸담고 있었던 사
업 영역에 국한되는 경우가 많다. 직장 동료와 거래처 직원이 인맥
의 핵심이 되긴 하지만 사업을 영위해 나가기에는 역부족이다. 하지
만 소셜 웹 시대를 살아가고 있는 우리에게 인맥은 개척의 대상이지
선망의 대상이 아니다. 부족한 인맥은 소셜 네트워크 서비스를 통하
여 넓혀나가면 되기 때문이다.

    SNS(소셜 네트워크 서비스)는 목적에 따라 크게 개인용 SNS와 비즈니스
용 SNS로 구분될 수 있다. 대표적인 개인 SNS로는 싸이월드, 마이
스페이스, 페이스북 등이 있으며, 비즈니스 SNS는 링크드인, 링크

나우, 후즈라인 등이 있다. 비즈니스 SNS의 원조는 미국의 '링크드인'이다. 전문직 직장 네트워킹 사이트로 회원의 대부분이 25~65세 사이의 직장인이고 전 세계 5대륙에 걸쳐 5,000만 명이 가입되어 있다. 대부분의 회원은 현직 또는 전직 직장동료와 네트워크를 유지하기 위해 링크드인을 이용하고 있으며 변호사를 찾거나 특정회사와 거래를 하기 전 사전조사를 위해 네트워크를 동원하기도 한다. 링크드인은 마이스페이스, 페이스북 등의 SNS가 미국에서 선풍적인 인기를 얻으면서 그 후광효과로 직장인 사이에서 큰 인기를 얻었다. 최근에는 트위터와 서비스 공유 파트너십을 체결해 이슈가 되기도 했다. 그 내용은 이용자들의 업데이트 정보와 메시지 등을 양 사이트에 동시에 올릴 수 있도록 하는 것이 골자다.

'링크나우'는 비즈니스 SNS를 발 빠르게 한국에 들인 서비스업체다. 한국에 SNS는 오로지 싸이월드 밖에 없다고 생각하던 시점에 링크나우는 아주 조용히 오픈하여 비즈니스 인맥구축, 인맥관리, 구인구직, 취업정보 등의 알찬 서비스를 제공하면서 입소문을 타기 시작했다. 대규모 프로모션을 진행하거나 이벤트를 진행하지도 않았지만 한국 최대의 비즈니스 인맥 구축 및 관리 사이트로 성장했다. 이렇게 크게 성장할 수 있었던 이유로는 친구초대하기 기능을 이용한 네트워크 마케팅과 이용자들의 자발적인 참여로 활발히 활동하는 링크나우 내의 소규모 그룹을 꼽을 수 있다. 주제별로 모이는 소규모 그룹의 회원들은 정기적으로 오프라인 모임을 갖고 세미나를 개최하는 등 온라인뿐만 아니라 활발한 오프라인 활동을 전개하고 있다.

비즈니스 SNS의 회원은 대부분 자신의 프로필을 100% 공개해놓고 있다. 그래야만 사업의 기회를 만들 수 있기 때문이다. 회원의 프로필을 볼 수 있기 때문에 자신이 원하는 사람을 쉽게 찾을 수 있으며 인맥도 쉽게 연결할 수 있다. 협업 프로젝트팀을 구성할 팀원을 찾을 수도 있고, 필요한 인재를 찾을 수도 있고, 거래처 담당자를 찾을 수도 있고, 일을 맡길 업체를 찾을 수도 있고, 사업 파트너를 찾을 수도 있다. 또한 학연, 지연을 중시하는 한국 정서를 고려하여 학교나 고향의 선후배를 찾아 도움을 받기도 한다. 이와 같이 형성된 인맥은 사업을 영위하는 데 큰 힘이 되고 있다.

온라인뿐만 아니라 사업가들이 모이는 오프라인 모임을 통하여 인맥을 넓힐 기회가 많다. 링크나우에도 인맥을 넓힐 수 있는 오프라인 모임이 많기 때문에 적극적으로 활용해보면 다양한 분야의 사업가들과 친분을 쌓을 수 있다. 이와 같이 사업을 시작하고 인맥의 한계에 부딪혔다면 비즈니스 SNS를 활용하여 극복할 수 있다. 사실 표면적으로 집계되지는 않지만 비즈니스 SNS를 통하여 수많은 거래와 계약이 성사되고 있다. 비즈니스 SNS를 통해 형성되는 경제규모가 어마어마하다는 이야기다. 소셜 웹 서비스 자체가 형성하는 경제권도 경제권이지만, 사업에 필요한 인맥을 연결해 줌으로써 부가적인 경제활동이 일어날 수 있도록 지원하고 있다. 이제 우리는 소셜 웹을 빼고는 비즈니스를 논할 수 없는 소셜 웹 경제의 시대에 살고 있다.

모두가 B2C를 지향하지만
B2B 수익모델은 반드시 필요!

웹 2.0, 소셜 웹 서비스로 대박을 노리는 당찬 도전자들, 아니 웹 2.0을 떠나 인터넷에서 돈을 벌기 위해 웹 사이트를 개설하는 수많은 사람들이 있다. 이들을 보면 거의 대부분이 B2C 사업모델을 꿈꾼다. 일반 이용자를 대상으로 가치 있는 서비스를 제공하여 이용자를 모은 후에, 광고나 유료 아이템을 판매하여 수익을 얻는 구조다.

하지만 대부분의 서비스는 광고를 통한 수익이 발생하기 이전에 수익모델 부재로 무너지게 된다. 최소 3년은 버텨줘야 어느 정도 궤도에 오를 수 있는데, 그 전에 자금난을 겪게 된다.

"우선 회원을 모아야 한다!"

대부분의 서비스 제공자들은 이렇게 이야기한다. 하지만 이 말처럼 무책임한 말이 또 있을까? 만약 B2C 서비스 모델을 꿈꾼다면, 반드시 B2B 수익모델을 먼저 만들어야 한다. 그래야만 버틸 수 있다. 블로그메타사이트인 올블로그는 B2C 서비스이지만, B2B 수익모델로 블로거 리뷰 서비스인 위드블로그를 함께 운영하면서 회사 운영자금 및 올블로그 운영비를 확보하고 있다. 올블로그의 사례와 같이 B2B 수익모델은 B2C로 나가기 위한 근간이 될 수 있다.

누구나 B2C를 꿈꾼다. 하지만 B2C에 도달하기 이전까지 버텨낼 수 있는 먹을거리를 반드시 확보해야 한다. 이게 바로 생존을 위해 몸부림쳐야 하는 창업의 현실이다. 나는 블로그 언론을 지향하는 블로그메타사이트인 블로그와이드(blogwide.kr)를 개인적으로 운영하고 있다. 물론 블로그와이드를 사업화 할 수 있는 방안을 모색하고 있다. 많은 사람들이 애드센스를 수익모델로 생각하고 사업을 시작하기도 하지만 애드센스 수익만으로는 절대로 버틸 수 없다. 많은 이용자층을 확보하기 전까지는 고작해야 한 달에 몇 만 원 나오는 수준이기 때문에 서버유지비 감당하기도 벅차다.

그렇다면 무엇이 필요할까? 바로 B2B 수익모델이 필요하다. 블로그 마케팅 대행을 하든, 언론홍보 대행을 하든, 홈페이지 구축 웹에이전시를 하든, 바이럴 마케팅 대행을 하든, 경영전략 컨설팅을 하든, 자신이 가장 잘할 수 있는 것을 하나 선택해서 돈 벌 수 있는 아이템을 잡아야 한다. 물론 쉽지 않다. 영업도 해야 하고, 고객 응대도 해야 하고, 고객의 요구 조건을 충족시켜야 한다. 하지만 실질적으로 수익을 창출할 수 있는 B2B 수익모델을 갖고 있으면서 자신의 서비스를 키우는 전략이 필요하다. 물론 마케팅 대행 등의 사업영역은 경쟁이 치열한 레드오션이지만 이와 같은 노력도 없이 B2C

서비스에서 대박이 터지기를 기대하면서 사업을 시작한다는 것은 실패를 이미 예약해 두었다고 해도 과언이 아니다.

블로그와이드에서 섹션으로 서비스하고 있는 '블로거리뷰' 서비스에서도 B2B 수익이 발생할 수 있다. 블로거리뷰 섹션은 리뷰 글을 공유하고 이를 바탕으로 커뮤니티가 형성될 수 있도록 운영하고 있는 서비스이다. 기업 입장에서는 체험단 캠페인을 진행하기에 적합한 서비스다. 이와 같은 B2B 수익모델도 블로그의 글을 수집하는 블로그메타사이트에게 굉장히 매력적인 수익모델이다.

사실 가장 편하고 좋은 방법은 서비스를 지속할 수 있는 안정적인 자금을 투자 받는 형태다. 하지만 요즘과 같은 경제 상황에서 쉽지 않은 이야기다. 그렇기 때문에 B2B 수익모델을 발굴해 수익을 발생시키면서 B2C 서비스 운영자금을 확보해야 한다. 직장생활을 하면서 소셜 웹 서비스를 운영하는 것도 한 방법이 된다. 부업으로 서비스를 운영하다가 기회를 포착하게 되면 전업으로 전향하여 창업하는 방법이다. 나도 이와 같은 형태로 직장을 다니면서 부업 형태로 블로그와이드를 운영하고 있다. 직장에서 안정적으로 급여를 받고 있기 때문에 매출에 대한 부담없이 운영하고 있으며, 여러 가지 방법으로 사업타당성을 저울질하면서 창업할 기회를 노리고 있다. 누구나 좋은 환경에서 멋지게 사업을 하고 싶어 한다. 하지만 비전을 갖고 있다면 그 비전을 이룰 수 있는 최상의 전략을 수립하고 실행해야만 성공할 수 있다. 지금 현재 좋은 환경에서 사업을 시작하고 1년 후에 문을 닫겠는가? 아니면 풀뿌리 정신으로 지금의 어려운 상황을 버텨내면서 10년, 아니 20년을 가는 기업을 만들겠는가? 바로 지금 당신이 수립하는 전략에 따라 미래는 달라진다.

4부
소셜 웹의 미래

1장
소셜 웹이 가져올 변화

1

소셜 웹의 진화

소셜 웹은 지금 바로 이 순간에도 진화를 거듭하고 있다. 이 원고를 쓰고 있는 2010년 6월 시점에서 소셜 웹의 미래를 이야기한다는 것 자체가 모순일 수 있다. 책이 출간될 즈음에는 전혀 새로운 트렌드가 형성되어 있을지도 모를 일이기 때문이다. 굳이 먼 미래의 이야기를 하자는 것은 아니다. 바로 오늘, 그리고 내일 소셜 웹이 만들어 나갈 가까운 미래의 모습에 대해 이야기하고자 한다.

온라인 매거진인 Baekdal.com은 소통 방법의 변천과정을 시대별로 정리하여 큰 호응을 받았다. 우리는 사람들과 어떻게 소통하는지가 뜨거운 화두인 소셜 웹 시대에 살고 있다. 웹이 열리기 전에는 오히려 대중과 소통할 수 있는 방법이 아주 간단했다. 신문이나 잡지에 광고만 하면 됐다. 하지만 지금의 세상은 전과 완전히 변했고 계속 변화 중이다. 끊임없는 급격한 변화 때문에 오늘 어떻게 대중과 소통했는지보다 내일 어떻게 소통해야할지가 더 중요한 세상이 되었다. Baekdal.com은 흥미로운 그래프를 제시했다. 1800년대는 Face to Face 소통의 시대, 1900년대는 정보를 읽는 시대, 1960년대는 라디오의 시대, 1990년대는 TV의 시대였으며, 1998년에는 드디어 월드와이드웹이 태동한다. 2004년에는 너나 할 것 없이 웹 사이트를 만들었으며, 사람들은 웹을 통해서 세상을 바라볼 수 있게 되었다. 2007년에는 자신들의 생각과 고민을 인터넷에 게시할 수 있는 블로그가 트렌드를 형성했다. 2008년에는 소셜 네트워크 서비스를 통하여 능동적인 방법으로 개인의 정보를 대중과 공유하게 되었고, 소셜 네트워크 서비스는 정보 공유 및 토론을 위한 가장 단순하면서도 효과적인 툴로 자리 잡았다. 2009년에는 모든 것이 소셜로 통하는 시대가 되었으며, 정보전달 매체의 승자는 다름 아닌 소셜 속에 연결되고 그 속에서 소통하는 대중이 되었다.

그렇다면 Baekdal.com이 바라보는 미래는 어떤 모습일까? 가장 혁신적인 변화는 소셜 뉴스다. 소셜 뉴스는 세계 곳곳에서 일어나고 있는 최신의 일들을 생생하게 얻고자 하는 욕구를 빠르게 충족시킬 것이다. 뉴스는 더 이상 기자만의 전유물이 아니며, 대중도 뉴스를

소통 방법의 변천사

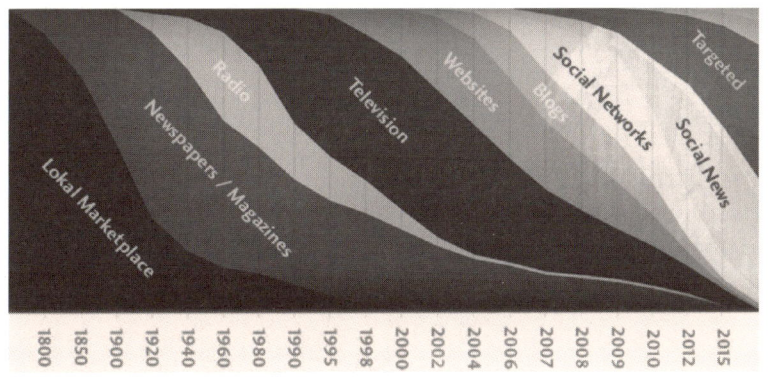

생성하는 역할을 수행하게 될 것이다. 이러한 뉴스는 더 이상 전통적인 절차를 거치지 않고 현장에서 개인에게 직접 전달된다. 기자 없이 대중으로부터 바로 전달되는 소셜 뉴스는 빠르고 직접적이며 특정 목적에 따라 걸러지지 않는다. 엔터테인먼트 분야에도 게임, 동영상, 음원 등에 의한 새바람이 불 것이다. 일방적인 TV 대신에 사람들은 원하는 것을 원하는 시간에 볼 수 있다. 사람들은 더 이상 TV와 같은 대중매체가 제공하는 콘텐츠를 수동적으로 받아들이는 것이 아니라 원하는 콘텐츠를 능동적으로 결정하고 받아볼 수 있게 된다. 사람들은 이미 이동통신 서비스가 형성하는 시장이 지속적으로 커지고 있는 것을 보고 있다. 그리고 그 속에서 지역의 갖가지 정보를 손쉽게 얻을 수 있게 되었다. Baekdal.com은 이러한 변화가 수년 내에 보편화 될 것이라고 내다보고 있다.

결국 Baekdal.com 기사의 핵심은 '소셜'이다. 수동적으로 정보를 전달받는 것이 아니라 능동적으로 정보를 찾고 공유하는 인터렉티브한 소통 방법이 대세를 장악하리라는 것이다. 이와 같은 소통 방법이 가능한 것은 바로 소셜 웹이 그에 맞게 진화하고 있기 때문이다. 게다가 스마트폰과 같은 똑똑한 디지털기기의 대중화로 소셜 웹을 활용한 소통 방법은 모바일로까지 확산되고 있다. 언제 어디에서든지 소셜 웹에 접속하여 정보를 찾고 공유하는 인터렉티브한 소통이 가능하다는 것이다. 이와 같이 소셜 웹은 사람들이 자유롭고 편리하게 인터렉티브한 소통을 즐길 수 있도록 진화할 것이다. 물론 지금도 훌륭하지만 모든 것은 쉬지 않고 변화하고 있다. 현재는 결국 다음으로 가는 시작점에 불과하다.

2
여론은
소셜 미디어를 타고

웹이 대중화되기 전에는 정보를 얻을 수 있는 통로가 TV, 라디오, 신문 등의 전통매체에 국한되었다. 뉴스를 국민에게 전달하는 매개체 역할을 담당하는 이와 같은 전통매체의 힘은 막강했다. 오죽하면 언론권력이라는 말까지 생겼겠는가. 국민들은 언론의 보도방향에 따라 언론이 원하는 방향으로 여론을 형성할 수밖에 없었다. 일부 신문의 편파 보도로 사실이 왜곡되는 일은 다반사로 발생하고 있다. 이와 같은 여론 왜곡과 매체 파워가 높은 소수 언론사의 여론독과점 현상은 큰 사회적 문제였다. 5·18 민주화운동(광주민주화운동) 당시 광주시는 외부로의 접근이 원천봉쇄 되었기 때문에 광주의 실상을 외부에 알릴 길이 없었다. 가장 큰 이유는 전두환 정부가 이미 언론을 장악했기 때문이었다. 언론에서는 정부에서 제공하는 보도자료를 뉴스로 내보낼 뿐이었다. 광주 시내를 탈출한 일부 사람들에 의해 실상이 전해졌고 처음에는 유언비어처럼 전해지면서, 북한 무장 간첩이 침투하여 저지른 만행이라고 소문나기도 했다. 당시 광주의 상황은 3일째 되는 날부터 언론에 그 실상이 보도되기 시작했으니 언론은 그 역할을 제대로 수행하지 못한 것이다.

만약 그때 광주에서 무슨 일이 일어나고 있는지 외부에서 알게 되었다면 광주는 외로이 투쟁하지 않았을 지도 모른다. 하지만 지금은 어떻게 변해 있을까? 인터넷의 발달과 웹 2.0 정신인 참여, 공유, 개방, 소통 문화의 확산으로 시위 현장의 생생한 모습을 볼 수 있다. 아무도 시키지 않았고 아무도 강요하지 않았다. 촛불문화제 현장 사진을 찍고, 동영상을 촬영하고, 생중계하고, 블로그에 올리고…. 사람들은 그저 진실을 알리고 싶었을 뿐이다. 만약 이러한 문화가 없었다면 우리는 또다시 기성 언론의 조작된 뉴스만 접해야 하지 않았을까?

인터넷 언론이 부상하면서 기성 언론의 힘은 약해지고 있다. 기자의 논평뿐 아니라 일반 블로거의 논평도 어렵지 않게 볼 수 있게 되면서 다양한 목소리를 들을 수 있게 되었다. 기자의 논평을 정면으로 반박하는 논리 정연한 블로거의 논평을 보고 있노라면 감탄이 절로 나기도 한다. 또한 인터넷 언론은 기성 언론의 축소, 은폐, 조작 시도를 파헤치기도 한다. 이와 같이 인터넷 언론은 여론 형성에 큰 역할을 하고 있으며 사회적 합의를 도출하는 데도 그 영향력을 확대하고 있다. 인터넷 언론이 없다면 한국이 또다시 암흑의 시대로 돌아가지 말라는 법도 없을 것이다. 그만큼 인터넷 언론의 힘은 막강해지고 있으며, 소수의 의견을 대변하며 감시의 역할도 충실히 수행하고 있다.

뉴스 전파의 혁명이 된 소셜 미디어 트위터

140자로 소통하는 마이크로 블로그인 트위터가 뉴스를 전파하고 여론을 형성하게 하는 언론으로써의 역할에 관심이 집중되고 있다. 특히 트위터는 뉴스 전파의 혁명을 일으키면서 실시간 속보 전파의 역할에 충실하다. 중국 쓰촨 대지진, 아이티 지진, 칠레 지진, 심지어 한국 수도권 지진까지 트위터를 통해 제일 먼저, 그리고 급속도로 전파되었다. 이와 같은 전파가 가능한 것은 트위터의 'RT' 기능 때문이다. RT 기능을 이용하면 속보를 자신의 팔로워에게 재전달할 수 있다. RT를 받은 팔로워는 다시 그들의 팔로워에게 RT함으로써 속보가 지인 네트워크를 타고 급속도로 확산될 수 있다. 이렇듯 소셜 미디어의 특성은 기하급수적이라는 데 있다.

트위터는 강력한 지인 네트워크를 근간으로 하는 소셜 미디어 서비스이기 때문에 여론 형성에도 큰 영향력을 발휘할 수 있다. 이야기를 듣는 팔로워가 만 명을 넘는 트위터리안의 경우, 그들의 한마디 한마디가 여론에 미치는 영향은 가히 상상을 초월할 것이다. 정치권에서 국민과의 소통과 선거운동에 트위터를 적극 이용하려고 한다는 사실만으로도 그 영향력을 짐작할 수 있다. 정치인 노회찬이나 언론인 김주하 등은 팔로워 수가 수만 명에 달하는 대표적인 한국의 파워 트위터리안이다. 이들의 트윗 한 줄이 미치는 영향은 직접 팔로우하는 수만 명에서 그치지 않고 RT를 거듭하면서 트윗을 접하게 되는 트위터 사용자는 기하급수적으로 늘어난다. 일례로 민주노동당 이정희 의원은 투표율을 높일 수 있는 방법을 묻는 글을 자신의 트위터에 올렸고, 이어 팔로워들은 제각기 번뜩이는 아이디어를 쏟아냈다고 한다. 호주의 강제투표제도가 언급되기도 하고, 투표 불

참 시 세금 할증 방안이 제안됐으며, 반면 투표에 참여할 경우에는 세금을 환급해주거나 주택청약 시 가산점을 부여하는 방안 등이 올라왔다. 투표율 제고에 대한 아이디어를 물으면서 자연스럽게 투표에 대한 중요성을 알리게 되었고 일반인들과의 소통을 넓히는 성과를 얻게 된 트위터 활용의 좋은 사례다.

소셜 미디어의 발전은 이제 시작

블로그, 트위터로 대변되는 소셜 미디어의 발전은 이제 시작 단계라고 할 수 있다. 블로그는 이미 대안언론으로써의 역할을 충실히 수행하고 있으며, 트위터 또한 뉴스 전파의 핵심 채널로써 언론의 역할을 담당하게 될 것이다. 그렇다면 블로그와 트위터로 대표되는 소셜 미디어의 모습은 어떨까?

대표적인 소셜 미디어인 블로그는 전문적이라는 인식이 널리 퍼져 있다. 즉, 블로그는 콘텐츠를 생산하는 역할을 한다. 때문에 일방적인 소비가 익숙한 대다수의 네티즌에게는 다소 어렵게 인식될 수밖에 없다. 네티즌 대다수는 블로그를 통하여 정보를 취할 뿐 댓글조차도 남기기를 귀찮아한다. 하지만 트위터는 140자의 간결한 메시지로 소통하는 방식이기 때문에 콘텐츠 생산에 대한 부담도 없고, 자신이 답변하고 싶은 트윗에만 메시지를 남기면 되기 때문에 귀찮지도 않다. 블로그의 콘텐츠 생산에 대한 부담감과 압박감 때문에 트위터로 옮겨간 블로거가 많은 것 또한 사실이다. 이런 현상은 앞으로도 계속될 것이기 때문에 블로그는 점점 전문적인 미디어로 성장할 가능성이 있다. 한마디로 블로그는 전문적인 블로그만 남게 될 것이고 대부분의 일반대중은 트위터, 미투데이와 같은 마이크로 블로그를 이용하게 될 것이다.

　소셜 미디어는 소통을 근간으로 하기 때문에 사람이 많이 모이면 모일수록 그 영향력은 배가된다. 현재 트위터의 한국 이용자가 폭발적으로 늘고 있으며 사이트 순위도 상승세에 있다. 미투데이도 NHN에 인수되면서 이용자가 폭발적으로 늘어나고 있다. 이와 같이 소셜 미디어 이용자가 늘어나면서 그 영향력은 점차 확대되고 있다. 그리고 정치권, 경제권에서 소셜 미디어를 활용하기에 혈안이 되어 있을 만큼 큰 이슈가 되고 있다. 소셜 미디어에 자신의 정보를 보다 자주, 보다 많이 노출하는 것이 중요한 세상이 되었다.

　이제 언론 권력은 기성 언론에서 소셜 미디어로 전이되고 있다. 다양한 의견을 주고받을 수 있고, 소수자의 의견을 대변하며, 사회를 감시하는 기능을 수행하고, 사회 부조리를 고발할 수 있는 유일한 대안언론이 바로 소셜 미디어다.

3

모든 것을 기록하는
라이프로그의 시대

"내가 지금 외우고 있는 전화번호가 몇 개일까?"

　나는 현재 열 개 정도의 전화번호 밖에 생각이 나지 않는다. 집, 회사, 아내의 휴대폰 번호, 그리고 식구들과 친구들 휴대폰 번호 등등 정말 아무리 생각해봐도 기억하고 있는 전화번호가 없다. 기억할 필요가 없는 시대에 살고 있을지도 모른다. 휴대폰이 대중적으로 보급되어 '1인 1휴대폰' 시대가 되면서 이제 전화번호를 외울 필요가 없어졌다.

　이제 모든 것을 휴대폰이나 스마트폰과 같은 디지털 휴대 기기에 기록해야 살아갈 수 있는 라이프로그의 시대가 오고 있다. 라이프로그의 시대란 휴대폰, 스마트폰, 넷북, 태블릿PC 등의 디지털 휴대 기기가 발달하면서 내 삶을 모두 기록할 수 있는 시대를 뜻한다. 어찌 보면 머리로는 사소한 것도 기억하지 못하는 '망각의 시대'에 살고 있지만, 보조 기억장치인 디지털 휴대 기기의 도움을 받아 '완전한 기억의 시대'를 동시에 살아간다고 볼 수도 있다. 스마트폰의 확산은 라이프로그의 시대를 앞당기고 있다.

현재의 나 자신을 기록하고 알리는 SNS인 트위터도 마찬가지다. 진정한 트위터 활동은 아이폰과 같은 스마트폰이 있어야 가능하다. 실시간으로 내가 무엇을 하고 있는지 트위터를 통하여 알려야 하기 때문이다. 스마트폰의 확산으로 이제는 시도 때도 없이 자신을 기록하고 있다. 내가 뭘 하는지, 어디에 있는지, 뭘 먹고 있는지 트위터에 기록하고 사람들과 이야기한다.

그래서인지 (모든 사람이 그렇지는 않겠지만) 현대인의 기억력은 급격히 쇠퇴하고 있다. 그만큼 한 사람이 처리해야 하는 일의 양과 정보의 양이 방대해졌다고 볼 수도 있다. 인터넷이 발달하면서 예전 같으면 감히 상상도 할 수 없을 만큼의 정보를 받아들이고 처리를 해야 하기 때문이다. 그래서 더더욱 모든 것을 기록해 남겨야 하는 시대가 오고 있다.

어찌 보면 소셜 웹은 나 자신의 모든 것을 기록하는 라이프로그의 시대와 떼어놓고는 생각할 수 없다. 나 자신을 기록하면서 그 데이터를 바탕으로 다른 사람들과 소셜 네트워크를 형성하니 SNS는 라이프로그와 불가분의 관계다.

다음은 최근 현대인, 특히 직장인들의 기억력이 눈에 띄게 쇠퇴하고 있는 이유를 생각해보고 내린 결론이다.

1. 휴대폰, 스마트폰 등의 휴대기기로 인하여 기억할 필요가 없어

지고 있다.

2. 처리해야 하는 정보의 양이 방대해지면서 뇌 용량이 정보의 양을 따라가지 못하고 있다.

3. 단순하게 나이가 들어서 기억력이 감퇴하고 있다.

휴대폰, 스마트폰, 넷북에 이어 이제 아이패드와 같은 태블릿PC까지 새로운 디지털 기기가 속속 등장하면서 삶의 모든 것이 기록되는, 이른바 '완전한 기억'의 시대가 열리고 있다. 하지만 현대인의 기억력은 급속하게 쇠퇴하고 있다. 소셜 웹과 디지털 기기가 가져오는 부작용일 수 있지만 문명의 이기를 슬기롭게 받아들인다면 새로운 기회가 될 수 있을 것이다. 나는 세상에서 가장 예쁜 딸 다현이의 삶을 블로그에 기록하고 있다. 사진, 동영상을 찍어 블로그에 올리면서 훗날 다현이가 성장한 이후 블로그를 보면서 같이 이야기하는 상상을 하면서 즐거워하기도 한다. 당신은 자신의 인생을 어떻게 기록하고 있는가?

4

홈페이지와 광고의
패러다임 변화

    아직도 비싼 비용을 지불하면서 이미지로만 만들어진 정적인 홈페이지를 구축하고 있거나 플래시로 만들어진 화려한 홈페이지를 구축하고 있는가? 사실 대부분의 한국 홈페이지들의 현실이다. 벤처 열풍 때문에 몰아친 잘못된 홈페이지 교육으로 포토샵으로 제작된 홈페이지가 지천에 널려 있다. 문제는 아직도 이와 같은 형태의 홈페이지들이 무수히 만들어지고 있다는 것이다. 웹 표준은 깡그리 무시한 채 이미지로만 구성된 홈페이지 말이다. 검색엔진 로봇이 들어와도 가져갈 게 전혀 없는 그런 홈페이지 말이다.

    한국 기업주는 비주얼을 중시하다 보니 화려하고 현란한 홈페이지를 선호한다. 하지만 이미지 파일로만 구성된 홈페이지는 이제 살아남지 못한다. 소셜 웹 서비스와의 연계가 가능하고 고객과의 소통이 원활하며 웹 표준에 맞추어 제작된 홈페이지만이 변화하는 웹 환경에서 살아남을 수 있다. 이제 홈페이지를 바라보는 시각을 바꾸어야 한다.

소셜 웹 시대의 많은 기업들은 홈페이지를 블로그 시스템으로 구축하고 있다. 워드프레스, 텍스트큐브 등의 블로그 소프트웨어를 이용하여 구축하거나 티스토리 블로그를 이용하기도 한다. 홈페이지 구축에 많은 비용을 들이지 않고 비용을 절감하면서 고객과의 인터렉티브한 커뮤니케이션이 가능하기 때문에 많은 기업들이 채택하고 있다. 특히 신생 IT기업들이 눈에 띈다. 검색솔루션 전문 업체인 와이즈넛(wisenut.com)도 홈페이지를 블로그로 구축했다. 기업의 새로운 소식이 생기면 그때그때 블로그에 포스팅 하듯이 자유롭게 업데이트할 수 있어서 매우 동적이며 성장하고 있는 기업이라는 인상을 준다.

블로그를 홈페이지로 이용하게 되면 블로그 자체가 검색엔진에

와이즈넛
블로그 기반의 홈페이지

최적화되어 있기 때문에 검색엔진을 통한 유입이 많아진다. 이는 광고비 절감 효과로도 이어질 수 있다. 또한 다른 블로거들과의 소통이 용이하다. 기업이 속해 있는 산업군에 관심을 갖고 있는 블로거들과 자유롭게 소통하면서 기업을 알릴 수 있고 그들에게서 아이디어를 얻을 수도 있을 것이다. 또한 다음 뷰, 올블로그, 블로그와이드와 같은 메타블로그사이트 뿐만 아니라 페이스북, 트위터와 같은 SNS에도 자유롭게 글을 송고할 수 있기 때문에 비용을 들이지 않고도 꾸준히 방문자를 유치할 수 있다. 이렇듯 홈페이지도 일방적으로 보여주는 방식에서 탈피해 고객, 더 나아가 일반 네티즌들과 소통하면서 도약의 기회를 잡아야 한다. 소셜 웹 시대의 새로운 기회라고 할 수 있다.

홈페이지뿐만 아니라 광고에 대한 패러다임도 바뀌게 될 것이다. 사실 소셜 웹에서는 점점 광고와 정보의 경계가 모호해지고 있다. 같은 광고를 보여주더라도 처한 시점과 공간에 따라 정보가 될 수도 있고 스팸이 될 수도 있기 때문이다. 노트북을 구매하고자 알아보고 있는 사람에게 노트북 광고나 구매후기는 정보가 될 것이고, 명품가방을 구매하고자 알아보고 있는 사람에게는 스팸이 된다.

소셜 웹은 이와 같은 스팸을 획기적으로 줄여주는 역할을 해야 한다. 정말 필요로 하는 사람에게 광고를 보여줌으로써 더 이상 광고가 광고가 아닌 정보가 될 수 있게 접근해야 한다. 블로그에 있는 노트북 구매후기를 보고 있는 사람에게는 노트북 광고를 보여줘야 하고, 명품가방 구매후기를 보고 있는 사람에게는 명품가방 광고를 보여줘야 한다. 그래야만 구매자의 구매결정을 도울 수 있는 정보의 역할을 하게 되는 것이다. 이와 같은 정확한 타깃팅은 구글 애드센스 등의 광고 시스템에서 어느 정도 구현되고 있지만 완벽하지는 않다. 수많은 웹 사이트의 소셜 그래프를 통합하고자 하는 페이스북의 오픈 그래프가 성공하게 된다면 보다 개인에게 최적화된 맞춤 광고도 가능할 것으로 보인다. 소셜 웹에서는 보다 정확하게 광고 타깃팅이 되어야 광고도 정보로써의 역할을 맡을 수 있다. 그러기 위해서는 콘텐츠를 보다 면밀하게 분석해야한다. 몇 년 안에 시맨틱 웹이 그 역할을 해주기를 기대한다. 그때가 되면 콘텐츠에 최적화된 광고가 노출되어 광고도 정보가 되는 세상이 되지 않을까?

정확한 타깃팅뿐만 아니라 소셜 웹 서비스 자체를 활용한 홍보에도 관심을 기울여야 한다. 페이스북에서 야후나 MSN에 유입시켜주는 방문자 수가 구글에서 유입시켜주는 방문자 수를 추월했다는 기사는 많은 시사점을 던지고 있다. 검색엔진 최적화(SEO)에만 신경 쓸게 아니라 블로그, 페이스북, 트위터와 같은 소셜 웹 서비스에 보다 많은 정보를 노출시켜야 한다. 정보가 많이 노출될수록 홈페이지의 방문자 수는 늘어나게 될 것이고 매출은 향상될 것이다. 이것 또한 소셜 웹이 공짜로 제공하는 새로운 기회다.

이제는 소셜 웹, 소셜 미디어라는 단어가 낯설지 않다. 소셜 웹이 바로 우리 피부까지 와 닿는데도 예전 방식의 홈페이지와 광고를 고집하겠는가? 소셜 웹을 활용해 홈페이지와 광고의 방식을 변화시킨다면 새로운 변화의 흐름을 감지할 수 있을 것이며 새로운 도약의 기회를 잡을 수 있을 것이다. 먼 미래의 일이 아니다. 바로 지금 시작해야 한다.

5

소셜 웹을 활용한
1인 창업의 확대

소셜 웹, 최첨단 휴대용 디지털 기기 등 IT 기술의 발달은 시·공간제약 없는 유연한 근무를 가능하게 하고 있으며, 기업의 아웃소싱 경영방식 증가는 1인 기업의 성장환경을 조성하고 있다. 또한 정부에서도 청년실업과 일자리 창출의 해법으로 1인 기업을 적극 지원하고 있다. 누구나 마음만 먹으면 자신만의 사업 아이템으로 창업할 수 있는 시대가 열리고 있다.

소셜 웹에는 무료로 이용할 수 있는 유용한 서비스와 프로그램이 즐비하다. 특히 업무에 필요한 오피스, 이미지 편집 프로그램, 그리고 협업에 필요한 서비스들이 많다. 하지만 이 모든 것을 무료로 이용할 수 있다. 게다가 IT 기술의 발달, 웹 서비스의 발달, 디지털 기기의 발달로 예전 같으면 여러 사람이 처리했던 일들을 혼자서도 거뜬히 처리할 수 있게 되었다. 게다가 링크나우와 같은 비즈니스

SNS를 이용하게 되면 인맥이 넓지 않더라도 얼마든지 사업을 영위할 수 있다. 사업에 필요한 모든 것이 소셜 웹에 있다고 해도 과언이 아니다.

또한 언제 어디서나 디바이스에 상관없이 협업이 가능하도록 IT 기술이 발전하고 있다. 개인들의 의사소통과 관계를 강화해 주는 기술과 서비스가 지속 발전함으로써 언제, 어디서나 디바이스에 상관없이 협업을 통한 창조적인 정보의 생산과 효율적인 업무 수행이 가능해졌다. 아이폰과 같은 스마트폰, 넷북, 태블릿PC의 확산으로 유비쿼터스 협업이 강화되고 있다. 이른바 물리적인 사무공간이 필요 없는 유비쿼터스 오피스가 현실화되고 있다. 이와 같이 소셜 웹에서 제공하는 서비스와 프로그램, 그리고 최첨단 디지털 기기를 이용하여 사업에 필요한 초기 비용을 거의 들이지 않으면서 사업을 시작할 수 있는 길이 열리고 있다.

별도의 서비스를 개발하여 사업을 시작하지 않더라도 마켓플레이스를 이용해 손쉽게 창업할 수도 있다. 애플리케이션 개발이 가능하다면 모바일 애플리케이션을 개발하여 앱스토어를 통해 유통함으로써 매출을 올릴 수 있다. 매달 백 명의 백만장자를 만들어 낸다는 애플 앱스토어의 신화가 멀기만 한 남의 이야기가 아니다. 아이디어가 있다면 바로 지금 도전하기 바란다.

정부에서도 '1인 창조기업'을 통하여 청년실업 및 일자리 부족을 해결하기 위하여 적극 지원하고 있다. 취업이 힘드니 회사를 직접 만들어서 취업하라는 이야기다. 1인 창조기업이란 창의적인 아이디어, 기술, 전문지식 등을 가진 자가 운영하는 1인 중심 기업을 의미한다. 자신이 가진 '지식, 경험, 기술' 등을 사용하여 보다 창조적인 서비스를 제공함으로써 이윤을 창출하는 기업을 1인 창조기업이라 할 수 있다.

1인 창조 기업이 되면 중소기업청에서 운영하는 아이디어비즈뱅크 사이트를 통해 자신이 가지고 있는 아이디어나 서비스를 거래할 수 있다. 또한 1인 창조기업에 프로젝트를 발주한 중소기업에게는 바우처(Voucher) 방식으로 계약금액의 10%(300만 원 한도)를 지급받을 수도 있다. 즉, 동일한 프로젝트를 다른 곳에 발주하는 것보다 1인 창조기업에 발주할 수 있도록 인센티브를 준다. 이는 1인 창조기업에게 엄청난 경쟁력으로 작용하게 될 수 있다. 게다가 서비스 거래몰을 통해 프로젝트를 발주하거나 수주한 기업과 1인 창조기업이 계약 불이행으로 인한 손실을 보전할 수 있도록 민간 보증보험회사에서 운영하는 보증 프로그램을 지원한다. 프로젝트를 발주한 기업이나 수주한 1인 창조기업 모두 성실하게 계약을 이행할 수 있도록 이행계약 보증보험과 이행지급 보증보험을 의무적으로 가입하게 함으로써 계약 불이행에 따른 리스크를 미연에 방지하고자 하는 제도다. 또한 성공한 1인 창조 기업 및 전문가 등을 멘토로 활용하여 예비창업자 및 창업 초기 기업에게 프로젝트 관리, 마케팅 전략 및 성공 노하우 등을 상호 교류할 수 있는 멘토링 시스템을 지원하고 있다. 경영 애로 해결 및 작업 공간 지원을 위해 민간 비즈니스센터를 '1인 창조기업지원센터'로 시범 운영하여 세무, 법률, 공동비서 등 경영지원 및 작업, 판매 공간으로 제공하고 있으며, 지방중기청 구청사 등 공공기관 유휴공간을 리모델링하여 인터넷실, 공동 작업장, 집기 등의 시설을 갖춘 보육공간으로 제공한다.

이외에도 세제감면, 자금, 인력, 보험 등을 지원한다고 하니 세부적인 내용을 검토해볼 필요가 있다.

　모든 샐러리맨들은 자신만의 꿈을 펼칠 수 있는 사업을 꿈꾼다. 그러나 대부분은 꿈만 꿀뿐 제대로 실행도 하지 못하고 여러 가지 핑계거리를 만든다. 자금이 없어서, 인맥이 없어서, 회사를 그만둘 수 없어서 등등 핑계거리도 많다. 하지만 소셜 웹을 살아가고 있는 현재 당신이 창업을 결심했다면 소셜 웹과 첨단 IT 기술이 여러분의 성공적인 창업과 성공을 도와줄 것이다.

2장

모바일로 확장되는
소셜 웹

1

스마트폰 시장의 급성장과
패러다임의 변화

2009년 11월 28일 애플의 아이폰(iPhone)이 개통 행사를 시작으로 서비스에 들어갔다. 출시 10일 만에 10만 대를 돌파하면서 아이폰 열풍을 일으켰다. 2009년 11월 28일은 한국의 IT가 쇄국정책을 끝내고 개방정책으로 돌아선 역사적인 날이기도 하다. 위피(WIPI) 탑재 의무, 보안 문제로 인한 무선 랜(wi-fi)에 대한 규제, '슈퍼 갑'으로 불리는 이동통신사의 닫힌 서비스 정책, 휴대폰에 인터넷 접속 버튼이 아닌 이동통신사의 모바일 포털 접속 버튼이 있어야 휴대폰의 유통이 가능한 꽉 막힌 유통 정책, LBS의 개인위치정보 사용제한, 겉만 번지르르한 국내 스마트폰의 후진성 등 아이폰은 이 모든 장벽을 뛰어 넘어 한국 IT의 낙후된 현실을 만천하에 알렸다.

아이폰은 이미 단순한 하나의 휴대폰이 아니라 컴퓨터와 유선에 갇혀 있던 인터넷을 해방시키고, 그로 인하여 새로운 비즈니스의 창출과 라이프스타일로의 변화를 가져온 문화의 패러다임 혁명을 상징한다.

2004년 출시한 '블랙베리'가 미국의 사무 종사자를 중심으로 보급되기 시작하면서 스마트폰이 세상에 모습을 드러내게 되었다. 블랙베리의 '푸싱 이메일' 기능이 인기를 끌면서 이메일을 주고받기 위해 엄지손가락을 반복적으로 과다하게 사용하는 과정에서 생기는 통증 질환을 'BlackBerry Thumb'이라고 부르는 등 다양한 신조어를 만들어 낼만큼 큰 인기를 끌었다. 이후 애플이 자유로운 애플리케이션 탑재가 용이하고 사용이 편리한 아이폰을 출시하면서 스마트폰 시장이 급성장했다. 아이폰은 멀티터치 입력을 채택해 사용하기 편리하고, 무선 인터넷을 통해 다양한 콘텐츠를 이용할 수 있어 출시 3일 만에 100만 대가 판매되면서 센세이션을 일으켰다. 스마트폰은 컴퓨터와 같이 자유롭게 애플리케이션을 설치하고 삭제할 수 있는 운영체제를 탑재한 '내 손안의 작은 컴퓨터'로, 휴대폰 하나로 인터넷, 멀티미디어, 사무업무, 게임 등 컴퓨터에서 할 수 있는 거의 모든 것들이 가능하다. 풀브라우징 기능으로 인터넷 접속이 가능하고 무선 랜을 기본 장착하여 기존 휴대폰과 차별화된다. 삼성경제연구소는 스마트폰이 세계 휴대폰 시장에서 차지하는 비중이 2010년 21.1%에서 2013년에는 40%에 육박할 것이라 전망하고 있다.

스마트폰의 급성장은 정보이용과 소통방식을 급격히 변화시키면서 삶의 방식 자체에 대한 패러다임의 변화를 이끌어내고 있다. 스마트폰으로 새로운 문화가 만들어지고 있는 것이다. 스마트폰으로 무선 인터넷 이용이 가능하게 되면서 언제 어디에서든지 웹에 접속할 수 있기 때문에 필요한 정보를 실시간으로 검색할 수 있게 되었으며 트위터와 같은 소셜 네트워크 서비스를 이용한 실시간 커뮤니케이션이 가능하게 되었다.

특히 스마트폰은 생활과 밀접한 관계를 갖고 있다. 똑똑한 내 손안의 컴퓨터, 무선 인터넷이 가능한 모바일 기기지만 그 이전에 일종의 휴대폰이기 때문이다. 항상 몸에 휴대하고 있다는 이야기다. 집이건, 지하철 버스 안이건, 직장이건, 화장실이건 항상 몸에 지니고 다닌다. 그렇기 때문에 언제 어디에서든지 무선 인터넷 접속만 가능하다면 웹서핑을 하고, 정보를 검색하고, 회사 업무를 처리하고, 소셜 네트워크 서비스를 이용하고, 커뮤니티 활동을 할 수 있다. 이와 같이 모든 것을 스마트폰으로 해결하려는 새로운 개념의 스마트폰 세대가 등장하고 있다. 컴퓨터, 노트북, 넷북이 갖고 있던 인터넷 접속의 한계와 무게에 따른 휴대성의 한계를 사뿐히 뛰어 넘어 유비쿼터스 사회로의 진입을 촉진하고 있다.

스마트폰의 활성화는 새로운 비즈니즈 기회를 만들어내고 있다. 새로운 경제권이 형성되고 있는 것이다. 특히 스마트폰 애플리케이션 시장이 급성장하고 있다. 시장조사 기관인 가트너의 전망에 따르면 전 세계 스마트폰 애플리케이션 시장은 2010년 68억 달러에서 2013년 295억 달러로 약 네 배 이상 확대될 것이라고 한다. 사실 이제 시작단계라고 볼 수 있다. 지금의 웹이 모바일 웹으로 전이되는 것은 시간의 문제일 뿐 이미 대세이기 때문이다. 특히 소셜 네트워크 서비스 제공자에게 스마트폰은 기회의 땅이다. 상대적이긴 하지만 유선 웹보다는 모바일 웹에서 수익모델을 만들어내기가 쉽기 때문에 폭넓은 회원을 바탕으로 하는 소셜 네트워크 서비스는 다양한 모바일 기반의 수익모델을 만들 수 있다. 기존에 웹에서 제공되어

왔던 서비스들이 모바일 웹에서도 제공되기 때문에 새로운 비즈니스 모델은 무궁무진하다. 스마트폰은 이용자가 항상 휴대하고 있기 때문에 위치기반의 광고가 가능하며, 개인 프로필을 분석한 개인맞춤 광고가 가능하다. 이와 같이 모바일 광고가 증가하게 될 것이다. 컴퓨터 앞에 앉아서 상품을 검색하고 주문하는 것이 아니라 이젠 스마트폰에서 바로 검색하고 주문하고 결제까지 하는 세상이 오고 있다. 이와 더불어 안전한 금융거래를 위한 보안 솔루션 시장도 급성장하게 될 것이며 모바일 결제 솔루션도 수요가 확대될 것이다. 스마트폰의 확산은 이미 엄청난 경제권을 만들고 있다.

스마트폰이 우리의 생활 속으로 들어오면서 근본적인 라이프스타일이 변화하고 있으며 새로운 경제권이 형성되고 있다. 이러한 변화는 지금 현재 일어나고 있는 '실제 상황'이며 앞으로 더욱 확대될 것이다. 이제 소셜 웹도 소셜 모바일 웹으로 진화하고 있다.

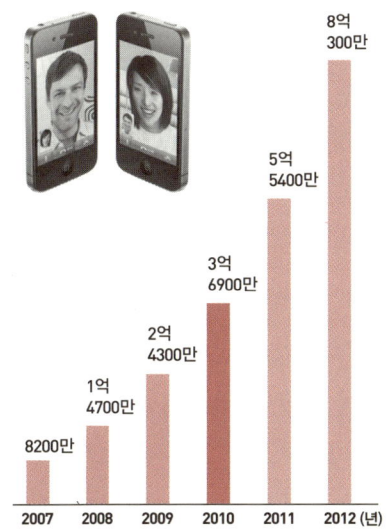

세계 모바일 SNS 이용자 추이
2010년 이후는 전망치.
(단위:명)
자료:이마케터

- 2007: 8200만
- 2008: 1억 4700만
- 2009: 2억 4300만
- 2010: 3억 6900만
- 2011: 5억 5400만
- 2012: 8억 300만 (년)

2

모바일 웹도 소셜이 대세

스마트폰의 확산으로 모바일 웹에 대한 관심이 집중되고 있다. 스마트폰 이전의 휴대폰에서 이용해온 무선 인터넷 페이지는 버튼으로 작동해야 하는 단말기의 특성상 단조로운 기능과 UI만 제공이 가능했고 작은 휴대폰 액정에 맞춰 별도로 제작되었다. 하지만 스마트폰이 보급되면서 풀브라우징이 가능하게 되었으며 터치스크린 방식을 채택하여 웹 서비스를 자유자재로 이용할 수 있게 되었다. 이에 기존의 컴퓨터 기반 웹 사이트들도 모바일 서비스를 위한 별도의 페이지를 제작하지 않아도 서비스가 가능하게 되면서 컴퓨터나 모바일 기기 등 단말기 종류에 구애받지 않고 웹 서비스를 제공할 수 있는 시대로 진화 중이다. 컴퓨터와 모바일 기기의 경계가 허물어지고 있다. 이미 스마트폰의 영향으로 웹은 컴퓨터 기반에서 모바일 기반으로 전이되고 있다.

사실 컴퓨터에서 유선 인터넷을 통하여 웹에 접속하든, 모바일 기기에서 무선 인터넷을 통하여 웹에 접속하든 모두 똑같은 하나의 월드와이드웹에 접속한다고 볼 수 있다. 거미줄처럼 얽힌 월드와이드웹에 말이다. 접속하는 기기에 따라 웹이라 부르기도 하고 모바일웹이라 부르기도 하는 것이다. 하지만 이와 같은 구분도 경계가 모호해지고 있다. 웹은 웹일 뿐 접속하는 기기에 따라 구분할 필요가 없어지고 있기 때문이다. 접속하는 방식에 따라 웹 사이트의 메인화면을 최적화해서 보여줄 수도 있다. 컴퓨터에서 접속하면 넓은 화면에 최적화된 화면을 보여주고, 스마트폰으로 접속하면 스마트폰에 최적화된 화면을 보여주며, 일반 휴대폰으로 접속하면 일반 휴대폰에 최적화된 화면을 보여주는 방식이다. 보이는 화면이야 어떻든 모두 월드와이드웹에 접속하는 것이다. 시장조사 기관인 IDC의 전망에 따르면 2012년경에는 모바일 기기를 통한 인터넷 접속이 컴퓨터를 통한 인터넷 접속 수를 추월할 것이라고 한다. 보편적으로 컴퓨터를 통해서만 웹에 접속할 수 있다고 생각하기 쉽다. 하지만 IT기술이 발달하면서 언제 어디에서든지 자유롭게 웹에 접속할 수 있는 유비쿼터스 사회가 현실화되고 있다. 이제 웹을 바라보는 관점 자체가 바뀌어야 한다.

이와 같이 웹 생태계가 모바일 웹 생태계로 급격하게 진화하면서 가장 주목 받고 있는 분야가 바로 소셜 네트워크 서비스 분야다. 2010년 3월 미국의 시장조사 기관인 ComScore는 스마트폰의 시장 확대에 따른 소셜 네트워크 이용자 사용 현황을 분석한 자료를 발표했다. 구글의 안드로이드폰과 애플의 아이폰으로 인해 2009년 스마트폰 시장이 큰 성장을 했고 이에 따라 소셜 네트워크 접속자도 증가하고 있다는 것이다. 2009년 스마트폰 이용자의 1/3이 모바일 브라우저를 통해 소셜 네트워크에 접속하고 있으며 이는 2008년 대비 8%이상 증가한 수치다. 또한 전 세계 2,500만 명이 넘는 페이스북 사용자들이 모바일 웹 브라우저를 통해 페이스북에 접속했으며 이것은 마이스페이스 이용자의 두 배에 달한다. 페이스북이 선두 소셜 네트워크 서비스였던 마이스페이스를 추월하기 시작한 것은 페이스북의 모바일 서비스 사용자 수가 마이스페이스의 모바일 서비스 이용자 수를 넘어선 시점이라고 한다. 그만큼 모바일 기기를 통해 웹에 접속하는 이용자가 많아지고 있다는 사실을 확인할 수 있다. 미국의 경우 2009년 말 휴대폰 사용자 가운데 스마트폰을 보유한 사람의 비율이 2008년 말 11%에서 17%로 증가했다고 한다. 이제는 스마트폰이 일부 계층의 전유물이 아니다.

스마트폰의 확산으로 가장 큰 효과를 보고 있는 소셜 네트워크 서비스로는 단연 트위터를 들 수 있다. 언제 어디에서든지 스마트폰을 통해 자신이 현재 무엇을 하고 있는지 수시로 트위터에 올리고 있기 때문이다. 또한 다른 트위터 이용자와의 커뮤니케이션도 실시간으로 이루어진다. 컴퓨터 앞에 앉아 있어야만 커뮤니케이션이 가능하던 시대에는 상상도 못할 일이 실제 벌어지고 있다. 웹 메일에 소셜 네트워크 서비스를 결합한 새로운 형태의 웹 서비스도 눈길을 끈다. 야후의 '갤럭시메일'과 구글의 '구글 버즈'가 대표적인데, 이들은 실시간으로 정보를 공유하는 모바일 웹의 장점을 살려 메일 계정에 등록된 지인들끼리 메일, 블로그, 뉴스, 트위터 등에 올린 게시글이나 댓글을 공유할 수 있게 했다. 2009년에 미국에서 선보인 야후 갤럭시메일은 기존 웹 메일에 SNS 기능을 결합해 첫 화면에서 지인들이 트위터, 플리커, 유튜브 등에 올린 게시물을 한눈에 보여준다. 굳이 SNS를 찾지 않아도 메일만 보면 지인 관리가 가능하다. 구글에서는 최신소식, 사진, 비디오 등을 공유할 수 있는 새로운 SNS인 구글 버즈를 오픈했다. 물론 모바일 웹도 지원한다. 트위터에서 팔로잉하는 사람들과 커뮤니케이션하는 방식이 이메일로 커뮤니케이션하는 방식으로 바뀌었다고 생각하면 이해가 쉽다.

모바일 웹이 주목받고 있는 현 시점에서도 소셜은 여전히 그 중심에 있다. 많은 사람들이 소셜 네트워크 서비스를 이용하는 것처럼 사람과 사람 사이의 소통이 그 어느 때보다도 중요해지고 있으며, 다른 사람들과 커뮤니케이션 하는 방식의 중심에 스마트폰과 같은 모바일 기기가 있기 때문이다.

3

스마트폰의 확산으로 등장하는
새로운 경제권과 비즈니스 모델

스마트폰의 확산은 새로운 경제권과 비즈니스 모델을 만들어내고 있다. 이미 미국에서는 수십억대의 시장규모를 형성하고 있는 앱 스토어를 필두로 모바일 광고, 아이템 판매, 서비스 이용료 부과 등 다양한 비즈니스 모델을 선보이고 있다.

특히 모바일 애플리케이션 시장이 눈부시게 성장하고 있다. 시장조사 기관인 가트너는 전 세계 스마트폰 애플리케이션 시장이 2010년 68억 달러에서 2013년 295억 달러로 약 네 배 이상 확대될 것이라 전망하고 있다. 총 다운로드 건수는 2010년 45억 건에서 2013년 216억 건으로 확대될 것이라 전망하고 있으며 무료 애플리케이션 비중도 2010년 82%에서 2013년 87%로 늘어날 것이라 전망하고 있다. 신제품이 나오면 재빨리 써 보고 그 장단점을 대중에게 알리는 오피니언 리더인 얼리어답터에 비해 지불의사가 비교적 낮은 대중에게 스마트폰이 확산되면서 무료 애플리케이션의 비중이 지금보다 많아지게 될 것이라는 예측이다. 그에 따라 애플리케이션을 무료로 제공하고 광고로 수익을 얻는 비즈니스 모델도 늘어날 것으로 보인다. 모바일 앱스토어인 GetJar가 발표한 보고서에 따르면, 전 세계 모바일 애플리케이션 시장규모가 2009년 40억 달러에서 2012년 175억 달러로 성장할 것이라고 한다. 또한 2012년에는 모바일 애플리케이션 시장에서 유료 모바일 애플리케이션 다운로드 분야가 50%이상을 차지하게 될 것이며, 반면 2009년에 60% 이상을 차지한 모바일 사업자에 의한 번들용 애플리케이션 시장은 2012년에 23%로 급감할 것으로 전망하고 있다. 양키그룹은 수년 전에는 거의 존재하지 않았던 모바일 애플리케이션 시장규모가 조만간 종래의 음반 시장규모를 넘어서게 될 것이라 예측하고 있다. 2012년이나 2013년의 모바일 애플리케이션 시장규모는 시장조사 기관이나 분석 기업에 따라 편차는 있지만 네 배 이상 폭발적으로 성장할 것이라는 전망이 지배적이다. 2008년 애플의 아이폰용 앱스토어가 선보이면서 모바일 애플리케이션 시장의 성장이 시작되었으며 애플 앱스토어는 현재 17만 개 이상의 애플리케이션이 유통 중이다. 노키아를 비롯 RIM 등 몇몇 기업들이 애플을 모방했지만 큰 두각을 나타내지는 못했으나 구글의 안드로이드 마켓플레이스는 이미 3만 개 이상의 애플리케이션을 보유하며 애플의 최대 라이벌로 부상하고 있다.

앱스토어는 콘텐츠를 보유한 기존 업체의 진출로 경제권이 기하급수적으로 확대되고 있으며, 더욱 다양해지고 풍성해지고 있다. 애플 앱스토어에 등록된 약 17만 개의 애플리케이션 중 모바일 게임이 16.9%를 차지하고 있으며, 책이 16.8%, 엔터테인먼트가 9.3%, 교육이 6.7%, 여행이 6.6%를 차지하고 있다. 모바일 게임을 제외한 대부분의 애플리케이션이 기존 업체에서 보유한 콘텐츠를 기반으로 한 애플리케이션임을 확인할 수 있다. 네이버와 다음과 같은 국내 포털 사이트도 웹에서 서비스하고 있는 콘텐츠를 기반으로 무료 애플리케이션 서비스를 제공하고 있으며, 200여 명의 파워블로그에서 발행하는 글을 쉽게 받아볼 수 있도록 태터앤미디어가 제공하는 아이폰용 애플리케이션도 스마트폰용으로 별도의 콘텐츠를 제작하는 것이 아니라 태터앤미디어의 파트너 블로그에서 발행하는 글들을 아이폰에서 볼 수 있도록 서비스만 제공하는 형태다. 콘텐츠 확보 및 수급이 쉽기 때문에 애플리케이션만 제작해 놓으면 서비스 제공은 상대적으로 쉬운 애플리케이션이다. 이와 같이 기존에 웹 서비스를 운영하고 있거나 콘텐츠를 보유하고 있는 업체에서 제공하는 무료 애플리케이션이 늘어나고 있는 추세다.

　스마트폰으로 창출되는 비즈니스 모델로는 애플리케이션 거래 모델이 독보적이지만 많은 소셜 네트워크 서비스 기업은 폭넓은 회원을 바탕으로 모바일 기반의 비즈니스 모델을 개발하고 있다. 실사용자가 5억 명 규모인 페이스북은 모바일 광고 모델에 주력하고 있으며, 4억 8,000명이 이용하는 중국 최대의 SNS인 Tencent는 유료 아이템 판매, 비즈니스 전문 SNS기업인 Linkedin은 이용료 기반의 비즈니스 모델을 선보이고 있다. 이와 같은 비즈니스 모델로 당장 큰 수익을 기대하기는 어렵겠지만 유선 웹에서 모바일 웹으로 큰 흐름이 바뀌고 있는 현 시점에서 다양한 비즈니스 모델에 대한 시도가 필요하다고 볼 수 있다.

스마트폰은 웹 서비스뿐만 아니라 자동차, 교육, 소매, 광고 등 타 산업에서도 활용되면서 이들 산업에서 새로운 가치와 비즈니스 기회가 창출되고 있다. '2010 북미국제오토쇼'에서 선보인 GM의 스마트폰 '온스타'는 스마트폰으로 자동차를 제어할 수 있다고 한다. 스마트폰 등의 IT기술이 자동차에 접목되어 고부가가치의 시너지 효과를 발휘하는 사례다. 교육 분야에서도 스마트폰을 통한 모바일 교육이 활성화되고 있으며, 소매업 분야에서도 고객 편의 서비스에 스마트폰의 활용이 가능할 것으로 보인다. 가령 매장에서 주문하기 위해 줄을 서지 않고 스마트폰으로 인터넷에 접속하여 주문하고 결제까지 진행할 수 있을 것이며, 음식을 먹고 난 후에 즉석해서 리뷰를 남기면 할인을 해주는 등의 이벤트를 진행할 수도 있을 것이다. 또한 스마트폰은 GPS 수신 장치가 내장되어 있어 현재 위치를 쉽게 알 수 있기 때문에 위치기반 서비스와 광고를 결합한 비즈니스 모델도 확산될 것으로 보인다.

스마트폰은 포털의 판세에도 영향을 미치고 있다. 그동안 한국은 초고속인터넷망이 전국에 깔리면서 IT강국으로 부상했지만 무선인터넷망은 취약한 상태였다. 하지만 스마트폰이 활성화되면서 무선인터넷망도 급속도로 확장될 것으로 보인다. 그렇기 때문에 스마트폰의 확산이 네이버, 다음, 네이트 등 포털의 판세에 미치는 영향이 작지만은 않을 것이다. 유선 인터넷과 무선 인터넷 중 무엇이 우선인가에는 논란의 여지가 있긴 하겠지만 어느 한곳에서 주로 이용하는 포털 사이트를 다른 곳에서도 이용할 가능이 높다고 할 수 있다. 즉 유선 인터넷에서 네이버를 이용하고 있다면 무선 인터넷에서도 네이버를 이용할 가능성이 크다. 스마트폰으로 다음을 이용한다면 유선 인터넷 쪽에서도 다음을 이용할 가능성이 높아질 것이다. 포털들이 앞 다투어 특색 있는 모바일 전용 서비스를 내놓고 있는 이유이기도 하다. 물론 모바일 자체에서 수익모델을 찾을 수도 있다. 유선 인터넷의 수익모델을 접목할 수도 있으며 위치기반 서비스를 이용한 수익모델도 가능하다. 이동통신사가 무선 인터넷을 장악하고 있던 시절에는 이동통신사 눈치 보기 바빴던 포털들이었지만 이제는 스마트폰이 열어젖힌 무선 인터넷 시장에서 마음껏 비즈니스를 펼치고 있는 것이다. 포털들에게도 스마트폰은 기회의 땅이다.

스마트폰은 그 자체로 엄청난 시장을 형성하고 있으면서 부가적으로 앱스토어와 같은 애플리케이션 마켓을 통해 더 큰 경제권을 형성시키고 있다. 또한 스마트폰과 타 산업 간의 이종배합은 엄청난 고부가가치를 창출하게 될 것이다. 스마트폰은 지금까지 달려온 것보다 앞으로 나아갈 길이 훨씬 더 멀어 보인다. 스마트폰이 열어갈 유비쿼터스 세상이 이제 막 시작됐다.

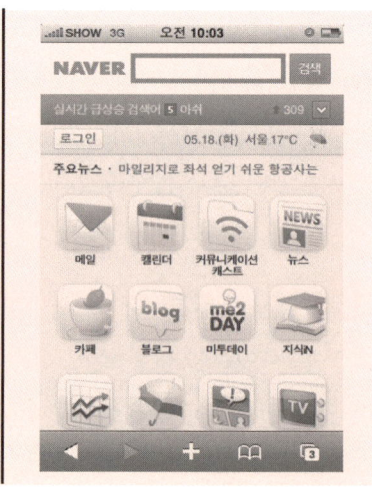

아이폰에서 본 다음과 네이버

4

스마트폰으로 현실화되는
유비쿼터스 세상

유비쿼터스는 물이나 공기처럼 시공을 초월해 '언제 어디에나 존재한다'는 뜻의 라틴어로, 사용자가 컴퓨터나 네트워크를 의식하지 않고 장소에 상관없이 자유롭게 네트워크에 접속할 수 있는 환경을 의미한다. 자동차·냉장고·안경·시계 등과 같이 어떤 기기나 사물에 컴퓨터를 집어넣어 커뮤니케이션이 가능하도록 해주는 정보기술 환경이나 정보기술 패러다임이라고 생각하면 이해가 쉽다. 유비쿼터스화가 이루어지면 가정이나 자동차는 물론, 심지어 산꼭대기에서도 정보기술을 활용할 수 있고, 네트워크에 연결되는 컴퓨터 사용자의 수도 늘어나 IT산업의 규모와 범위도 그만큼 커지게 된다. 그러나 유비쿼터스 네트워크가 이루어지기 위해서는 광대역통신과 컨버전스 기술의 일반화, IT 기기의 저가격화 등 정보기술의 고도화가 전제되어야 한다. 휴대성과 편의성뿐 아니라 시간과 장소에 구애

받지 않고도 네트워크에 접속할 수 있는 장점들 때문에 세계적으로 개발 경쟁이 일고 있다.

사실 유비쿼터스가 이슈화 된 지 꽤 많은 시간이 지났지만 여전히 현실과는 멀게 느껴지는 용어다. 영화에서나 볼 수 있는 먼 미래의 이야기로 여기기도 한다. IT분야의 기술이나 솔루션의 소개 자료를 보면 제일 마지막 발전방향이나 비전에 '유비쿼터스'라는 단어가 많이 포함되었던 기억이 난다. 우스갯소리로 발전방향이나 비전에 쓸 말이 없을 경우 유비쿼터스를 붙이면 다 통한다는 이야기가 나돌 정도였으니 유비쿼터스를 얼마나 동경했는지 알 수 있는 대목이다.

하지만 이렇게 동경해 마지않던 유비쿼터스 환경이 이제는 스마트폰을 통해 현실화되고 있다. 스마트폰이 확산되기 전만 해도 유비쿼터스는 영화에서나 나오는 이야기처럼 느껴졌지만 지금은 바로 눈앞에서 유비쿼터스 세상이 펼쳐지고 있다. 몇 년 이후가 되면 컴퓨터보다 모바일 기기에서의 웹 접속이 더 많은 유비쿼터스 시대가 도래할 것이다.

내 손안의 모바일 세상을 표방하는 상용 초고속 무선 인터넷 서비스인 와이브로를 통하여 언제 어디서든 노트북이나 넷북으로 인터넷에 접속할 수 있는 시대를 넘어 이제는 무선 랜(wi-fi)이 설치되어 있으면 스마트폰으로 언제 어디서든 인터넷에 접속할 수 있는 시대가 되었다. 이제는 언제 어디서든지 웹에 접속해 정보를 검색하고 소셜 네트워크 서비스에서 인맥을 관리하고 업무를 수행할 수 있다. 또한 구글 오피스와 같은 클라우드 컴퓨팅 서비스가 증가하면서 컴퓨터와 같은 하드웨어가 중요한 것이 아니라 웹에 접속할 수 있는 최소한의 기기가 필요한 시대가 되고 있다. 자동차를 스마트폰으로 제어하는 GM의 스마트폰 온스타가 유비쿼터스 세상의 대표적인 사례라고 할 수 있다. IT기술이 발달하면서 자동차에도 컴퓨터가 들어가 제어할 수 있기 때문에 가능한 것이다. 스마트폰으로 원거리에서 자동차에 접속하여 문을 열고 닫으며 시동을 거는 등의 기본적인 기능 이외에 자동차 배터리 잔량, 배터리 충전시간, 주행가능 거리 등을 확인할 수 있다고 한다. 이제는 스마트폰으로 자동차까지 제어할 수 있는 세상이니 앞으로 세상이 어떤 형태로 발전하게 될지 너무나 기대된다. 광고에 나오는 것처럼 밖에 외출해서 집을 제어하는 것은 당연히 가능한 일일 것이고, 세상의 모든 만물과 통신할 수 있는 세상이 오게 되지 않을까? 그때가 되면 스마트폰으로 자동차를 제어하듯이 원거리에서도 얼마든지 자신과 관련된 수많은 기기들을 통제할 수 있지 않을까? 컴퓨터는 두말할 필요도 없을 테고 조명, 보일러, 수도, 냉장고, 캠코더 등 수많은 디지털 기기를 제어할 수 있을 것이다. 또한 유비쿼터스 환경이 되면 버스나 지하철을 기다릴 필요 없이 스마트폰으로 현재 지하철, 버스 등의 위치를 파악한 이후 이동하게 되면 기다리는 시간을 줄일 수 있다. 모바일 기기, 디지털 기기, 공공시설 네트워크가 모두 연결되면 지금과는 비교할 수 없을 정도로 편리한 세상이 펼쳐진다.

　사실 유비쿼터스 세상을 설명한 위의 예시는 빙산의 일각이다. 누구나 상상할 수 있는 아주 초보적인 유비쿼터스 세상의 모습이다. 세상은 빠르게 변하고 있고 IT기술은 그것보다 더 빠르게 변하고 있다. 이제는 미래의 모습을 상상하기가 더 겁난다. 언제나 상상했던 그 이상을 보여주기 때문이다. 앞으로 10년 후의 세상은 어떤 모습으로 변해 있을까?

5

LBS와 증강현실,
그리고 소셜의 만남

스마트폰의 가장 큰 강점은 GPS를 수신하여 이용자의 현재 위치를 실시간으로 파악할 수 있다는 점이다. 물론 컴퓨터에서 웹에 접속해도 IP대역으로 어느 정도 위치를 파악할 수는 있겠지만 이용자가 항상 소지하고 다니는 스마트폰에 비할 바는 아니다. 이용자의 실시간 위치정보는 스마트폰 애플리케이션을 개발하는 입장에서 매우 중요한 정보다. 공간에 종속되어 있는 컴퓨터 사용자에게는 도저히 서비스할 수 없는 신기하고 재미있는 애플리케이션을 만들어낼 수 있기 때문이다. 현재도 위치정보를 기반으로 하는 수많은 애플리케이션이 개발되어 있고 많은 사랑을 받고 있다. 이와 같이 위치 정보를 이용한 서비스를 LBS(Location Based Service)라고 한다.

LBS는 무선 인터넷의 특징인 개인화와 이동성이 결합된 위치기반 서비스로써 고객의 위치정보를 기반으로 맞춤상품정보뿐만 아니라 교통정보, 여행정보, 지역정보, 위치추적정보 등 생활 전반에 걸쳐 다양한 정보제공에 활용되고 있다. 특히 증강현실을 LBS에 접목한 모바일 증강현실이 유망한 킬러 애플리케이션으로 부상하고 있다. 모바일 증강현실(Mobile Augmented Reality)이란 스마트폰과 같이 위치파악이 가능한 모바일 기기를 기반으로 언제 어디서나 내가 보는 물체, 내가 속한 환경에 대한 정보를 실사에 자연스럽게 겹쳐진 영상으로 보여주는 기술이다. 스마트폰에 내장된 카메라로 사람이나 건물, 그림 등을 비추면 이와 관련된 이미지나 동영상 등의 정보가 3D 가상현실 형식으로 제공된다. 모바일 증강현실도 결국은 위치정보가 있어야 가능한 서비스다. 스마트폰은 주변 환경을 찍는 카메라, 위치를 파악할 수 있는 GPS, 자세나 밝기를 감지하는 각종 센서, 사용자가 어디를 보고 있는지에 대한 방향정보를 얻을 수 있는 디지털 컴퍼스 센서, 거기다가 무선 통신 기능까지 기본으로 제공하기 때문에 증강현실을 접목할 수 있는 최적의 환경을 제공하고 있다. 스마트폰이라면 상상할 수 있는 거의 모든 것을 만들어낼 수 있을 것이다.

LBS와 모바일 증강현실은 스마트폰이 있기 때문에 가능한 서비스로 소셜한 요소가 가미되면서 그 파급력은 더욱 커지고 있다. 소셜 상호작용이 가미되지 않는다면 사용자 혼자 재미있고 신기하다고 느끼고 그것으로 끝이다. 그 경험과 감정을 다른 사람과 공유하지 못한다면 공허하고 외롭다는 느낌을 받을 것이고, 서비스 제공자는 애플리케이션이 제공하는 정보 이외에 그 어떠한 새로운 가치도 만들어 내지 못하게 된다. 재미있고 신기하고 유용하기까지 한 애플리케이션이기 때문에 많은 사람이 다운로드 받겠지만, 거기다가 소설적인 요소를 가미하여 사용자 사이에 소통할 수 있는 통로를 마련하고 경험을 공유하도록 만든다면 사용자들이 교환하는 수많은 정보와 경험을 축적할 수 있게 된다. 이와 같이 축적된 사용자의 정보와 경험은 매우 가치 있는 데이터로써 애플리케이션의 가치를 더욱 높일 수 있다.

사용자의 경험을 공유하고, 그로 인해 서로 소통할 수 있어야 비로소 새로운 가치가 만들어질 수 있다는 이야기다. 소셜 웹 시대를 살아가는 사람들은 혼자만 재미있게 즐기는 게 아니라 경험과 정보를 나눔으로써 즐거움을 찾기 때문이다. LBS에 소셜을 가미한 대표적인 애플리케이션으로는 '포스퀘어'가 있다. 포스퀘어는 특정 장소에서 가장 많이 체크인을 한 사람에게 시장(mayor)의 지위를 부여하고, 다양한 취득 조건을 충족시키면 뱃지(badge)를 부여하는 등 소셜적인 요소에 게임적인 요소까지 가미하여 인기를 얻고 있다. 포스퀘어는 대표적인 소셜 네트워크 서비스인 트위터나 페이스북과 아주 손쉽게 연동시킬 수 있으며, 친구들이 지금 어딘가에 체크인 했을 때 휴대폰으로 알려주는 아주 강력한 기능을 제공한다. 장소가 소셜의 매개체가 되는 셈이다. 이런 관점에서 보면 포스퀘어는 단순한 땅따먹기 게임이 아닌 강력한 소셜 네트워크 서비스라고 할 수 있다. 그렇다면 사람들은 왜 이토록 포스퀘어에 열광할까? 시장이 되기 위해, 뱃지를 얻기 위해, 친구들과 경쟁하기 위해 사람들은 어느 장소든지 갈 때 마다 포스퀘어에서 쉴 새 없이 체크인하고 있다. 140만 개 이상의 장소가 등록되어 있고, 이 가운데 1,200여 개의 업소에서는 시장(Mayor)에게 특별한 혜택을 부여하고 있다고 한다. 사람들은 장소를 매개로 경쟁하면서 새로운 소셜 네트워크를 만드는 재미에 푹 빠져 있다. 거기다가 시장이 되기라도 하는 날에는 업소에서 특별한 혜택도 받을 수 있다고 하니 더할 나위가 없다.

자신이 현재 있는 위치에 다른 사람이 먼저 왔었고 거기에 코멘트를 남겨놨다면 그 코멘트를 보고 싶지 않을까? 그리고 코멘트를 남겨놓은 사람 뒤에 자신의 메시지를 남길 수 있고 인상 깊은 코멘트를 남겨놓은 사람에게 메시지를 보낼 수도 있는 서비스가 있다면, 많은 사람들이 공감하고 동참하게 되지 않을까? 위치정보에 소셜적인 요소를 가미하게 된다면 재미있고 신기하고 거기에 소통의 즐거움까지 제공해줄 수 있는 서비스들이 많이 나오게 될 것이다. 이와 같이 스마트폰이기에 가능한 LBS와 모바일 증강현실, 거기에 소셜 적인 요소를 가미한 소셜 애플리케이션이 소셜 네트워크 서비스의 새로운 비즈니스 모델로 급부상하고 있다. 지금은 소셜 웹이 모바일 웹으로 전이되고 있는 시점이기 때문에 기존 소셜 웹 서비스에 위치정보를 활용하여 새로운 모바일 비즈니스 모델을 만들어야 한다. 그래야만 눈높이가 높아진 다음 세대의 사용자들을 만족시킬 수 있을 것이다.

3장
결국은 사람

1

패러다임의 변화를 가져오는
소통의 혁명

    소셜 웹, 소셜 미디어, 소셜 네트워크 서비스, 소셜 게임…. 사람들은 언제부터인가 '소셜'에 열광하기 시작했다. 이제는 무엇을 하든지 소셜이 접목되지 않으면 공허한 느낌마저 든다. 소셜은 웹뿐만 아니라 스마트폰과 같은 디지털 기기를 위시한 IT 산업 전체로 확산되고 있으며, 이제는 IT를 넘어서 전 산업 분야는 물론이고 정치 · 경제 · 사회 · 문화의 패러다임을 변화시키고 있다. 한마디로 '소셜'이라는 키워드는 소통의 혁명을 의미하며 '소셜 웹'은 그 시발점이 되고 있다.

    인류의 역사를 커뮤니케이션의 역사로 설명할 수 있을 만큼 커뮤니케이션이 차지하는 비중은 매우 크다. 구텐베르크의 인쇄술이 등장하고 전화, 라디오, TV와 같은 통신기술이 등장할 때마다 인류의 역사가 일대 전환기를 맞이했던 것을 보면 커뮤니케이션의 중요성을 알 수 있다. 그렇기 때문에 커뮤니케이션, 즉 소통의 패러다임을 순식간에 바꿔놓은 소셜 웹은 세상을 지배하던 패러다임 또한 순식간에 바꿔놓고 있다. 전쟁이 커뮤니케이션의 한 방식이었던 중세를 생각한다면 얼마나 행복한 세상인가? 소셜 웹을 통하여 촉발된 '소셜' 바람이 인류의 역사 전체로 퍼져나가면서 세상을 지배하는 법칙이 바뀌고 있다.

그렇다. 소셜 웹은 소통의 방법을 무한대로 확장하면서 사람과 사람, 사람과 기업, 사람과 정부, 국가와 국가 간의 소통 방식을 획기적으로 변화시키고 있다. 자신의 뜻을 관철시키기 위해 전쟁을 불사하던 과격한 방식이 아니라 소셜 웹의 다양한 소통 채널을 통하여 자신의 뜻을 전달하고, 대화하고, 설득하고, 관계를 형성할 수 있게 된 것이다. 물론 소통의 주체인 사람이 그 변화의 중심에 있다.

이 모든 것은 사람이 사회적 동물이기 때문에 가능한 일들이다. 혼자서는 살아갈 수 없고 누군가와 같이 살아가야 하는 존재인 사람에게 소셜 웹이 기폭제의 역할을 하게 되었다. 세상은 소셜 웹이 보여준 소통의 가치와 방법을 배우고 있다. 이제 사람들은 소셜 웹을 통해 수많은 사람들과 소통하면서 기존의 패러다임을 바꿔가고 있다.

이와 같이 소셜 웹이 촉발한 소통의 혁명으로 정치 · 경제 · 사회 · 문화 등 사람을 둘러싼 거의 모든 분야의 패러다임이 바뀌고 있다. 정부는 정책을 홍보하고 국민의 참여를 독려하기 위해 소셜 웹을 적극 활용하고 있으며, 선거에서도 소셜 미디어를 활용한 선거운동이 다양하게 펼쳐진다. 최근에는 소셜 웹을 활용하는 기업 역시 늘고 있으며 소셜 마케팅이 화두가 된 지 이미 오래다. 특히 IT 분야뿐만 아니라 제조업, 공업, 서비스업, 심지어 농업 분야에서도 소셜 웹을 적극 활용하고 있다. 또한 소셜 웹은 풀뿌리 민중, 사회적 약자 등 소수의 의견이 주류 여론에 묻히지 않고 세상에 당당히 드러날 수 있는 독립적인 소통 채널이 되고 있다. 소셜 웹에서는 누구나, 매우 쉽게 불특정 다수를 대상으로 자신의 의견을 이야기할 수 있다. 소수의 재능 있는 예술가가 주도하던 문화의 세계에서도 이제는 수많은 대중들이 그 중심으로 이동하고 있다. 소셜 웹에서는 누구나 사진작가가 될 수 있고, 저자가 될 수 있으며, 음악가가 될 수 있다. 블로그를 열고 자신의 창작물을 공개하기만 하면 된다. 그 사진이 훌륭하다면 정식으로 사진작가가 될 수도 있으며, 글이 훌륭하다면 책을 내고 저자가 될 수도 있다. 이와 같은 일들은 실제 소셜 웹에서 비일비재하게 일어나고 있다. 문화 패러다임 변화의 핵심은 '누가 더 전문적인가'가 아니라, '누가 더 열정적인가' 이다.

소셜 웹을 통한 소통으로 세상의 모든 권력이 집중되고 있다. 그리고 기존의 패러다임을 송두리째 바꾸고 있다. 거센 패러다임의 변화는 받아들일 것인지 말 것인지 선택할 수 있는 문제가 아니다. 변화를 받아들이고 배우고 적응하지 않으면 시대에 도태되고 마는 치명적인 생존의 문제다. 이와 같은 패러다임의 변화는 어찌 보면 당연한 결과다. 인류의 역사를 좌지우지했던 커뮤니케이션의 패러다임이 소셜 웹을 통해 획기적으로 변화되고 있기 때문이다. 근본적으로 소통의 패러다임이 바뀌고 있기 때문에 그와 연계되는 다른 모든 부분의 패러다임도 동시다발적으로 바뀔 수밖에 없다. 소셜 웹을 통한 기존 패러다임의 변화는 앞으로 더욱 가속화되어 사람이 살아가면서 접할 수 있는 거의 모든 것들의 패러다임을 변화시키게 될 것이다. 인류의 문명이 미치는 곳이면 어떤 것이든지 말이다.

2

사람 냄새나는 디지털 세상

18세기 중엽 영국에서 시작된 산업혁명은 농업 중심 사회에서 공업 중심 사회로의 빠른 변화를 가져왔다. 산업혁명은 소품종 대량생산 체제를 형성했다. 획일적으로 제품을 생산했음에도 공급보다 수요가 월등히 많았기 때문에 제품은 잘 팔렸고 기업은 많은 돈을 벌 수 있었다. 이와 같은 산업혁명은 물질 만능주의를 야기하기도 했다. 사회와 경제의 패러다임 자체가 바뀐 것이다. 하지만 컴퓨터와 인터넷의 등장과 IT기술의 발달로 시작된 디지털혁명은 산업혁명보다 더 큰 변화를 이끌어 내고 있다. 그것도 산업혁명과는 비교할 수 없을 정도의 매우 빠른 속도로.

우리는 지금 디지털 세상에 살고 있다. 물론 디지털 혁명은 현재진행형이다. 디지털이 공기와 같은 존재가 되어서 체감할 수 없을지도 모르지만 아침에 일어나면서부터 잠자리에 들 때까지 디지털의 힘을 빌리면서 살아가고 있다. 특히 최근 IT기술의 발달은 눈부실 정도다. 잠깐만 방심하면 시대에 뒤처진다. IT기술은 사람이 할 일을 대신하고 있으며 사람의 개입을 최소화하고 있다. 또한 인터넷이 발달하면서 사람과 사람이 얼굴을 맞대고 일하는 것이 아니라 인터넷을 통하여 직접 만나지 않고도 일하는 세상이 되었다. 점점 사람이 설 자리가 없어지고 있다. 이러한 현상은 앞으로 더욱 가속될 것으로 보인다. 사람과 사람과의 관계보다 효율이나 성과를 중시하는, 말 그대로 사람이 중심이 아닌 디지털이 중심인 세상이 되고 있다.

하지만 이렇게 디지털 세상으로 진화할수록 사람들은 사람 냄새나는 세상을 꿈꾸게 된다. 사람의 개입을 더욱 필요로 하게 되는 것이다. 사실 디지털이라는 게 사람 좋으라고 만들어놓은 것인데 어느 순간 사람을 옥죄고 있으니 필요악이 따로 없다. 이와 같이 사람들은 각박한 디지털 세상이 아닌 사람 냄새나는 디지털 세상을 꿈꾸게 되었다. 이 시대에 소셜 웹이 각광받고 있는 이유이기도 하다. 세상이 각박해지다 보니 쉽게 사람을 만날 수 있는 웹을 통해 사람들과 이야기하고 관계를 형성하는 것이다. 소셜 네트워크 서비스인 페이스북은 2010년 3월 7일에서 13일까지 미국 내 웹 사이트 방문 횟수에서 점유율 7.07%로 구글(7.03%)을 근소한 차이로 제치고 1위에 등극했다. 트위터 또한 엄청난 상승세를 이어가고 있다. 이제는 정보를 찾는 시대가 아니라 소셜 네트워크를 통해 필요한 정보가 찾아오는 시대로 발전하고 있다. 소셜 웹, 소셜 네트워크 서비스, 소셜 미디어가 변화의 중심에 있다.

물론 오프라인에서 사람과 사람이 만나서 이야기하고 관계를 형성하는 게 최고일 것이다. 어찌 보면 인터넷 자체도 디지털이 만들어낸 문명의 이기일 테니. 하지만 문명의 이기에 사람의 개입이 많아지게 되면 어떻게 될까? 문명의 이기인 인터넷을 이용해 보다 많은 사람과 이야기하고 관계를 형성하고 정보를 주고받게 되면 어떻게 될까? 디지털에서 사람 냄새가 물씬 나지 않을까? 아이러니하게도 디지털이 각박한 세상을 만들수록 사람 자체에 대한 향수는 더욱 짙어지고 있다. 사람들은 또다시 사람을 찾아 디지털 속으로 들어오고 있다. 어쩌면 그들에게 소셜 웹은 마지막 남은 대안일지도 모른다.

3

결국은 사람이 주인공인 세상

　하루가 다르게 급변하고 조금만 방심하면 뒤처지는 각박한 디지털 세상에 살고 있다. 하지만 그럴수록 사람과 사람의 관계가 중요해지고 있다. 이메일, 개인 홈페이지 만들기 붐이 일었던 초창기 웹 시절에 사람과 사람을 연결해주는 소셜 네트워크 서비스가 지금과 같이 각광받게 될 줄은 아무도 몰랐을 것이다. 그때만 해도 검색포털과 인터넷신문 사이트, 그리고 '아이러브스쿨'과 같은 대형 커뮤니티 사이트가 대세였다. 한사람, 한사람이 중요한 게 아니라 사람이 모여 있는 공동체가 중요했던 시기다. 그때, 기사는 기자만 쓰는 것이라 생각했다. 콘텐츠는 전문가만 만드는 것이라 생각했다. 온라인 커뮤니티는 오피니언리더만 만드는 것이라 생각했다. 하지만 지금은 어떨까?

　지금은 기자와 블로거의 경계가 허물어지고 있다. 누구나 소셜 웹에 블로그를 개설하여 기사를 쓸 수 있다. 오히려 기성 기자들을 능가하는 블로거가 대거 등장하고 있다. 요즘 기자들은 취재를 하러 다니는 것이 아니라 TV 프로그램 보고 기사를 쓴다. 빠른 송고를 위해 적당히 기사를 만든다. 하지만 블로거는 심혈을 기울여 콘텐츠를 작성한다. 속도는 느릴지 몰라도 자신의 블로그에 자신의 이름으로 기사를 발행하고 있는 것이다. 누가 더 좋은 기사를 쓸 수 있을까?

콘텐츠는 전문가만 만든다? 동영상 UCC를 통해 이미 수많은 사람들이 동영상 제작자로 데뷔했고 많은 사람들이 스타가 되었다. 블로그를 통해 일반인이었던 사람들이 업계의 실무 전문가로 부상하고 있으며, 카페나 블로그에 소설을 써서 소설가로 데뷔하기도 한다. 블로그에 올린 요리 콘텐츠나 여행 후기로 책을 내기도 한다. 자신만의 번뜩이는 아이디어로 모바일 애플리케이션을 만들어 앱스토어에서 판매하기도 한다. 소셜 웹에서는 전문가와 일반인의 경계가 허물어지고 있다.

여러 사람이 모이는 카페와 같은 커뮤니티는 어떨까? 대부분 사람들을 끌어들이는 힘이 있는 오피니언 리더나 마당발이 커뮤니티를 만들고 활동하게 된다. 이들은 사람들을 공동체로 만들어 자신이 원하는 방향으로 끌고 간다. 역시 일반인들은 그저 소속회원으로써 거대한 공동체가 흘러가는대로 따라갈 수밖에 없다. 하지만 소셜 웹 시대로 넘어오면서 여러 사람이 모이는 공동체보다는 한사람, 한사람이 연결되는 소셜 네트워크 서비스가 발전하게 되었다. 커뮤니티에서는 운영자가 여론을 이끌고 가지만 소셜 웹에서는 수많은 사람의 의견이 소셜 네트워크를 타고 퍼지면서 여론을 형성하게 된다. 이제는 대중으로써가 아니라 나 자신으로써 정체성을 확립하고 자신만의 목소리를 낼 수 있게 된 것이다. 싸이월드에 미니홈피를 개설하고 일촌을 만들어 소통하고, 블로그를 만들어 이웃들과 소통하고, 트위터에 가입하여 팔로워와 소통하고 있다. 그렇다. 소셜 웹은 우리 모두가 주인공인 세상이다.

IT기술이 얼마나 발달하게 될지는 아무도 모른다. 그 한계를 가늠하기가 어려울 정도로 급속하게 발달하고 있다. 스마트폰이 유비쿼터스 세상을 만들어내든, 클라우드 컴퓨팅이 세상을 지배하게 되든, 사람처럼 생각하는 인공지능 로봇이 개발되든 결국은 사람이다. 사람이 중심이 되는 세상이 되어야 한다. 지금의 소셜 웹은 그것을 말하고 있다.

나가는 글

웹 2.0과 소셜 웹은 과연 우리의 삶을 변화시킬 수 있을까?

나는 IT 트렌드에 대해 이야기하는 '깜냥이의 웹 2.0 이야기!' 라는 블로그를 운영하고 있다. 웹 2.0에 대한 관심이 한풀 꺾이고 이제는 SNS와 소셜 웹이 화두이지만 블로그 이름을 '깜냥이의 소셜 웹 이야기'로 바꾸지 않고 있다. 그만큼 웹 2.0이 나에게 주는 의미는 남다르다. 아마 웹 3.0이 화두가 되어도 웹 2.0을 버리지는 못할 것 같다. 웹 2.0과 소셜 웹이 얼마나 많은 사람의 삶을 변화시킬 수 있을지는 모르겠지만 웹 2.0을 만나면서 나의 인생은 일대 전환기를 맞고 있다. 내가 설계했던 인생의 패러다임 자체가 변화하고 있다.

블로그를 운영하기 전에는 감히 상상조차 해보지 못했던 일들이 실제 일어나고 있다. 나는 인터넷을 사랑하는 한국의 평범한 국민이다. 하지만 블로그를 만나고 웹 2.0을 이야기하면서 인생이 달라졌다. 블로그를 운영하면서 이렇게 책까지 내게 되었으니 말이다.

그렇다면 나같이 평범한 사람이 어떻게 책을 내게 되었을까? 블로그를 통해 수많은 사람들과 웹 2.0에 대해 이야기하다보니 많은 정보와 견해를 접할 수 있었고, 나만의 관점에서 트렌드를 읽는 능력과 현상을 분석하고 이해하는 인사이트가 생겼다. 머릿속에 저장되어 있다가 사라질 운명이었던 정보와 생각들이 블로그를 통하여 체계화되고 구체화되면서 나 자신도 조금씩 성장하게 되었고 꿈을 키우게 되었다. 내 인생에서 블로그를 만나지 못했다면 '블로거 깜냥이'가 아닌 '기획자 윤상진'으로만 남았을지도 모른다. 물론 그 자체만으로도 가치 있는 삶이었을 것이고 별다른 두각을 나타내지는 못하더라도 행복했을 것이다.

하지만 블로그를 만나면서 열정이 생겨났고 꿈을 꾸기 시작했다. 블로그를 통해서 유명해지고 싶고, 사업도 하고 싶고, 무엇보다도 책을 내고 싶어졌다. 그리고 나는 이 꿈들이 구체화되어 가는 것을 느낀다. 모든 것을 한꺼번에 이루어낼 수는 없겠지만 이 꿈들을 하나하나 이루어 나가고 있다. 블로그를 통해서 나 자신이 특별해졌다는 이야기를 하고 싶은 것이 아니다. 세상과 소통하고 이야기하고 꿈을 이루어나가는 방법을 터득했다는 이야기를 하고 싶은 것이고, 그것을 여러분에게 알리고 싶을 뿐이다. 정말 중요한 것은 열정만 있다면 누구나 할 수 있다는 사실이다. 지금 소셜 웹에서 불가능한 일은 없다. 평범했던 내가 책을 낸다는 것은 블로그를 만나지 못했다면 상상도 할 수 없었던 일이다. 지금 시작해도 늦지 않다. 블로그, 트위터, 페이스북을 열고 여러분의 이야기를 시작하기 바란다. 소셜 웹에서 여러분의 숨어 있던 가치를 찾을 수 있을 것이다.

소셜 웹은 개인에게만 국한되는 것이 아니라 기업, 나아가서는 사회에게도 기회의 땅이다. 기업도 소셜 웹을 적극 활용해야 한다. 이미 많은 기업들이 소셜 웹을 활용하고 있다. 소셜 웹은 선점효과가 크지 않기 때문에 늦게 합류한다 해도 성실함과 진정성으로 승부한다면 얼마든지 고객의 마음을 사로잡을 수 있다. 게다가 돈을 거의 들이지 않으면서도 소셜 웹을 통하여 무궁무진한 가치를 얻을 수 있다.

지금 당장 소셜 웹을 이용해 본다면 소셜 마케팅의 성과를 논하기에 앞서 소셜 웹 자체의 재미와 감동을 느낄 수 있을 것이다. 재미와 감동을 느끼는 것이 가장 중요하다. 그것을 느끼지 못하면서 소셜 웹을 활용한다는 것은 고객을 기만하는 행위다. 소셜 웹은 자신의 마음을 열어야만 그 가치를 느끼게 해주는 곳이다.

누구나 열정은 갖고 있다. 단지 그 열정을 폭발할 곳을 찾지 못했을 뿐이다. 나는 아직도 꿈을 꾸고 있다. 소셜 웹이 있기에 가능한 꿈들이다. 여러분도 현실에 안주하지 말고 꿈을 꾸기 바란다. 소셜 웹에서는 무슨 일이 일어나게 될지 아무도 모르니까. 꿈이 있으면 길은 자연스레 열리게 되어 있다. 여기 이 책을 읽고 소셜 웹의 가치를 이해하고 꿈에 도전한다면, 소셜 웹은 여러분이 꿈을 이룰 수 있는 길로 인도해 줄 것이다.

지금 소셜 웹에 접속해 보길 바란다.

그곳에는 여러분을 변화시킬 판도라의 상자가 놓여 있다.

그 안에 무엇이 있을지 두렵더라도 열어보자!

소셜 웹의 가치를 느끼는 순간 우리는 이미 더 넓은 세상을 향해 비상하고 있는 우리 자신을 발견하게 될 것이다.

KI신서 2667

소셜 웹 사용설명서

1판 1쇄 인쇄 2010년 8월 23일
1판 1쇄 발행 2010년 8월 30일

지은이 윤상진 **펴낸이** 김영곤 **펴낸곳** (주) 북이십일 21세기북스
기획 · 편집 김정규 **본부장** 이승현
마케팅 · 영업 도건홍, 김남연 **디자인** 씨디자인
출판등록 2000년 5월 6일 제10-1965호
주소 (우413-756)경기도 파주시 교하읍 문발리 파주출판단지 518-3
대표전화 031-955-2100 **내용문의** 031-955-2707 **팩스** 031-955-2122
이메일 book21@book21.com
홈페이지 www.book21.com
ⓒ 2010 윤상진

값 15,000원
ISBN 978-89-509-2620-5 13320